房龙地理

[美]亨德里克·威廉·房龙 著

吕楠 译

北方文艺出版社

图书在版编目（CIP）数据

房龙地理 /（美）亨德里克·威廉·房龙著；吕楠
译 . —— 哈尔滨：北方文艺出版社，2018.9（2020.8 重印）

ISBN 978-7-5317-4058-2

Ⅰ .①房… Ⅱ .①亨…②吕… Ⅲ .①社会地理学 –
世界 – 通俗读物 Ⅳ .① C912.8-49

中国版本图书馆 CIP 数据核字（2018）第 168442 号

房龙地理

FANGLONG DILI

作　者 /［美］亨德里克·威廉·房龙　　　译　者 / 吕　楠

责任编辑 / 路　嵩　张贺然　　　　　　　封面设计 / 琥珀视觉

出版发行 / 北方文艺出版社　　　　　　　网　址 /www.bfwy.com
邮　编 /150008　　　　　　　　　　　　经　销 / 新华书店
地　址 / 哈尔滨市南岗区宣庆小区 1 号楼

印　刷 / 三河市嵩川印刷有限公司　　　　开　本 /880×1230　1/32
字　数 /227 千　　　　　　　　　　　　印　张 /9.25
版　次 /2018 年 9 月第 1 版　　　　　　　印　次 /2020 年 8 月第 2 次印刷

书　号 / ISBN 978-7-5317-4058-2　　　　定　价 /38.00 元

目 录

第 一 章

生活在这个世界中的人

有句话听起来虽然难以置信，但却是事实：如果地球上的每个人都是6英尺高、1.5英尺宽、1英尺厚（这比现实的人要高大些），所有的人（据当时资料，约有20亿人）都可以挤进一个长、宽、高各为半英里的大箱子里。正如我刚才所说，这确实有点难以置信。如果你不信，可以自己算下，你会发现我是正确的。

我们把这个大箱子运到亚利桑那州的科罗拉多大峡谷，平稳地放在低矮的石壁上，那石壁的壮美令人震惊，具有一种永恒的力量。然后叫来一条德国种小猎狗，名叫小不点，告诉它（它非常聪明，也乐意照办）用它柔软的棕色的小鼻子轻轻碰一下那个庞然大物。大木箱掉了下去，不停地撞击岩石、树木和灌木，发出长长的磕碰声和破裂声，之后是低沉甚至是非常柔和的噼啪声。突然，轰隆一声巨响，箱子外缘砸在了科罗拉多河岸上。

接着是寂静，遗忘！

在死亡木箱里的人如同沙丁鱼，很快就被遗忘了。

大峡谷还是按照它诞生后的一贯作风，继续与风霜雨雪为伴。

地球也继续一如既往地在神秘宇宙中按既定轨道转动。

近处的星球和远处的天文学家竟不可思议地未发现任何异样。

一个世纪之后，被厚厚的植物腐殖质覆盖的小土丘有可能就是人类的埋葬地。

这就是故事的全部。

我或许想象得到，有些读者不喜欢这个故事。看到骄傲自豪的人类落得如此悲惨的下场，他们是很难受的。

但是，我们需要从另一个角度去看待这个问题——这个角度把人类数量的微小和躯体的弱小无助，变得具有深远的意义和由衷的自豪。

我们在地球上仅仅是一些柔软并且没有自卫能力的哺乳动物。从第一天黎明开始，我们就被成群的生物包围着，它们已为生存斗争做好了准备：有的体长上百英尺，重如一个小火车头；有的牙齿锋利如圆锯；大多数身上有像中世纪骑士那样的盔甲去应付日常危机；还有些是人眼无法看到的。但是，它们能够以惊人的速度成倍繁殖，如果没有以同样的速度繁殖的天敌快速地消灭它们，它们可能用不上一年就占领地球了。然而，人类必须在非常优越的环境中生存，只能将位于高山和深海之间的小块陆地作为栖身之所。但与我们为伴的这些生物却胸怀大志，从不觉得高山太高，大海太深，它们显然是由适应各种环境的物质组成的。

我们从经典名著中了解到，有相当种类的昆虫可以在石油里（难以想象我们可以把它作为日常饮食的主要成分）嬉戏，还有一些能够在较大的温差条件下生存，而这种悬殊的温差可以在几分钟内要人命。那些使人厌恶的棕色小甲虫，似乎很喜欢文学，总是喜欢光顾我们的书橱，即使失去两条腿，甚至三条、四条，仍能继续它们日复一日的生活规律。而我们自己呢？即便是轧一下脚趾，就会变成伤残。有时我们意识到，从我们在这个旋转的星球上出现，直至在黑暗冷漠的宇宙中消失，为了与对手竞争，我们不得不坚持！

作为这些麻木不仁的当代人，我们笑着去看那些原始人的进化过程。我们在一旁看着原始人做着有进步意义的游戏：搀着他练习，第一次用后腿走路，尽管有些笨拙，却不依赖于树枝和手杖。谁是2亿平方英里土地和海面（不包括辽阔的大气层）的唯一的拥有者？这些拥有者进行着极权统治，凭借其基于狡诈和暴力的支配权。

大部分拥有者都已经消失，除非它们以"标本甲"或"标本乙"的形式出现在我们的自然历史博物馆。还有的则为了在现有的生物之间存活下去，只好以参加家庭劳动换取生活资源，并且仅仅为了谋生，还得用它们的皮毛、蛋和肋骨肉来取悦我们，或者替我们拉拽那些人类觉得搬不动的重物。更多的是迁徙到荒郊野外，我们允许其吃草以繁衍种族，因为到目前为止，我们觉得不用把它们赶尽杀绝，霸占它们的地盘。

简单地说，仅仅在几千个世纪里（在时间长河中只是一瞬间），人类便成为了每一块土地无可争议的统治者，现在又有可能把空气和大海纳入自己的统治范围。所有这一切竟然都是由数以亿计的人来实现的。除了上帝授予理智外，人比其他生物拥有更多的优势。

在此我有些言过其实。最高级的理智和独立思考能力只为一部分人所掌握，因而他们成为先锋者。其他人不管对现实如何不满，只能跟随，因为不管人们如何努力，数千个奋斗的人中只会出现一个先驱，而这位先驱的背后又有无数人在拖后腿。

我们不明确这条前进的道路会把我们引向何方。但是从以前4000年来已取得的成绩来看，我们今后获得的成就或许不可限量——除非我们被自己固有的奇怪的残忍性所引诱，偏离了正常的发展轨迹。我们自身的这种本性会使我们残忍地对待同类成员，而我们不敢用类似的方式对待一条狗、一头牛，甚至一棵树。

因此地球上的一切还在人类的控制之中。如果还有哪些地方没被人类掌控，他就会利用他聪明的大脑和超凡的遇见能力，利用他的短枪去占有它。

我们这个家园是美好的。它赋予我们充足的粮食，有大量的岩石、土地和森林，我们每个人都可以利用这些物产建立宽敞的住所。草场上温顺的羊群，开着绿花的亚麻波浪起伏、辽阔千里，还有那勤劳的中国桑蚕——它们给我们提供了成衣的原料，使我们的身体免遭寒冷与酷热。我们这个家园是美好的。它给予我们的如此之多，男人、女人甚至儿童在未来的时光里，只需稍加努力便可坐享其成。

大自然有其自身的规律。这些规律是公平的，也是冷酷无情的。这里没有上诉法院。

大自然对我们如此恩惠，并且从不吝啬。作为回报，它要求人类学习其规律，服从它的意志。

如果在一块只能承载 50 头牛的草场上放养 100 头牛，就会导致灾难——这是每个农民都熟知的小常识。在只能居住 10 万人的地方集中了 100 万人，就会导致贫困、拥挤和不必要的苦难。这一事实显然被那些想要支配我们命运的人所忽略。

然而，那不是我们所犯的如此之多的错误中最严重的。我们还在其他方面伤害了我们宽宏大量的养母。在现有的生物群体中，只有人仇视同类。狗不吃狗肉，虎不吃虎肉，甚至让人讨厌的鬣狗也能与同类和平相处。但是人恨人，人杀人。在现在的世界，做好准备，以防来自邻国的杀伐，是每个民族的头等大事。

这一行为公然违背了要求同种成员之间和平友好相处的造物主第一律令，它将会把我们引入种族灭绝的境地。因为我们的敌人一直处于警戒状态。如果人类（这个称谓太讨好了，它是玩世不恭的科学家命名的，用来表示我们的智力要比动物界其他成员强）不能或不想承认自己是所获得的一切的主宰，就会有无数的候选人盯着这个位置。一个由猫、狗、大象或一些有规矩的昆虫（它们特别看重它们的机遇）控制的世界，也许会比拥有大量坚船利炮的星球更有优势。

答案在哪里？摆脱这种悲哀可耻的境地的途径在哪里？

这本书冒昧地想要寻找一条独特的出路，来走出满是悲伤与灾祸的死胡同。由于先人的愚昧无知，我们在这条死胡同里越走越远。

我们需要时间，需要经历数百年乏味痛苦的教育，才会使我们找到自我救赎的出路。这一出路会让人类意识到我们都是地球上的伙伴。一旦这个真理被我们所掌握，一旦我们认识和领悟到这一事实：无论如何，它是我们共同的家园——我们不知道还有其他可供生存的家园——我们肯定不会离开我们出生的地方，我们应该很有礼貌，就好像我们是在开往未知目的地的火车或轮船上，这样，我们就会在解决这一可怕的问题上迈出第一步，而且是非常重要的一步。这个可怕的问题是我们面临的所有困难的根本。

我们大家都是地球上的小伙伴，一荣俱荣，一损俱损。

叫我梦想家，叫我傻瓜，或者就叫我空想家。

请警察或救护车将我送至某处，一个我再也无法传播这种大家不喜欢的歪理邪说的地方。记住我的话：并在遭受不幸时——它们要求人类收拾东西，把幸福的钥匙递给更合适的继承者——回想起我的话。

活下去的唯一希望就是下面这句话：

我们都是地球上的小伙伴，为了我们赖以生存的星球的福祉，大家要一起肩负责任。

第 二 章

地理学的定义以及如何应用于本书

我们在外出旅行前总要大体了解我们是去哪里还有怎样去。读者翻开一本书，应该看到一小段类似的信息。所以，给"地理学"这个词下定义，也就没什么奇怪的了。

我桌子上刚好有本《简明牛津辞典》，这本出版于 1912 年的辞典能够像其他工具书那样做出不错的解释。我要找的词在 344 页的下部。

"地理学：是研究地球表层形态、自然特征、自然区划、政治区划、气候、物产和人口的科学。"

我不觉得我能做出一个更好的定义，但我会强调某些内容，弱化其他一些方面，因为我想要把人放在舞台的中央。我的这本书不仅仅探讨地球的表层及其自然特征、自然与政治区域。我更愿意把它称为一本研究人的书，研究人如何为自己和家人觅食，找寻住所与娱乐；如何试着找到既能适应自己的条件，又能改变自身的自然环境的方法，以便得到与其自身有限的能力相适应的舒适、健康与幸福。

有些很奇怪的忠实教徒信奉上帝，这种说法很正确。的确，我们发现，在地球上有一些奇怪的不同于常人的同伴。只要你与他们一接触，他们中的大部分人就会暴露出令人厌烦的个人习惯，在我们的孩子身上就不会出现类似的恶习。但是，20 亿人，即使在死后评价时他们也不是十分完美的人，这还是非常可观的数字。如此之多的人，自然会出现很多的具有经济、社会和文化性质的试验。对我而言，我们首先应关注这些试验。一座高山，在被人看到或被人踩踏之前，在它的山坡和山谷被一代代饥饿的人开垦、清理和占为己有前，还只是座山。13 世纪前后的大西洋，是如此的宽阔，如此的深邃，如此的湿润，如此的咸。但当它同人类接触后就变成了如今的状况———一座联结过往与现今世界的桥梁，一条联结东西方商贸的大道。

几千年来，幅员辽阔的俄罗斯平原等待着向那些不辞辛劳播种第一粒种子的人贡献富饶的粮食。但是，如果使用带有铁质尖头工具开垦出第一片良田的不是斯拉夫人，而是德意志人或法兰克人，俄罗斯的面貌就非比寻常了。

日本诸岛不管是由日本的原住民居住还是由现在早已灭绝的塔斯马尼亚人的后裔居住，动荡是不可避免的。如果最后一种情况，塔斯马尼亚人无法养活 6000 万人。如果英伦各岛被柏柏人或那不勒斯人所践踏，而不是被来自北欧的欲求不满的战士征服，它们根本不可能成为一个帝国的中心，这个帝国的面积是它本土的 150 倍，人口是全球人口的六分之一。

总体来讲，我更关注地理学中纯粹的"人类"方面，而不是商业问题———直被认为是对大生产有非常重要意义。

但经验使我明白，无论你怎样强调诸如此类主题———进出口、产煤量、石油储量和银行存款量———的说服力，你都很难给读者一些短时间就能记住的东西。万一他需要这些数字，他只能再次查阅，并借助许多自相矛盾的商业统计之类的书来证明其数字。

人最开始出现在地理学中。

然后是他的自然环境与背景。

只要篇幅允许，我也会介绍其他内容。

第三章

我们的星球

我们先从一个可靠地老定义说起。这个定义说："地球是宇宙中一个黑色的小型物体。"

地球不是"圆体"，也不是球体，而是"椭圆体"。这是说它近似于圆体，是两极稍扁的球体。所谓"两极"，你用一根织衣针从苹果或橘子的正中穿过，直立着拿住，就会发现，织衣针穿出来的地方就是两极的所在位置，一个在深海里（北极），另一个在高原之上（南极）。

根据椭球体的定义，极地是扁平大的，但"扁平"一点也不会使你困惑。因为赤道线上的直径只比地球两极之间的中心线长三百分之一。换言之，如果你刚好拥有一个直径为 3 英尺的地球仪（只有博物馆里才能看到，商店中是买不到这么大的地球仪的），赤道的直径只比它的轴线长八分之一英寸。如果地球仪的做工不够精细的话，这一差距是很难反映出来的。

无论怎样，这一事实对那些想在更高领域从事地理学研究的人和想到极地探险的人来说是非常有意义的。但是对于本书而言，我之前所讲的内容就够了。这种小装置或许会出现在你的物理学教授的实验室中，它能够向你演示，只要一个小物体围绕其轴心旋转，其两极就会自觉地变平。让你的老师展示给你看，这样你就省着跑去极地看个究竟了。

众所周知，地球是一颗行星，行星这个词是传承自希腊人。他们观察到（或以为观察到），一部分星体一直在天空中运动，其余的则静止不动，因而把前者称之为"行星"或"流动星"，把后者称之为"恒星"。那是因为没有望远镜，他们无法跟踪这些"恒星"的轨迹。至于"星"这个词，我们不知道其从何而来，很可能与梵语中转变为动词"澈"的词根有关系。假如真是这样，星星就是"澈"撒向天空的火花，如此比喻还很贴切而美好。

地球围绕太阳转动，获得太阳的光和热。太阳有700个地球那么大，表面温度将近6000摄氏度，不断地给予地球光和热，只是小事而已。因此，地球不必因为借用地球这一点方便而感到内疚。

古时候，人们相信，宇宙的中心是地球，是一小块平坦的圆形陆地，海水将其包围，并且悬浮于空气中，如同从小孩子手中逃脱的气球。一些很聪明的希腊数学家和天文学家（第一批未经神父同意就敢于独立思考的人）坚定地认为，这个理论错了。经过数百年艰苦卓绝的思考，他们得出结论，地球不是平坦的，而是圆的；既不处于宇宙中心，也不是静静地悬浮在空气中，而是漂浮在太空中，并围绕着一个叫作太阳的物体快速飞行。

同时他们指出，其他一些被称为"恒星"的闪闪发光的小天体，看起来貌似是在一个共同的环境中围绕着地球运转，实则是我们的小伙伴，都是太阳之母的孩子。他们遵守类似于规范我们日常行为的某种准则——比如在规定的时间里起床和睡觉，不得不遵循在我们降生那天就存在的行为方式，如果偏离它，就会有立即毁灭的危险。

罗马帝国最后的200年里，这个假说被有理性的人所接受，而且这个假说被认为是不言而喻的事实，无须讨论。但是，4世纪刚开始不久，主宰一切的是教会，再坚持此种思想，尤其是宣布地球是圆形的那类思想的人就不安全了。我们不用去苛求他们。首先，最早信奉基督教的，一般都是那些极少接触新知识的社会阶层人士。其次，他们坚信世界的末日已经临近，基督即将回到他过去受过难的场所，并将把善人和恶人分开。他一定会凯旋，并且万众瞩目。从他们的观点来看，这个推测是很正确的。如果事实（他们对此深信不疑）就是这样，地球必然是平坦的。否则，耶稣就要出现两次———次为了西半球的人，一次为了另一半球的人。这样的过程当然是荒谬的，有失尊严的，因此不能考虑。

将近1000年来，教会多次强调，地球是平坦的盘状体，是宇宙中心。知识界中，在一些寺院科学家和一些迅速发展的城市里的天文学家中，地球是圆的，同其他星球一起围绕太阳运转的这种古希腊思想，从来没被彻底抛弃掉。怀有这种思想的人应该不敢公开谈论它，仅仅将其当作秘密埋藏心底。因为他们清楚，一旦公开讨论，数百万不如他们聪明的同胞安宁祥和的生活会被打破，更不会对早日解决问题有何帮助。

从那时起，几乎无一例外，教会人都只能接受这个思想：我们生存的星球是圆形的。到了15世纪末，占有绝对优势的人已经赞同这种古希腊思想，再也不可能被压制下去。这种思想过去和现在都是以下的观察为基础的：

第一，我们都曾经历过，从远处向一座高山走去或在海边看到一艘船，我们先看到的是山顶或桅杆的顶部，越来越近时才会看到其他部分。

第二，不管在何处，我们周围的环境看上去都是一个圆圈。因此我们的眼睛和我们所观察到的陆地或海洋的每一部分的距离都同样长。假如我们乘坐气球或站在高塔的上面，离开地面越远，圆圈就会越大。如果地球是椭圆形的，我们就会发现我们处于一个大椭圆形的中心上。如果地球是方的或是三角形的，地平线也同样是方的或三角形的。

第三，当月偏食出现时，反射在月球上的地球阴影是圆形的。只有圆球物体才会形成圆形投影。

第四，其他恒星和行星全部为圆形，难道我们的地球就会成为亿万星球中绝无仅有的例外？

第五，麦哲伦的船队一路向西航行，他们最终返回了出发点。相同的经历也发生在库克船长身上，他的船队由西向东航行，此次探险的幸存者也回到了出发时的港口。最后，我们如果朝北向着极点走，一些熟悉的星座（古希腊人的黄道带的标志）就会越来越低，直至落入地平线以下；当我们往回走越来越靠近赤道，它们又升了起来，越升越高。

我觉得我已提出了充分的毋庸置疑的证据来证明，我们居住的地球一定是圆的。如果你觉得这些证据你还不能相信，就去请教一位靠谱的物理老师吧。他捡起一块永远都会从高塔上落下的石头，并根据引力原理重复这种小把戏。毫无疑问，引力原理一定可以证明地球是个球体。如果他使用很浅显的语言，讲得也不快，你就会明白他所讲的东西，但唯一的条件是，你所掌握的物理和数学知识要比我多。

我可以在此引用大量对你没有丝毫用处的非常专业的数字资料。以光为例，光以每秒 18.6 万英里的速度传播。你一眨眼间，光就要绕地球 7 圈。光以每秒 18.6 万英里的速度从最近的一颗恒星（比邻星）照射过来，需要 4 年零 4 个月才能被我们的肉眼看见。太阳光只要 8 秒就可照射到我们，木星需要 3 分钟，而在航海方面占有特别重要作用的北极星，向我们输送这一点光芒却需要 40 年的时间。假如让我们去"想象"一段距离或一光年这个概念，即光在一年里运行的距离，或者 $365 \times 24 \times 60 \times 60 \times 186000$ 英里，这个数字如此之大，正常来讲我们只好说"是"，我想我们大多数人都会云里雾里，索性走开，要么去逗逗猫，要么去听听广播。

由于我们大家比较熟悉火车，就以它为例。

一辆普通旅客列车不分昼夜地运行，需要走 260 多天才能到达月亮。如果现在就出发，要到公元 2232 年才能到达太阳。要是到海王星附近，更需要 8300 年。如果与去最近的恒星的旅程相比，以上提到的就只是儿童游戏了。到最近的恒星要走 7500 万年。要是到北极星，火车要运行 7 亿年。7 亿年是一段超级漫长的时间。如果按人的寿命是 70 岁计算，那么等到火车到达目的地，已经有人 1000 万代的人出生和死去了。

我们现在谈论的只是宇宙的可见部分。如今的望远镜要远远好于伽利略时期天文学家观察星空时用的那种装置。但那些最重要的发现恰恰是利用这些小装置偶然发现的。可即便如此，它们仍然很不完美，在镜片被人类做了巨大的改进后，观察有了突破。因此，我们探讨的宇宙是指"人们通过代替肉眼的灵敏的感光片所观察到的那一部分宇宙"。至于宇宙中其他的静止的不可见部分，对不起，我们仍然一无所知。更遗憾的是，甚至连猜也不敢猜。数以百万计的各种星球中（包括我们的近邻——恒星），只有太阳和月亮，以非常直接和显著的方式影响我们的生存。太阳每 24 小时向我们地球的一半区域提供光和热。月亮离我们太近了，可以影响海洋的变化，造成了海水的那种叫作"潮汐"的奇特现象。

月亮离我们实在太近了。虽然比起太阳小得多（如果我们把熟悉的直径为 3 英尺的超大型地球仪比作太阳，地球就像一粒绿豆，月亮就只有针尖那么大），月亮对地球表面的"引力"要大于太阳。

假如地球全部是由固体物质构成的，月亮的引力就察觉不到了。但是地球表面有四分之三是水，这些水会跟随绕地球运行的月亮动，就好比你拿着磁铁在桌上移动，放在纸上的铁屑就会由于被它吸引而跟着一起移动。每日每夜，一片足有数百英里宽的辽阔水域，尾随着月光流动。当它进入海湾、港湾或河口时就会增强，形成三四十英尺高的潮汐。想在这样的水域里航行是异常困难的。当太阳和月亮刚好在地球的同一边，引力自然要比只有月亮时强大得多，这时就会出现所谓的"大潮"。在地球的很多地方，一次大潮就如同一次小水灾。

一层氮氧混合物完全将地球包围，我们称之为大气层或"空气"。大气层约有 300 英里厚，就像橘子皮包裹它的果肉，团团包裹着地球，起到保护作用。就在一年多以前，一名瑞士教授乘坐一个特别设计的热气球，升上 10 英里的高空，到达了人类从未去过的那部分大气层。这是一个壮举，不过，还有 290 英里的大气待人探索。

大气层，以及地球表层和大海，就是一座实验室，里面可以产生各种各样的天气，风、暴雨雪以及干旱。因为这些天气每时每刻都在影响着我们的幸福，我们必须进行较详细的研究。影响气候变化（难以按我们的愿望变化）的三个条件，是土壤的温度、季风和空气湿度。"气候"原来是指"地表的倾斜度"。因为希腊人注意到，地球的表面越靠近极点的地方越"倾斜"，他们所到之处的温度和湿度也有变化。如此，"气候"就用来指一个特定地区的气象状况，而不再是其原有的含意。

当前，我们说一个国家的"气候"，是指一年里不同时期所盛行的平均天气状况。我使用此词想说的就是这个意思。

首先，让我谈谈对人类文明起过极其重大作用的奇妙的风。要是没有热带海洋盛行的"信风"，美洲的发现恐怕就得推迟到轮船出现之后的时代。地中海沿岸和加利福尼亚要是没有湿润的微风，绝不会有现在的繁华，使它们将北部和东部的邻居落在了后面。更不要说那些被风吹来的岩石颗粒和沙粒，它们起着一张铺天盖地的看不见的砂纸的作用。几百万年后，能够把地面上最雄伟的山峰磨平。"风"这个字形象生动地表示"迂回前进"的东西。因此，风就是一股绕着弯从一个地方走向另一个地方的气流。但是气流为什么要"绕弯子"从一个地方往另一个地方走呢？因为不同的空气温度不一样，热空气会尽可能地往上升。这种情况一旦出现，会产生一个真空带，密度较大的冷空气就会涌入进去，正如 2000 多年前希腊人所发现的那样："大自然讨厌真空。"空气跟水和人一样，也厌恶真空。

我们都知道怎样在房间里产生热空气——采用简单的烧火办法。在行星中，太阳就像火炉，其余则是被加热的房间。离火炉最近的地方（沿赤道地区）当然是最热的地方，离火炉最远的地方（北极和南极周围）得到热量最少。

火炉使空气剧烈膨胀——一种环形的运动。热空气升向顶部。它一到达顶部，就远离了之前的热源，结果就会冷却下来。冷却的过程使它变重并向地面下沉。下沉之后，它又一次靠近火炉，再次变热变轻，重新升上去。如此循环往复，直至火炉熄灭。但是在火炉燃烧时房间的墙壁吸收了大量的热量，能够保持房间的温度，保温时间的长短取决于墙体的材质。我们赖以生存的土地就可类比成这些墙。沙子、石块与积满雨水的沼泽地相比，吸热快，散热也快。结果就是，太阳一落山，沙漠就会变得很冷，而森林直到深夜也让人觉得舒适。水是实实在在的热量储存体。所以，近海或沿海国家的气温比内陆国家的气温均衡许多。

我们的火炉——太阳，已经燃烧很久，并且夏天比冬天烧得更旺，因此夏天比冬天温度高。但是影响太阳的作用还有其他一些因素。如果你在冬季用一个小型电加热器给浴室加热，你会察觉，这在很大程度上取决于加热器摆放的角度。太阳也是这样。赤道地区的太阳光要比极地周围的太阳光更直接地照射到地面上。因此，100 英里宽的太阳光可以平均地照射在 100 英里宽的南美洲荒漠上或 100 英里宽的非洲森林上，并且能够把全部能量释放在这块土地上，并不会释放到其他地方。但是，在极地周围，100 英里宽的太阳光会照射到扩大一倍的地面或冰面上，这 100 英里宽的太阳光的热量也就刚好减少一半，这就像一个燃烧的锅炉，它可以为 6 个房间供热使其维持舒适的温度，但要为 12 个房间供热，就达不到舒适的温度了，力不从心。

我们这个天体火炉工作起来就更复杂了，因为太阳还必须使我们周围的空气维持恒温，但是它要做到这一点必须通过地球间接地完成。

太阳光想照射到地球上必须穿过大气层，由于穿过速度太快太容易，对这块忠实的地球大毛毯的温度几乎不产生影响。太阳光射向地面，地面储存热量，并缓慢地向大气层释放部分热量。顺便插一句，这一事实解释了山顶为何那么冷。我们越向上，感受到的地面热量就越少。要是太阳直接加热大气层，大气层再加热地面，那就大有不同了，山顶就不会看见白雪了。

现在我们要涉及问题最困难的部分。空气并非我们所理解的那种"空气"。它有质量，有重量。下层空气承受的压力要大于上层空气。如果你想把一片花瓣或一片树叶夹在书中压平，你就会在这本书上再放 20 本书，因为你清楚最底下这本书承受的压力最大。我们人类所承受的压力远比大多数人猜测的大：每平方英寸 15 磅。这意味着，要不是人类生存在如此幸运的环境——我们身体内外都有相同的空气，我们就有被压扁的可能。即便如此，3 万磅（中等个子的人承受的压力）是个不错的重量。如果你对此有疑问，你可以尝试能不能举起一辆小型卡车。

然而，大气层内的压力是不断变化的。我们知道这一事实是通过伽利略的学生托里拆利的发明。17 世纪，托里拆利发明了气压表这个闻名遐迩的仪器。我们随时都能利用其测量出空气的压力，不管白天还是夜晚。

托里拆利的气压表一经投放市场，人们就用它来进行试验。人们发现，高度每上升 900 英尺，气压下降 1 英寸。之后又有了新的发现，为气象学的形成做出了贡献。气象学是一门研究大气现象，预测天气的可信赖的科学。

空气压力与盛行风之间是否有确切的联系，这引起一部分地理学家和物理学家的怀疑。为了确定控制气流运动的无可争辩的规律，首先有必要用几百年的时间去收集资料，再根据这些资料得出一些明确的结论。这些弄完后发现，世界上有一些地方的气压高出海平面平均气压好多，还有一些地方的气压低于海平面平均气压很多。所以，前一种地区称之为高压区，后一种地区称之为低压区。其次还确切地发现，风总是从高压区吹向低压区；风的速度与强度取决于高压区的高压度和低压区的低压度。如果低压区的压力很小，高压区的压力很大，此时我们将会看到特别猛烈的风——风暴、旋风或飓风。

风不仅使我们的大房间——地球保持良好的通风换气，而且还对雨量起着重要的调节作用。没有雨，植物和动物无法存活。

雨只是一种蒸发水，它来自内陆湖，来自海洋，来自内地的雪山，以蒸气的形式被空气携带着。热空气要比冷空气携带更多的蒸气，因此空气变冷前很容易携带水蒸气。之后，一部分水蒸气凝聚起来，以雨、雪或冰雹的形式降落于地面。某一地区的降雨量几乎完全是由该地区的风向决定的。如果沿海地区与内陆地区被高山阻隔了（这种现象很普遍），沿海地区就湿润。原因是风被迫向上升（压力减小），离海平面越高温度就越低，水蒸气便以雨、雪的形式分离出来。当风跨过高山到达内陆后就成了几乎没有水的干燥风。

热带地区的降水稳定而充沛，因为地面上的巨大热量使空气升向高空，空气在高空降温后，无奈释放掉水蒸气，水蒸气就变成大雨返回地面。但太阳不是永远固定在赤道之上，它稍稍向南北两侧偏移，因此，赤道附近的大部分地方都有四季交替，其中两个季节干旱不断，还有两个季节暴雨连连。

　　有些地区更糟糕，常年盛行由寒冷地区吹向温暖地区的气流。因为从寒地刮向温暖地区的风，易于吸收水蒸气，不会释放所携带的水蒸气，使地球上的许多地方十年里都下不了一两次雨，因此变成了沙漠。

　　关于风和雨的一般原理就介绍到此。在讲述各国情况时还要做详细讨论。

　　现在简单讲解一下地球本身，以及我们脚下的由坚硬岩石组成的地壳。

　　关于地球内部实际情况的描述已有不少，但我们还远远没有达到对它有确切认知的程度。

　　我们应该谦虚含蓄些。我们去过多高的高空？我们去过多深的地球内部？

　　在直径 3 英尺的地球仪上，世界上最高的山峰珠穆朗玛峰只有一张纸那么高；而要表示出海洋那最深的洞（它在菲律宾群岛东部），邮票那么大的一片凹痕就够了。我们从未下过海底，也从未上过珠峰。我们只乘坐气球和飞行器到达过稍稍比巨大的喜马拉雅山高一点的地方。说到底，即使是瑞士教授皮卡德最近进行了成功的飞行后，仍还有三十分之二十九的大气层未曾触及。至于水，我们还从来没有潜入过太平洋总深度的四十分之一的地方。顺带说一句，我们最深的海的深度可是大于最高的山的高度。我们为什么不该知道这些情况呢？假如我们将各洲最高的山沉入大海最深处，珠穆朗玛峰和阿空加瓜山的顶峰仍然比海平面低几千英尺。根据目前我们掌握的知识，这些令人费解的事实，根本无法证实地壳的起源和随后的发展。对于我们这星球内部的真实性质，我们也用不着到火山上去找答案了（我们的祖父辈对此倒很积极），因为我们一点点地了解到，火山不是充满地球内部的熔岩物质的出口。虽然比喻可能欠妥，但我还是把它们比作地球表皮的疖子，疖子令人难受，但完全是病人身体局部的病痛，不会深入到患者身体的内部。

目前大概有 320 座活火山。还有 400 座曾经是活火山，现在已经退出，加入了普通高山的行列。

这些火山的大部分坐落在海岸线附近。确实，全球地壳最不稳定的地方是岛屿，如日本（那里的地震仪显示，火山的小喷发每天有 4 次，一年 1447 次），喀拉喀托岛和马提尼克岛同样如此，都是近代火山喷发的最惨痛的受害者。鉴于火山和海洋有密切的联系，人们顺理成章地会这样解释火山喷发：海水侵入地球内部，引发了"巨型锅炉"的爆炸，熔岩、蒸气和其他物质喷薄而出，造成惨绝人寰的灾难。后来人类发觉，几座喷发频繁的活火山距离海洋几百英里远，所以上述理论变得毫无意义了，要是现在就预测未来两百年的情况，我们只好摇摇头说："我们不知道。"

与此同时，什么是地表本身？我们通常会很随意地谈论岩石的久远，觉得它们永远不会随时间的流逝而变化。现代科学并不那么自信，将所有的岩石都视为有生命力的东西，因此易于发生不停的变化。大风吹蚀它，雨水冲刷它，风雨交加，能够使高山每 1000 年下降 3 英寸。要是没有抵抗侵蚀的反作用，所有的大山早就消失不见了，即使是喜马拉雅山也会在 1.16 亿年前成为一片广袤的平原。然而，反作用确实存在，并且是大量的。

为了对我们周围所发生的一切至少有个简单的认识，可以做个试验：拿几块干净的手帕，一块一块平整地叠放在一起，然后用手从两边同时慢慢向中间推，你就会发现，它们变成了奇怪的起伏不平的布堆，有的折叠，有的平整，有的凹下去，有的鼓起来。这一奇怪的现象与地壳极其相似。地壳是一个在宇宙中飞行并不断散失热量的庞大组织的一部分。它同其他物体冷却时一样也会慢慢收缩。你或许知道，物体收缩时，其表面会出现奇怪的褶皱，如同被推向一起的那堆手帕。

目前，最准确的猜测（请记住，仅仅是猜测）告诉我们，从地球成为一个独立星球以来，其直径已经收缩了 30 英里，一条 30 英里的直线不算什么。但是请记住，我们面对的是一个巨大的曲面，地表面积有 1.9695 亿平方英里。直径一旦突然变化，哪怕只有几码，就足以酿成大灾难，无一人能幸免。

因此，大自然创造惊世之作的速度总是非常缓慢。无论怎样，它都要考虑保持适当的平衡。它如果要使某个大海干涸（死海正在快速缩小，瑞士的康斯坦茨湖 10 万年后也将消失），就会在其他某个地方创造一个新湖；如果想让某座山脉消失（欧洲中部的阿尔卑斯山 6000 万年后将变得如同大草原般平坦），就会在地壳的某个部分进行慢慢地重新塑造，使之隆起，变成一座新山脉。无论如何，我们确信这些都是事实，一般说来，这个过程是特别缓慢的，我们不可能对其进行任何具体的观察。

不过也有例外。大自然虽然在没有干扰的情况下反应缓慢，但是在人类的"帮助"和纵容下，有时会变成令人讨厌的小淘气。自从人类真正步入文明阶段并发明炸药与蒸汽机后，地表被迅速改变，导致我们的祖先无法认出他们的花园与牧场。如果能起死回生，我们真该同他们聚一聚。人类对木材的贪婪，对山脉的地毯——森林和灌木进行肆意妄为地乱砍滥伐，将许许多多地区毁坏成原始的荒漠。森林要是消失，长期附着于山坡岩石上的肥沃泥土，就会被残酷无情地冲刷掉。光秃秃的山坡对附近地区是一种威胁。雨水再也不能被草皮树根保留住，而是形成急流或大水，奔涌冲向平原与山谷，裹挟着摧毁前面的所有东西。这不是危言耸听，我们没必要回想冰河时期的情况，那时，不知怎么回事，整个北欧和北美都覆盖着一层厚厚的冰雪，犀利的冰雪沟壑峭壁布满所有的山脉。我们只要回忆罗马帝国时代就好，那时候的罗马人都是首屈一指的开拓者（他们是古代的"事务主义者"吗）。意大利本来是一个气候宜人、生态平衡的国家，但在不到 500 年的时间里，他们不管不顾地破坏一切，使这个半岛的气候彻底改变。西班牙人在南美洲山区，同样肆意破坏勤劳的印第安人祖祖辈辈开垦出来的肥沃梯田。这是近代发生的事情，就无须赘述了。

当然，采用饥饿手段剥夺土著居民的生计，使他们成为臣民，是一种最简单的方法，就像我们政府所做的那样，为了把强悍的斗士变成懒散肮脏的保护地居民，最有效的手段就是杀绝水牛。这些残酷愚蠢的措施是把双刃剑，本身就伴随着报应，了解我们大平原情况的人都见证了这个报应，安第斯山也会向你诉说。

幸运的是，这只是为数不多的实用地理学面临的问题之一，但现在，那些掌握权力的人认识到实用地理学的重要性。如今，没有一个政府能够容忍肆无忌惮地破坏为大家造福的上帝。我们无法控制地壳的自然变化，但是，在一定程度上，小部分的细微变化还是能控制的，例如，改变某一地区降雨量的大小和防止肥沃土地变成荒漠。我们对地球的内部知之甚少，但对其外部起码知道的还多点。我们每天都会获得新知识，并且智慧地用这些知识给大家造福。

遗憾的是，我们还不能控制地球表面的大部分——我们称这大部分为大洋、大海，它几乎占据地球表面积的四分之三，都是不适宜人类居住的，全都被水所覆盖，水浅的地方仅仅几英尺，深的地方，像菲律宾东部著名的"深洞"，差不多 3.5 万英尺。

这部分水可粗略地划分为三部分。太平洋是最重要的部分，面积为 6850 万平方英里；大西洋面积为 4100 万平方英里；印度洋是 2900 万平方英里。河流与湖泊的总面积是 100 万平方英里。所有这些水下土地，以前是，现在是，将来也还是我们无法居住的地方，除非我们重新长出腮来，如同我们几百万年前的祖先那样，现在人出生时还会保存一丝之前的印记。

假如把世界最高的山峰放入菲律宾和日本之间的大洋最深处（34210 英尺），哪怕是珠穆朗玛峰也要在水下 5000 多英尺，其他的就更不用说了。山的高度依次是：1. 珠穆朗玛峰（34210 英尺，下同）；2. 干城章嘉峰，也在亚洲，靠近尼泊尔（282250 英尺）；3. 阿根廷的阿空加瓜山（22834 英尺）；4. 厄瓜多尔的钦波博拉索山（20702 英尺）；5. 阿拉斯加的麦金利山（20300 英尺），它是北美洲的最高山；6. 非洲的乞力马扎罗山（19710 英尺）；7. 加拿大的洛根山（19580 英尺）；8. 高加索的厄尔布鲁士山（18465 英尺），欧洲的巅峰；9. 墨西哥的波波卡特佩特山（17543 英尺）；10. 亚美尼亚的阿拉腊山（17090 英尺），诺亚方舟就搁浅在此；11. 法

国阿尔卑斯山脉的勃朗峰（15781英尺）；12.日本的富士山（12395英尺）。喜马拉雅山脉有12座山峰都高于阿空加瓜山，由于无人知晓，我在这里就不提及了。

人类终年居住的最高点如下：13（接上），西藏的嘎托（14518英尺）；14.秘鲁的最高湖的的喀喀湖（12545英尺）。最高的城市：15.基多（9343英尺）；16.波哥大（8563英尺），基多和波哥大都在南美洲；17.瑞士的城市，这里是欧洲常年人居住的最高地方（8111英尺）；18.墨西哥城（7415英尺），这是北美洲最高的城市；19.最低的一个地方，即巴勒斯坦的死海，比海平面低1290英尺。

充足的水量，给人的第一印象，貌似是特别有用的土地的巨大浪费，还会使人对地球自来就有这么多水而感到遗憾。我们清楚，被人类搁置的500万平方英里的土地是沙漠，1900万平方英里是类似于西伯利亚的无树木平原或部分可开发的平原，还有数百万平方英里的地方是无人区，因为要么太冷（如南北极周围地区），要么太高（如喜马拉雅山和阿尔卑斯山），要么太潮湿（如南美洲的沼泽地），要么被密林覆盖（如非洲中部的森林区），所以都要从5751万平方英里被称作"土地"的土地中扣除。每次想起这，我们不由得会感到，要是能额外地增加几英寸土地，我们一定会备加珍惜充分利用。

但是，假如没有这个巨型的热量存储体——海洋，我们是否能生存下去，是值得商榷的。史前时期的地质遗迹充分地显示，有好几个时候，陆地面积要比现今大，海洋面积要比现今小。不过都是在非常寒冷的时期出现这种情况。如果想永久保留现有的气候条件，目前的水域与陆地比4：1是很合适的，只要这个比例不变，我们大家都会受益良多。将地球包围（从此意义上说古人的猜想是对的）的巨大海洋，同坚硬的地壳一样，在不断地运动。太阳与月亮依靠其引力吸引海水，使它升高到相当的高度。一部分海水被白天的热量蒸发掉，极地的严寒以冰覆盖着它。从一个实用的观点来看，其直接影响着我们的幸福，风或是气流之所以受欢迎，是因为它们首先对海面施加了影响。

你长时间向盘子里的汤吹气，就会发现汤向远处流去。如果有股气流年复一年地向海面吹，就会形成"漂流"，海水顺着气流向前流去。当几股不同方向的气流同时吹来，不同的"漂流"就会相互抵消。就像赤道两侧吹来的风，如果是持续稳定的，漂流就成为不折不扣的海流了。海流在人类历史中发挥了极其重要的作用，同样在使地球的某些地方变得适合人类居住的方面也起到了作用，要不然这些地方就会如格陵兰岛被封冻的海岸般寒冷。

海洋河（好多海流的确像河）图能标出海流的位置。太平洋的几条海流中，最重要的一条是日本海流（也叫蓝色盐海流），它是由北—东向的信风引起的。它与大西洋的墨西哥湾流一样重要。日本海流履行完在日本的使命后，穿越北太平洋，把幸福留在了阿拉斯加，让那里不那么寒冷，适于人类居住。之后其又反向向南流去，将舒适宜人的气候带给了加利福尼亚。

当我们聊起海流时，首先会想到墨西哥湾。这条神秘的海流，50英里宽，2000英尺深，源源不断地向欧洲北部输送墨西哥湾的热带暖流，使得爱尔兰、英国和所有北海沿岸国家成为富饶的国度。

墨西哥湾流的本事其实十分有趣。它起始于很有名的北大西洋涡流。其实北大西洋涡流不是海洋流，而是湍流。它把一个半停滞的水沱围在正中，从而形成了数以亿计的小鱼和浮游植物的家园。这片水域叫作马尾藻海，也叫"海藻海"，在早期航海史上发挥了特别重要的作用。一旦信风（在赤道北侧刮的东风）将你的船只刮进马尾藻海，你就会迷失方向，至少中世纪的水手深信不疑。你的船就会被连绵若干英里的海藻绊住，船上的人只好慢慢地饥渴而死。最令人毛骨悚然的是，在无云的天空下船体残骸一直摇晃着，像一块无声的警告牌，警示那些胆敢挑战诸神的人。

当哥伦布平安地穿过这片水域时，传说中绵延数英里的坚韧海藻，被证明有些夸大其词了。但时至今日，对大多数人来说，马尾藻海依然神秘而可怕。它听起来好似中世纪的故事，很有点但丁描绘的地狱的样子。事实上，它还不如中央公园的天鹅湖那样令人期待。

拉回到墨西哥湾流上吧。北大西洋涡流最终汇入加勒比海，同来自非洲沿岸向西流动的一条海流汇合。这两条海流的涌入，再加上自身的海水，加勒比海的海水就太多了。就像一个杯子灌了太多水那样，加勒比海的海水流进了墨西哥湾。墨西哥湾装不下那么多外来海水，就把佛罗里达与古巴之间的海峡作为水龙头，向外输送一股宽广的热水流（华氏 80 度），这股热水流就被称作墨西哥湾流（也叫墨西哥湾暖流）。湾流以每小时 5 英里的速度奔流向前，这就是古代航船为何对湾流敬而远之的原因。航船宁可绕远，也不愿逆流而行，因为湾流严重影响了船速。

湾流从墨西哥湾向北前进，流经美洲海岸，随后沿着东海岸发生了偏转，并从此开启它穿越北大西洋的旅程。在纽芬兰大浅滩附近，墨西哥湾流与自己的一条支流——拉布拉多海流相汇。从格陵兰的冰山区直接流下来的拉布拉多海流，既冷又不受欢迎，而墨西哥湾流温暖又友善。这两条强大海流的汇入，激起了可怕的大雾，使这个地区有了可怕的名声。两条海流的汇合导致该地区产生大量的冰山。在过去 50 年里，这些冰山对航运产生了巨大的影响。这些被夏季强烈的阳光从坚硬的格陵兰冰川切割下来的冰山，缓慢地向南漂去，由墨西哥湾流和拉布拉多海流汇合形成的涡流最终将其截住。

冰山一边在那里打转一边渐渐融化。这个融化过程是它们之所以具有危险性的原因，因为我们只能看见冰山的顶部，而参差不齐的边缘却沉入水中，足以像小刀切黄油般切穿船体。如今，整个海域禁止所有船只航行，美国的巡逻船（冰海特别巡逻队，费用由各国共同承担）经常在此瞭望观察，爆破小冰山，并向船舶发出大冰山靠近的警报。然而渔船喜欢这里。出生于北极的各类鱼，适应了拉布拉多海流的低温，难以接受墨西哥湾流的温暖，于是就落入法国渔民的大网中。早在几百年前，法国渔民的祖先们就光顾了这块具有传奇色彩的美洲大浅滩。距离加拿大海岸不远的两个小岛——圣皮埃尔岛和密克隆岛，两百年前法兰西帝国占领了北美洲相当大的土地，其不仅仅是庞大的法兰西帝国最后的几块领地，而且还是充满勇气的诺曼底渔民的沉默的见证人，诺曼底渔民早在哥伦布出生前150年就踏上了我们的海岸。它到达西班牙、葡萄牙、法国、英国、爱尔兰、荷兰、比利时、丹麦和斯堪的纳维亚半岛，将温暖舒适的气温赠送给这些国家，要不然它们的气温就差多了。完成了这项慈善任务后，这个奇特的海流，其携带的水量超过了全球河水量的总和，静悄悄地撤回到北冰洋。北冰洋进而发现自己拥有大量的水生物质，并为自己输送了格陵兰海流而感到宽慰。格陵兰海流自身又促成了我前面讲到的拉布拉多海流。

这是个迷人的故事。

这个故事这么迷人，使我难以自控，只得给这一章如此长的篇幅。否则，我绝不会这么做。

本章只是个背景介绍——气象学、海洋学和天文学的通论，依托这些情况，我们戏剧中的演员马上就要登场了。

现在让我们暂时拉上帷幕。

幕布升起后，新的一幕戏的场景和道具会在舞台上布置妥当。

这一幕会告诉大家，人类是如何想方设法跨越大山、大海与沙漠的。只有这些地区被征服了，我们才能真正地称这世界为我们的家园。

　　帷幕再一次拉开了了。

　　第二幕：地图和航海的方法。

第四章

地　图

我们都很熟悉地图，我们简直无法想象没有地图的生活会是什么样。但是那个时代，人们根本不清楚要尽最大可能依据地图来旅行，这就像我们今天根本不知道要依据数学公式来穿越宇宙一样。

古巴比伦人个个都是出色的几何学家，能够对其王国进行实地勘测（是在公元前 3800 年或摩西诞生前 2400 年进行的）。他们留给我们一些土质的平板，上面画有确定是他们王国的轮廓，但用现代人的眼光看，这些就不算什么地图。埃及人挖空心思想从辛勤劳作的臣民身上榨出每一分税款，也勘测了他们的王国。勘测图显示，他们掌握丰富的数学知识，足以胜任这项艰巨的任务。不过在王室墓穴中从来没发现任何现代意义的地图。

希腊人是古代嗅觉最灵敏也是最具好奇心的人。他们撰写了无数关于地理学的专论，但是我们对他们的地图一点也不了解。在各地的一些大型商业中心里，可能会有一些刻在铜牌上的图，表明一个商人要从地中海东部的某处到其他地方去的最佳路线。不过这种铜牌从未被发掘出来，我们不清楚它们的样子。亚历山大大帝所占领的地盘前无古人后无来者。他肯定具有某种"地理第六感"，因为他拥有一批特殊人物：专业的"步测者"——他们走在军队的前面，不断记录下不怕疲劳的马其顿人为寻找印度的黄金所走过的准确距离。但是，对于我们来说，能读懂的是常规地图，而不是一种痕迹、一张画片或一条线。

罗马人贪婪地掠夺财物（是组织最完善的"系统掠夺者"，直到欧洲殖民时代开始，对他们的所作所为才有所记录），走到哪里就住到哪里，把路修到哪里，税征收到哪里，虐待人、杀人到哪里，把他们的游泳池和庙宇的废墟留在哪里。他们好像无需一张名副其实的地图就可以管理一个帝国。确实，他们的说客和作家经常提到其地图，并且夸耀这些地图非常精确，完全可信。唯一流传下来的一张罗马地图（如果不算公元2世纪那张小小的不重要的古罗马规划图），看起来挺简单，很粗糙，对现代人而言，毫无价值，只能当作一件古董。

历史学家都清楚存在一张普廷吉地图，它是以康拉德·普廷吉的名字命名的。普廷吉是奥格斯堡市所辖小镇的一名职员，他首先想到利用斯特拉斯堡的约翰·古藤伯格最近发明的印刷机，将罗马地图传播开来。但是他没有可用于复制的原件。他用的底稿是一张13世纪时复制的3世纪地图

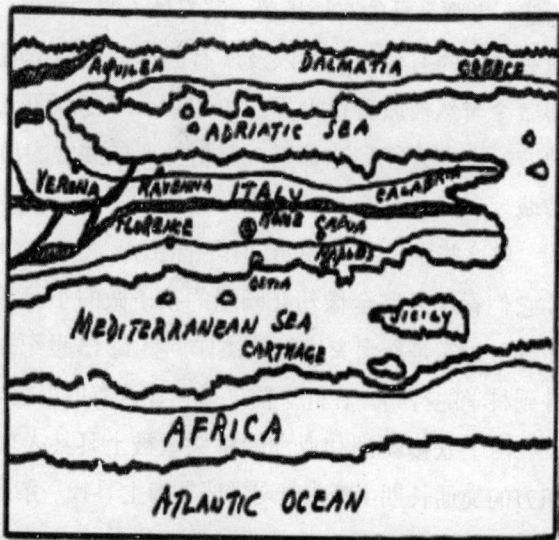

的复制品，由于年代太久，地图上的好多重要细节都被老鼠和蛀虫吃掉了。

尽管如此，毫无疑问它的大体轮廓无疑还是罗马时代的原图。如果这是罗马人能达到的最高水平，那他们真该好好学习一番。我把这张地图放在这里，让大家自行判断。经过对相关材料长期和耐心的研究，你会逐渐地悟出罗马地理学家的想法，而且还会发现，这种条带型的"世界"是给准备前往英国或黑海的罗马将军提供的旅行文件中的最后一个词汇，从那刻起，我们已经取得了巨大的进步。

至于中世纪的地图，我们不用任何说明就能够看懂。教会反对一切"无用的科学研究"。莱茵河河口到多瑙河河口之间最近的通道比起通向天堂的道路要次要得多。地图成为滑稽可笑的图画，上面有好多无头的怪物（这种怪诞的想法来源于可怜的因纽特人，他们喜欢蜷缩在皮毛衣服里，连头都不露在外面）、喷水的鲸、半鹰半马的有翅怪兽、鼓着鼻子的独角兽、海妖、美人鱼、鹰头狮身的有翅怪兽，以及所有因迷信或恐惧所产生的怪物。耶路撒冷当然被放置在世界的中心，而印度和西班牙处在最遥远的地方，没有人能到达那里，苏格兰变成独立的岛屿，通天塔比巴黎城大十倍。

与这些中世纪制图员的作品相比，波利尼西亚人的编织地图（它们看起来完全像幼儿园里的孩子做的小玩意，但很实用，很精确）确实是航海家智慧的杰作。直到15世纪末，航运才最终上升到科学的行列，在此之前，航运业没有取得丝毫实质性进步。

由于联接欧洲和亚洲的桥头堡被土耳其人攻克，从陆路通往东方的交通长期中断，迫切需要从海上寻找一条通往印度的道路。这就意味着放弃过去的熟悉的航行方法，这种方法是依靠观察最近的陆上教堂屋顶或识别沿岸的狗叫声来航行。在海中航行，除了天空和海水外，基本好几个星期看不见任何东西。正是如此，使得那时的航海方法取得重大进步。

埃及人似乎到过克里特岛，再远的可能就没去过了。他们登陆这个岛，不像是一次精心计划的航海探险结果，更像是一次被大风刮离航道后的巧合。腓尼基人和希腊人实质上是"望着教堂塔尖航行的水手"，虽然他们也曾做过显赫的事情，甚至冒险去过刚果河和锡利群岛。即使如此，他们在航行期间也是尽可能靠近岸边，在夜里，就把船拉上岸来，避免被风浪刮到大海里去。中世纪的商人都有固定的航线，要么去北海，要么去地中海，要么去波罗的海，他们隔上几天就要远眺山脉。

要是他们感觉自己在大海中迷失了方向，他们唯一能做的就是确定最近的陆地在哪里。因为这样，他们总是随身携带一些鸽子。他们晓得，鸽子的本能可以用最短的路线到达最近的陆地。当他们放出鸽子时，肯定是他们感到无路可走了，并且观察鸽子的飞行方向，随后就朝着鸽子飞去的方向航行，直到山顶的出现，到最近的港口停泊，方便打听自己到了何地。

当然，中世纪，即使是普通人也要比我们现代人熟悉星座。那时的人之所以如此，是因为缺少各种信息，但如今，这些信息以历书和日历的形式留给我们。聪明些的船长可以通过研究星星来辨别方位，或根据北极星和其他星座来判定自己的航线。但是在北方，经常是多云天气，就难以看到星星了。假如航海不是一种外来发明，它是 13 世纪下半叶传到欧洲的，那么，它有可能继续成为一种既痛苦又费钱，要么单凭猜测，要么听从上帝的行业。不过罗盘的由来和历史一直有种神秘感。我在此告诉大家，与其说是正统的知识，倒不如说是某种传言。

成吉思汗，在 13 世纪上半叶统治了一个面积稍大于之前任何一个帝国的大帝国（从黄海直到波罗的海，1480年前统治着俄罗斯）。他似乎带着一些类似罗盘的东西跨越广袤的中亚荒漠，前往欧洲寻欢作乐。但是，现在还不能确定，这种被神职人员称作"亵渎上帝的撒旦发明"的罗盘是不是地中海水手最先看到的。在此之后，地中海的水手就把船开到了全世界。

类似的具有世界性价值的发明，其起源好像都有点云山雾罩的。从法马古斯塔或雅法回来的某个人可能带了一个罗盘，但他的罗盘是从一个波斯商人处买到的，波斯人告诉他，这个罗盘又是他从一个刚从印度回来的人那买的。谎言就从滨水区的啤酒屋里传开了。所有人都想去亲眼看看这个被撒旦施以魔力的奇妙小指针，不管你走到哪，小指针都会告诉你北是哪。当然他们不相信这是真的。不管如何，他们要朋友下回从东方回来也给自己带一个，甚至还先把钱交给友人。半年后他们也得到了自己的罗盘。撒旦的魔力果然名不虚传！自此每个人都必须要有一个罗盘。大马士革和士麦那的商人得知需要更多罗盘的紧急请求。热那亚和威尼斯的仪器制造商就开始独自制作罗盘。突然，我们获悉全欧洲都有了罗盘。仅几年光景，这个有玻璃盖的金属小盒就遍地都是，无人会想到这个小玩意值得写一本书，因为人们觉得其存在是理所当然。

关于罗盘的来历我就说到这里吧，它的来历或许永远是个谜。但是对于罗盘本身，自从这个灵敏的指针第一次引导威尼斯人从环礁湖到达尼罗河三角洲以来，我们对罗盘的认识已经有了很大提高。比如，在某些地点我们发现罗盘的指针不是指向正北，而是要么偏东，要么偏西。这种偏差从技术上讲或许是罗盘的"磁差"造成的。因为南磁极和北磁极跟我们这星球的南地极和北地极并不完全一致，两者之间有几百英里的南北偏差。北磁极在布西亚岛上，是加拿大北部的一个岛屿，而南磁极位于南纬73度东经 156 度上。

因此，船长在船上只有罗盘是不行的，他还得有张海图，说明罗盘在世界不同地区的不同偏差。不过，那跟航海科学有关，然而本书不是航海手册。航海是一门特别困难特别复杂的学问，它并非寥寥数语就能说清楚。目前，你要是能记住以下这些就足够了：罗盘在 13 和 14 世纪进入了欧洲，对于让航海学发展为一门可靠的科学起了巨大的作用。而不再依靠侥幸的猜测与无聊的复杂计算，而这又是常人智力没办法胜任的。

然而，上面说的仅仅是个开始。

现在你能知道你的航向是朝北，或是朝北偏东，或北—北—东，或北—东—偏北，或北—东，或北—东—偏东，或由罗盘指示的 32 个"一般方向"中的任何一个。而中世纪的船长判断自己在大海中所处的位置只能依靠另外两种仪器。

首先是测深绳。它的历史几乎与船一样久远。它可以测出大海某一点的深度。如果哪个船长有一张标明不同深度的海图，并依照海图来慢慢航行的话，测深绳可以告诉他附近水域的一些情况，他由此可确认自己的方位。

另一种是测程仪。测程仪本来是一小块木头，把它从船头抛入水中，并且仔细看它由船头走到船尾用了多久。船的长度是知道的，这样就能算出船经过某一点需要多长时间和每小时大概能走多远。

绳子逐渐取代了测程仪的小木块。这是种很细很长但很结实的绳子，绳头有一块三角形的木块。预先在绳子上按照一定的长度打上一个一个的"节"（结）。当绳子从船头放入水中时，另一名船员就打开沙漏。等沙子漏完（预先就知道要两三分钟），就把绳子拉上来，边拉边数结，计算沙漏漏完时绳子上有多少个结下到水中。之后，只要经过简单的运算便可知道船走得有多快，船员的习惯说法就是"多少节"。

即使船长清楚船的航行方向和速度，海浪、海流和风也会打乱他的很谨慎的计划。结果，即便是罗盘引入很久之后，一次普通的海洋航行仍然是最危险的事情。那些从事航运理论研究的人意识到，想改变状况，就要找到替代教堂尖顶的东西。

我这并不是在开玩笑。教堂上的尖顶、土丘山的树木、堤坝上的风车和看门狗的叫声，都在航运史上发挥了非常重要的作用。因为它们都是固定点，不管发生什么事情，都不会改变位置。水手有了一个这样的"固定点"，就可以推算出自己的位置。他会对自己说："我必须继续朝东走。"因为他会想起来他上次是在哪个地方。或是说："继续朝南、朝北、朝西，直到到达我的目的地。"当时的数学家（顺便插一句，他们都是很有才华的人。根据不充分的信息和不精确的仪器，他们依然可以把事情做得像本职工作一样好）准确无误地找出了问题的关键所在。他们一定要寻找一个自然的"固定点"，取代人造的"固定点"。

早在哥伦布横渡大西洋（我之所以提到他的名字，因为不管男女老幼都知道是在 1492 年）前大约 200 年就开始了寻找，始终

没有结束，甚至延续到了今天。如今我们拥有了无线报时系统、水下通讯系统和机械操舵装置，老式舵手几乎要失业了。

假设你站在圆球上一座高塔的塔脚边，高塔顶上有一面旗子。旗子此时就在那你的头上方。只要你不动，旗子就一直在你

的头顶上方。如果你离开高塔一定距离再看塔上的旗子，你务必要抬头，使之有一定的角度，这个角度就取决于你与高塔之间的距离，就像你研究上面的插图后所发现的那样。

当这个"固定点"被发现后，剩下的工作就比较容易了，因为只是个角度问题。希腊人会计算角度，因为他们是三角学这门科学的奠基人。三角学是解决三角的边与角的关系的学科。

我们即将进入本章最难的部分了。的确，我也许会说，整本书就是研究我们现在称作纬度和经度的东西。纬度的确定方法发现要比经度的确定方法早数百年。经度（现在我们已经掌握如何去确定）看起来比纬度更简单，但它给我们没有时钟的祖先几乎造成了无法克服的困难。而纬度只是仔细观察、细心计算的问题，所以才被我们的祖先更早地发现。概况介绍差不多了。接下来要讲难点，我尽量讲得简明些。

你会留意到一些平面和角。在 D 点，你刚好处在高塔顶部的下面，就好比中午 12 点钟时你恰好在赤道上，太阳几乎垂直地在你头顶上。如果你移动到 E 点，情况就复杂些。你所处的这个世界是圆的，如果你喜欢计算角度，就需要一张平面图。然后，从假设的地球中心 A 点，画出一条线，线直接穿过你，到达你正上方的一个点，称作天顶。在天文学的正式称谓中，就把处于观察者正上方的天空点称作天顶，与天底正好相对，它是处于观察者正下方的天空点。

因为这个问题比较复杂，为使你能理解，我们试着做这样一件事：拿一根毛衣针直接穿过苹果的中心，假设你背靠毛衣针坐在苹果上。毛衣针的上端就是天顶，下端就是天底。再假设一个平面，它同你站的或坐的或同毛衣针形成直角。如果你站在 E 点，这个平面就称作 FGKH 平面，BC 就是你进行观察的这个平面上的一条线。另外，为方便起见，也为了使问题简单些，请再假设你的眼睛在你的脚上，正好在你双脚接触 BC 线的那一位置上。然后抬头看塔顶上的旗杆顶端，并计算旗杆顶端（L）、你所站的地点（E）和假定中的 BC 线线端之间的角。BC 线是假设的 FGKH 平面的一部分，而这个平面与假设的天顶 A 线成直角，天顶 A 线把地球的中心同处于你这个观察者正上方的天空点联接起来了。如果你会一些三角学的知识，这个角会告诉你，你离高塔的距离。移到 W 点，重复上述过程。W 成为你在假定的 MN 线上所站立的点，MN 线则是假设的 OPRQ 平面的一部分，而 OPRQ 平面与联接地球中心 A 和新的天顶（只要你移动 1 英寸，天顶的位置就会变化）的那条线形成直角。我把新的天顶称为天顶 I。计算角 LWM，你会知道你离高塔的高度。

你看，即使用最简单的形式，它依旧如此复杂。所以，我只能告诉你一些现代航海学基本原理的概况。如果你想成为一名海员，你就要去专门的学校学习几年，学习如何进行必要的计算，等你使用了二三十年的表格、海图和仪器后，你的老板会让你做船长，期望你能驾船驶向各个港口。要是没有这个远大抱负，你就永远不会理解这些东西。或许这一章写得简短，一般概念过多，那就请你原谅了。

既然航海学完全是一种计算角度的科学，要不是欧洲人重新开发了三角学，它就无法取得长足的进步。1000 多年前，希腊人已经为三角学这门科学奠定了基础，不过托勒密（埃及亚历山大时期著名的地理学家）死后，三角学就被当作过于奢侈的东西而舍弃或遗忘了——假如它稍许灵活些就不会这样了。印度人，之后是北非的阿拉伯人和西班牙人没有那么多顾虑，豁达地把三角学从希腊人停滞的地方继续推进向前。最有力的证明就是天顶和天底（这两个词纯粹是阿拉伯语）等词汇。三角学再次被列入欧洲学校的课程中（大约在 13 世纪），在随后的 300 年里，欧洲人补上了时间上的损失。虽说他们也能够计算角和三角，但他们仍感到面临的困难，这就是从地面以外的地方寻找一个固定点，用来替代教堂的尖顶。

最值得信赖的能够接受这一崇高荣誉的候选者就是北极星。北极星距离我们很远，看上去似乎不移动，并且辨识度很高，即使是小人物——渔民，在看不到陆地的地方都能辨认出它。他所要做的无非是在北斗星右边最远的两颗星间画一条直线，这样就能看到北极星了。当然我们总是可以见到太阳，但其轨迹从未被科学地勘测过，只有最有经验的航海者才敢吹牛他能靠太阳来航行。

人们刻意去相信地球是平的，所有的计算结果必然与实际产生矛盾。16 世纪初，权宜的方法完结了，"圆球"理论取代了"平盘"理论，地理学家终于确立了自己的地位。

地理学家首先做的是，根据与联接南北极的线性成直角的平面，把地球分割成两半。分割线称作赤道。所以不管从北极还是从南极的任意位置到赤道都是等距的。极点到赤道之间的部分被等分成 90 份。这 90 条平行线（是圆线，请始终记住地球是圆的）画在极点与赤道间，每条线间隔约 69 英里，因此 69 英里是表示极点与赤道间假设距离的九十分之一。

地理学家从赤道开始把这些圈编上号，向上（或向下）到达极点。赤道是 0 度，极点是 90 度。地理学家把这些线称为纬度（纬度图可以帮助你记忆），通常用一个小空心圆点作为简单明了的符号来代替"度"这个字，它标在数字的右上角，因为在数学运算中写"度"这个字太麻烦了。

所有这些表明前进了一大步。但是即便如此，航海仍然是一项危险的工作。几十代数学家和水手们致力于收集有关太阳的资料，确定每个地方、每一年、每一天太阳的准确位置，便于普通的船长也能解决纬度问题。

最终，任意一个有些理解能力的船员，只要能读能写，都可以在较短时间内确定他离赤道或北极有多远，或用术语来说，就是在北纬几度上或南纬几度上。以往想越过赤道没有那么简单的，因为在南半球看不到北极星，船就无法依靠北极星返回。科学最终解决了这一问题，16世纪末，驾船出海的人再也不会被纬度问题所困扰了。

还有就是确定经度的问题（你应该较容易地记住它是垂直线）。整整花了两百多年才成功解开了这一谜题。为了确定不同纬度，数学家们是从两个固定点——北极和南极开始的。他们说："教堂尖顶就竖立于此，这叫北极（南极），并让它永远留在这里。"

但是地球上没有东极，也没有西极，因为地球的轴恰巧不在那个位置上。当然，你可以画出无数的子午线，即环绕地球和穿过两极的圆圈。这几百万条圆线中哪一条是把地球分割成两半的"子午线"呢？要是有了这条线，船员就可以说："我在'子午线'以东（以西）100英里。"传统观念都把耶路撒冷当作地球中心，以至许多人要求把穿越耶路撒冷的子午线作为本初子午线，即纵向的赤道。民族自尊阻止了这一计划。每个国家都想让本初子午线穿过自己的首都。即便是现今思想比较开放之时，德国、法国和美国的地图依然让本初子午线穿越柏林、巴黎和华盛顿。结果，由于英国在17世纪（经线问题最终解决之时）刚好对航运知识的发展贡献最大，也因为那时所有的航运事务都由英国皇家天文台管理，皇家天文台1675年建于伦敦附近的格林尼治，因此，穿越格林尼治的子午线最终被承认为本初子午线。本初子午线纵向将地球切分成两半。

船员终于有了纵向的教堂屋顶，但他还面临另一个问题，就是一旦进入大海后，如何确定自己距离格林尼治子午线以东或以西多少英里。为了永久解决这一问题，1713年英国政府成立了一个特别的"确定海上经度委员会"。该委员会为此设立了巨额奖金，把它作为实用的办法来征集"在公海上确定经度"的最佳方法。200 年之前的 10 万美金可是一笔不小的巨款，每个人都拼命干活。在 19 世纪上半叶解散时已经花费了大概 50 万美元，用来奖励那些有价值的发明。

这些人的大部分工作早已被遗忘，他们的创作成果也已被废弃不用了。但是在重赏之下产生的两项发明被证明是有长久价值的。第一项便是六分仪。

六分仪是一种复杂的仪器（一种小型的海上观察仪，一个人就能拿起），便于船员测量各种距离。它直接把中世纪的粗糙星盘和十字架以及 16 世纪的象限仪融为一体。就像整个世界在同一时间里寻找同一东西时经常会发生的那样，有三个人都声称自己是六分仪最早的发明人，并苦苦地争夺这项荣誉。

航海界对第一个六分仪的诞生所产生的兴奋，比起他们对天文钟的关注要温和得太多。天文钟是一种精确可靠的计时装置，1735 年问世，比六分仪晚了 4 年。由一个叫约翰·哈里森的制表（做钟表前是个木匠）天才发明的天文钟，是一个计时钟，它计时特别精确，能够把格林尼治时间带到世界各地，无论你采用何种携带方式。约翰·哈里森之所以能够做到这一点，是因为其在钟表里加了一个叫作"补偿弧"的装置。这个装置可以调整平衡簧的长度，使之平衡掉因气温变化而产生的膨胀或收缩，并且它还防水。

对奖金额进行了长时间并且不体面的讨价还价后，哈里森接受了 10 万美元（在他去世的 3 年前，1773 年）。如今，一艘船不管走到哪里，只要带着天文钟，就永远知道格林尼治时间。既然每 24 小时地球绕太阳一圈，每一小时走过经度的 15 度，为了确定自己离本初子午线的距离，我们要做的，首先是明确要到达的地方的时间，然后将当地时间与格林尼治时间相比较，记下二者的差值。

举个例子，假设我们知道（经过细心计算，船上的每个船员都能做到）我们所在的地方是 12 点钟，天文钟是两点钟（格林尼治标准时间）。我们还知道太阳每小时走 15 度（每 4 分钟走一度），既然当地时间与格林尼治时间差 2 个小时，那么我们就已经走了 $2 \times 15° = 30°$。在航海日志（一个小本子，在纸没有广泛应用之前，往往是用粉笔写在木片上）上写下，某年某月某日的中午，船航行至西经 30°。

现今，1735 年的重要发明已没有多少重要意义了。每天中午格林尼治天文台都要向全世界播发正确时间。天文钟将马上成为一种多余的奢侈品。这种情况也着实在发生，我们相信，自动导航仪、无线通讯必将取代孜孜不倦的分析与计算、复杂的工作台。这一章是冗长的，它告诉你们，人类尝试穿越未经勘测的大海，铺天盖地的大浪无情地拍打下来，即便是最优秀的水手也会一时间手忙脚乱，尽管时间极短，短得甚至写不完一句话——然后毅力、勇气和高智商的光辉一章也将结束。仪表英俊、端着六分仪的人将从船上消失。他将会坐在船舱里，头戴耳机，问道："喂，某某人！我在哪里？"某某人就告诉他。事情就是如此简单。

为了能够愉快、有利和平安地跨越地球表面，人类已经努力了 20 多个世纪。这 20 多个世纪没有白辛苦。这是第一次国际合作的成功经验。中国人、阿拉伯人、印度人、腓尼基人、希腊人、英国人、法国人、荷兰人、西班牙人、葡萄牙人、意大利人、挪威人、瑞典人、丹麦人、德国人，他们所有的人都为这项大有裨益的事业做出了贡献。

合作史上的特殊一章结束了。但是还有好多可写的内容，足以使我们忙碌相当长的时间。

第五章

四季及其形成

季节（season）这个词来自于拉丁语，是从动词 serere 引申过来的，意思是"播种"。因此，"季节"应该用于表达春天——播种的时候。但是，"季节"在中世纪初期失去了它唯一的涵义。另外三个季节也被加进去，将一年分成四个平等的部分：冬季，或叫湿季；秋季，增加的季节（与增加"augmentation"和尊严"august"出自同一词根，不仅是"增加的月份"之意，还有"重要性增强的人"的意思）；summer（夏天），古老的梵文中对一整年的称谓。

除了对人类产生实际而又浪漫的影响外，四季有着最普通的天文背景，因为其是地球年复一年绕着太阳旅行的直接结果。如果允许，我将简洁但是枯燥地介绍这部分内容。

地球自转一周需 24 小时，绕太阳公转一周需要 365.25 天。为了省掉这 0.25 天，使日历更加规整些（不对，但是现在是否有一个各国都赞同的修正合理的时间，还不好说），我们每隔 4 年就有一年为 366 天，即闰年。但是像 900、1100、1300 或 1900 这些结尾是两个 0 的年份没有闰年，而可以被 400 整除的结尾带两个 0 的年份除外，最近一次例外是公元 1600 年，下一次是 2000 年。

地球公转的轨道不是正圆形的，而是椭圆形的。它还不是标准的椭圆形，这就给研究地球在宇宙中运行轨道的工作添加了不少困难，要比研究正圆的运行轨道复杂很多。

地球的轴与太阳同地球之间的平面不是一个直角，而是呈66.5°。

在绕太阳运行时，地球的轴一直保持这一角度，这就是世界各地季节变化的直接原因。

3月21日，地球与太阳的位置关系是这样的：太阳准确地照在地球表面的一半上。结果，在这一天，世界各地的昼夜长短是一样的。三个月后，地球完成了它围绕太阳运行行程的四分之一。北极偏向太阳，而南极离太阳最远。结果，北极庆祝它一年一度持续6个月的白昼，而南极正享受它一年一度的半年之夜；北半球共享长时间日照的夏季，南半球则过上了只能围炉取暖看书的漫长冬夜。请记住，当我们在圣诞节滑冰时，阿根廷人和智利人正在遭受酷暑的折磨；但我们在热浪中煎熬时，他们就该找人磨好溜冰鞋了。

下一个重要的季节性日子是9月23日，因为此时世界各地昼夜的长短再一次均衡了。然后就是12月21日，这一天南极靠近了太阳，而北极远离阳光，背向热源，因此北半球寒冷，南半球温暖。

但是，地轴独有的倾斜和地球的自转，不是四季变化的唯一原因。66.5°角还带给我们5个区：赤道两旁是热带区，这里太阳光垂直或几乎垂直地照射在地面上；在热带与极地之间是南北温带区，这里，太阳光不那么垂直地照射在地表上，所以它赋予温暖的地面和水面要超过热带区。最后是两个极地区，他们是处于一个极端角度上接受太阳光的：即使在夏季，69平方英里的太阳光所照射到的地表面积要比其自身大一倍。

在书本上要把这一切解释清楚并不容易。你可以去天文馆，那里可以看到这一切，并且比读书本更快更容易地理解它们。不过，想到要建天文馆的城市没有几个。去市政委员会，告诉他们我们要一座天文馆，作为圣诞礼物。当他们在辞典中查找这个生词（大概要用二三十年的时间才能查找到）时，你最好用一只苹果或橘子、一支蜡烛和一点用于涂抹区域的墨水做下尝试。火柴棍可作为南极和北极。如果一只苍蝇落在你这个小小的手工制作的地球上，不要沉溺于对比中。不要对自己说："假设——仅仅是假设——我们也是某种苍蝇，毫无目的地在一个巨大的果子上爬行，这个巨大的过子被一支大蜡烛照射着——这两样东西都是某个巨人在午后消遣的玩物！"

想象是好的。

但天文学不应该使用想象。

第六章

蓝色星球上的小块陆地和大陆

我们所有人，无一例外，都住在岛屿上。地球上的这些岛屿，有的大，有的小，所以我们想把大的归于一类，称作"大陆"。大陆"拥有"或"结合"的土地要多于一般的岛屿，如英格兰岛、马达加斯加岛和曼哈顿岛。

但是，没有一致和严格的规定。亚洲、美洲和非洲作为最大的连续性陆地，根据它们巨大的面积，称得上大陆。然而欧洲，被火星上的天文学家看起来更像是亚洲的半岛（可能比印度稍大点，但也大不了多少），总要坚持自己是大陆。如果谁敢说澳大利亚人的岛不够大，人口也不够多，不能被列为大陆，那么毫无疑问澳大利亚人非发动战争不可。格陵兰人则相反，尽管他们的出生地是婆罗岛和新几内亚岛这两大海岛面积的 2 倍，但他们没有为自己的家园被排除在大陆之外而愤愤不平，满足于做个普通的因纽特人快乐地生存下去。如果不是南极的企鹅是如此谦卑、和蔼的动物的话，也会强烈要求承认自己是生活在大陆上，因为南极差不多跟北冰洋和地中海之间的所有陆地一般大。

我不清楚这些混乱是如何产生的。但是地理学可是被彻彻底底忽略了几百年。在那时，大量的概念依附于我们的地理资料上，就像藤壶依附于被遗弃在港口的破船船底下那样。随着时间的流逝（被疏忽的黑暗时期持续了1400年），藤壶中的一部分不断长大，最终被误认为是破船的一部分。

我不想增加已有的混乱，而是坚持普遍承认的区分方法。我要说现在的5个大陆：亚洲、美洲、非洲、欧洲和澳大利亚，亚洲是欧洲的4.5倍，美洲是欧洲的4倍，非洲是欧洲的3倍，澳洲比欧洲小数十万平方英里。亚洲、美洲和非洲在地理手册中理所应当地排在欧洲前面。但是假如我们不只注意面积，而且还考虑每个地方在地球的发展史上所发挥的作用，那么我们必须把欧洲放在前面。

我们首先来看地图。实际上，我们看的是日常使用的地图，并不是本书中的地图。想学地理而没有地图，就像想学音乐却没有乐器，想游泳却没水。你看过地图，如果对整个地球有所了解就更好了，你会注意到，与北冰洋、地中海和大西洋交界的欧洲半岛，恰好位于那半球的中心，那里拥有最大面积的土地，而孤单、可怜的澳大利亚正处于另外半球的中心，那里水占据了绝大部分的面积。这就是欧洲具有的最大优势，它还有别的优势。亚洲大概是欧洲的5倍，然而亚洲有四分之一的土地太热，不舒服，还有四分之一的土地离北极太近，除了北极熊和驯鹿，没有人想选择这块土地作为永久的家园。

在这方面欧洲又得分了，因为它具备一些其他洲不具备的优势。意大利的脚尖，即最南端的突出部，很温暖，但距离热带有800英里。挪威和瑞典北部离北极圈不是很远，但是墨西哥湾流恰巧光临它们的海岸，带去温暖，但是处在相同纬度上的拉布拉多岛，则是冰冻的荒野。

还有，欧洲深入陆地的半岛和深入陆地的海，其比例比其他各洲都大。想一下西班牙、意大利、希腊、丹麦、斯堪的纳维亚半岛、北冰洋、北海、地中海、爱琴海、马尔默拉海、比斯开湾、黑海，再把那情况跟非洲或南美洲比较比较就行了，在那些洲这种情况是最少的。这么多的水与大陆几乎所有的地方相连，由此产生的结果就是一种特别暖和的气候。这意味着冬季无严寒，夏季无酷暑。生活既不太富裕，也不太困难，于是人类既不至于像非洲人一样无所事事，也不会像亚洲人一样卖力干活，而是可以比其他地方的人更舒适、更合理地将工作与休闲融合一起。

不过，气候虽然帮助了欧洲人，使他们成为地球大部分地方的主人，而且使他们自给自足。但是他们干出了自杀的蠢事：1914—1918 年发生了 4 年不幸的战争。地理背景也帮助了他们。这完全是偶然的，没有谁能为此而骄傲。他们同样得益于洪水的泛滥、庞大冰山的入侵和火山的大喷发，这所有的一切造就了这块大陆，把山放置在最容易成为国境的地方，使河流的流向把内陆的每个地方与大海实际地联接起来，在火车与汽车没有发明之前，这是商业和贸易发展的最重要的运输通道。

比利牛斯山脉将伊比利亚半岛同欧洲的其他部分分割开来，形成了西班牙和葡萄牙之间的天然疆界。阿尔卑斯山对意大利也起了同样的作用。赛文、侏罗和孚日三座山脉身后藏着法国西部的大平原。喀尔巴阡山把匈牙利和俄罗斯分隔开来，并起着屏障的作用。奥地利帝国在最近的 800 年历史中发挥了重要作用。一般说来，它是一块圆形的盆地，四周是难以攀登的山梁，可以保护它不受邻国的侵扰。要是没有这些天然屏障，奥地利绝难存活那么长时间。德国也不只是偶然的政治现象。它拥有广袤的土地，从阿尔卑斯山和波西米亚山缓缓下降直到波罗的海。它拥有岛屿，像英国和古老的希腊在爱琴海中的岛屿一样，也有像荷兰和威尼斯那样的沼泽地，所有的这些自然屏障，好像都是上帝特地安排的，以便让其发展成一个独立的政治体。

甚至连俄罗斯也是自然和不可避免的因素的产物，而不像我们常常听说的那样，俄罗斯是某个人可怕的权欲的产物（罗曼诺夫王朝的彼得大帝）。俄罗斯大平原坐落于北冰洋、乌拉尔山脉、里海、黑海、喀尔巴阡山脉和波罗的海之间。它是建立一个高度中央集权帝国的理想之地。所以罗曼诺夫王朝垮台后，苏联才会很轻松地生存下来。

欧洲的河流，正如我之前提到的那样，有其特殊的走向，使得其可以为欧洲大陆的经济发展发挥最实际、最重要的作用。在莫斯科与马德里间画一条直线，你将注意到，所有河流没有例外地不是向北流而是向南流，使内陆的某个地方能直接通向大海。文明总是水的产物而不是陆地的产物。河流这种幸运的安排，极大地帮助了欧洲，使欧洲成为我们地球上最富有的地方，因此也是统治的中心。这种情况一直延续到1914—1918年进行的战争。这场自杀式灾难性的战争使它失去了令人艳羡的地位。让地图证明我的说法吧。

将欧洲与北美洲做一对比。在北美洲，两座高大山脉的走向几乎是与大海平行的，整个中部地区，即中西部中央大平原，只有一条直接通向大海的通道，流向墨西哥湾的密西西比河和其支流，只能算是一条远离太平洋和大西洋的内陆河。将欧洲与亚洲相比较。在亚洲，所有山脉不规则的坡度和地表仓促地隆起，使得河流无序地流向各地，其中最重要的一条河，穿越了西伯利亚大平原后流入北冰洋，它除了对当地渔民有点用处外，对其他人没有任何价值。拿欧洲与澳大利亚相比，澳大利亚根本就没有河流。再和非洲比较，非洲巨大的中部高原，迫使河流在海岸附近消失于大山高耸的峭壁之中，阻滞了海洋运输通过河流水道进入内陆地区。欧洲拥有更为适宜的河流体系和更适宜的山脉，拥有长长的海岸线（如果欧洲的海岸也像非洲和澳大利亚那样整齐的话，其海岸线只能是现在海岸线的九分之一），有着适中的气候和适中的位置，正正好好处于地球广袤陆地的中心，现在你开始觉得，为什么欧洲注定会扮演第一大陆的角色。

但是只有这些自然优势，是不够使这个地球的小小一隅对其所有的邻居称王称霸的。人的创造力自然也发挥了作用。这就好理解了。北欧的气候特别理想，能够促进人的大脑活动。气候既不太冷，使人觉得很舒适；也不太热，适合人进行日常工作，这样的气候人们喜欢做一些事情。结果，当北欧国家刚建立起来并能够以最起码的秩序和法律来保护其居民时——因为没有秩序和法律，脑力工作是无法开展的——于是，北欧人就开始投身到科学研究中去了。这些科学研究终究使他们成为其他四个大陆的所有者和剥削者。

数学、天文学和三角学知识告诉了他们如何在七大洋里航行并理性地保证能按原路返回。对化学的兴趣催生他们发明了内燃机（这种奇怪的内燃机叫作"枪"），用了它，他们能够比其他民族、其他部落更迅速更精准地杀死动物和人。对医学的研究使得他们认识到如何更好地提高自己抵抗各种疾病的免疫力，而疾病造成世界各地人口长期下降。最后，他们的土地越来越贫瘠（与恒河流域和爪哇的山脉相比），他们必须实现过上相当"精明"的生活的愿望，逐渐使他们养成一种根深蒂固的节约贪婪的性格，所以欧洲人会不择手段地掠夺财富。没有财富，邻居就会瞧不起他们，把他们看作不幸的失败者。

当神奇的印度仪器罗盘被引入，使他们摆脱了对教堂尖顶和熟悉的海岸的依赖，让他们自由自在地遨游大海，当船舵刚刚从船旁移到船后（这是 14 世纪上半叶发生的变化，也是当时最重要的发明之一，它能让人比以往任何时候都要容易地控制船的航向），欧洲人就可以离开小小的内陆海，离开地中海、北海和波罗的海，把庞大的北冰洋变成他们进一步发展军事和商业的大道。最终，他们才充分地利用了幸运的地理位置：正好处于地球广大土地的中央。

他们将这一优势保持了 500 多年。帆船被蒸汽船取代。既然贸易还是廉价的交流，欧洲有能力继续处于领先位置。部分军队创始人认为，拥有强大海军的国家也是可以向别的国家发号施令的，这种看法是正确的。这个规律初见成效：挪威被威尼斯和热那亚取代了，而葡萄牙则取代了威尼斯和热那亚，号称世界强国的葡萄牙被西班牙取代了，然后荷兰又取代了西班牙，荷兰又被英国取代了，因为一国比另一国拥有更多的战舰。然而在如今，海洋原本的重要性在迅速下滑。天空已取代海洋成为贸易大通道的地位。一战将欧洲降为二等大陆，但它与能在空中飞行的飞行器的发明相比，意义也就微不足道了。

热那亚一个羊毛商人的儿子发觉了海洋的巨大作用，改变了历史进程。

俄亥俄州代顿市郊一个简陋的自行车修理铺的主人，对天空做了同样的事情。结果，孩子们数千年来或许没听说过克里斯托弗·哥伦布，但将会熟悉威尔伯·莱特和奥威尔·莱特的名字。

这是他们独创和长时间脑力劳动的结晶，而不是其他什么产物。这一产物逐渐把文明的中心从东半球移到西半球。

第七章

欧洲的发现和欧洲人

欧洲人口是南美洲加北美洲人口总和的 2 倍，但这个小大陆范围内的人口比非洲、澳大利亚和美国的人口总和还多。只有亚洲人口多于欧洲，是 9.5 亿，欧洲才是 5.5 亿。这些数字基本是精确的，因为其是由与国际联盟相关的国际统计学会统计的。国际统计学会是由一批学者组成的机构，他们能用客观的眼光观察问题，没有必要去修改统计报表，来迎合某个国家可怜的自尊心。

还是依据博学的国际统计学会的统计，全球平均每年净增3000 万人。这是非常严重的问题。如果照这个速度计算，全球人口每 600 年翻一番。我们可能还会存在数百万年，我不愿去想象未来的样子，比如是 19320 年的状况，或是 193200 年的，或是1932000 年的。在地铁列车上"只有站位"，已经是特别糟糕了，如果在我们的地球上"只有站位"，那就是绝望了。

这是我们将要面对的前景，除非我们愿意面对现实，现在就采取适当措施。

以上陈述属于政治经济学手册的内容。我们现在面临的问题是：在欧洲大陆早期定居，后来又在历史上扮演了那么了不起的角色的人是从哪里来的？我非常遗憾地说，答案肯定是含糊不清的。这些人很有可能来自亚洲，他们可能经过位于里海和乌拉尔山之间的隘口进入欧洲的，在他们之前很可能还有更早的移居人和更古老的文明形式。在人类学家收集到比现在更多的资料之前，那些史前移民的事情无凭无据，这和一本通俗的地理学手册的内容不相符。我们必须把重点放在后来的移民上。

他们为何要来欧洲？出于同样的原因，在过去的100多年里，数以百万的人离开东半球到达西半球——因为他们遭受饥荒的折磨，西边未知的土地能够给他们提供更容易活着的机会。

这些移民匆匆涌向欧洲各地，跟后来某个时期的移民向辽阔的美洲平原四处奔跑一样。他们疯狂地争抢土地，疯狂地争抢湖泊（那时湖泊比土地更为珍贵），民族血统是否纯正就不那么重要了。在大西洋沿岸难以进去的地方，在一些隐匿的深山峡谷中，遍布着一些弱小的部落继续过着他们呆板单调的生活，他们因与外界失去了联系，再没有别的东西可以自我宽慰，便以自己民族的纯洁性为骄傲。因此，我们如今提到"种族"时，放弃了人种学绝对纯洁的所有概念。

我们是为了方便才使用"民族"一词来描述一个个具有共同的历史渊源的群体，说着大体相同的语言的庞大群体的。他们在过去2000多年有记载的历史中发展了某种共同的思想方法和社会行为特征，这一切使他们意识到自己的归属，因为缺少更合适的词语，我们使用了"民族"这种表达方式，并接着如此称呼他们。

根据这种种群的概念（代数方程中的 X，完全是为了简化难题而发明的），目前欧洲有三大种群和六七个较小种群。

首先是日耳曼种群，包括英格兰人、瑞典人、挪威人、丹麦人、荷兰人、佛兰芒人和部分瑞士人。其次是拉丁种族，有法兰西人、意大利人、西班牙人、葡萄牙人和罗马尼亚人。最后是斯拉夫种族，主要是由俄罗斯人、波兰人、捷克人、塞尔维亚人和保加利亚人组成。他们占总人口的93%。

其他还有数百万的马扎尔人和匈牙利人，稍少一点的是芬兰人，约100万土耳其人的后裔（古土耳其帝国在君士坦丁堡周围留下的一些人），约300万的犹太人。还有希腊人，他们已经无奈地融入于其他种族中，导致我们只能猜测他们的血缘，但其更接近于日耳曼种群。还有阿尔巴尼亚人，他们也可能是日耳曼血统，现在好像落后时代数千年了，但是在五六世纪，即罗马人和希腊人进入欧洲之前，他们就已经舒舒服服地定居在他们现今的土地上了。最后是爱尔兰的凯尔特人、波罗的海的列托人和立陶宛人，以及吉普赛人，他们人数不详，血统不清，他们之所以令人感兴趣，主要是把他们作为对刚到者和迟到者的一种历史警告，如果最后一块空地也被别人占领了，就会发生类似情况。

关于聚居在这块古老大陆的高山和平原上的人们，就介绍到此。现在我们一定要认识到，他们如何对待地理环境，相反地理环境又是怎样对待他们的。我们的现代世界就是从这些斗争中产生的。如果没有这些斗争，我们可能仍像田野里的野兽一般。

在我们做进一步探讨之前，我先告诉你们怎样使用这本书。

读本书应该有一本地图册。现在有许多很好的地图册，无论哪一种都可以。地图册就像词典。即使一本不怎么样的地图册也胜过没有。

你们很快将会发现，本书有些地图，但它们不是要代替正规的地图册。我画这些地图，只是要告诉你们，对于所讨论的主题，可以用多种方式来表达（如果让我说真话），是要培养你们画地图的兴趣，你们可以根据自我掌握的地理学知识来画。你们可以看到，平面图是一种独特的构思，但总有一点小毛病。唯一相对正确的地图，是地球仪上的地图，但是，即使是地球仪你也不要完全信任它，因为地球确实应该是扁圆的。我们把地球仪做成圆形的只是出于方便。当然，地球在两极处稍稍有些扁平，但要显示这一差别需要一个巨大的地球仪，因此不必担心它反映得不准确。给自己准备一个地球仪（我写书时，就是得到了一个用10美分买来的地球仪的帮助，这个地球仪实际上是一个削笔刀），尽量地多使用它，但是切记，它是"近似物"，不是"既成事实"。假如你想取得商船船长资格，"既成事实"才会进入你的生活。如果真是这样，你就必须去花几年的时间来掌握一门非常难的学科。本书不是为专家而写，而是服务于普通读者的，他们想要了解一些关于我们所在的这个星球的基本情况。

我要告诉你们一件事。学习地理学最简单、最有效的方法，是用图画的形式来重新认识一切。不要模仿我或其他人。如果你们愿意的话，可以参考我的插图，但只需将其当作地理学的"开胃菜"，当作向你们这些打算按自己做法的人提供的一个小菜谱。

我尽可能用我自己的地理学知识多给出一些实例。我画了一些平面图和立体图。掌握这些立体图需要一定的时间，但是，你一旦看了立体图，就不会再喜欢平面图了。我提供的地图，就像是从山顶上从不同角度往下看一样，你们可以用某种方式去观察地形。我提供给你们一些地图，有的好像是从飞机到柏林飞艇上俯视下面一样，有的好像是我们期待看到的海水干涸时的模样。我还提供给你们一些地图，有的只是好看和用作装饰品，有的类似于几何图形。你们随意选择吧。然后，根据你们自己对事物的认识来动手画地图。

动手画地图：准备一个小的或者大的地球仪，一本地图册。再准备一支铅笔和一沓纸，开始画你自己的图。

你要学习地理学，并且想永远不忘记，唯一的方法，就是画地图。

第八章

希　腊

　　希腊半岛位于面积较大的巴尔干半岛的最南端，北与多瑙河为界；西有亚得利亚海，把它与意大利分割开；东临黑海、马尔马拉海、博斯普鲁斯海峡和爱琴海，使它与亚洲隔海相望；南靠地中海，使它远离非洲。

　　我从来没有从空中俯瞰过巴尔干半岛，但我想，从高空看下去，它肯定像一只手，从欧洲伸出，伸向亚洲和非洲。希腊就是这只手的拇指，色雷斯是小手指，君士坦丁堡是小手指上的指甲。其他手指则坐落于从马其顿和色萨利到小亚细亚之间的山脉。这些山脉大多隐藏在爱琴海的波涛中，只有山顶部分露出水面，但是如果你俯瞰下去，一定能发现，它们的身影就像是放在脸盆里被水部分覆盖的手指一样。

　　这只手的皮肤铺展于山脉挺拔的山梁上。总之，我可以说，这些皮肤从西北呈对角状向东南伸展，上面有保加利亚、门的内阁罗、塞尔维亚、土耳其、阿尔巴尼亚、希腊的名字，还有几个不重要，没必要去记录了。

　　那里有狄娜里克阿尔卑斯山脉，从瑞士的阿尔卑斯山脉延伸至科林西亚湾。科林西亚湾是一个把希腊分成南北两部分的宽阔海湾，呈三角形，早期的希腊人把它错当成一个小岛（一件小小的怪事，因为与大陆相连的科林西亚地峡仅有约3.5英里宽），并把它称之为伯罗奔尼萨半岛，或伯罗普斯岛。根据希腊的传说，伯罗普斯是坦塔罗斯神的儿子和主神宙斯的孙子，在奥林匹亚被尊崇为所有优秀运动员的父亲。

中世纪时征服希腊的威尼斯人，是一些普通的商人，对伯罗普斯这个年轻人的父亲差点要吃了他的故事毫不关心。威尼斯人发现，科林西亚地峡的地图看起来很像桑葚树的树叶，因而将其称作摩里亚，在当代的地图册中可找到这一名字。

在地球的这一地方，有两座各自分为互不相连的两部分的山脉。北部叫作巴尔干山脉，那个半岛就是以其名字命名的。实际上只是半圆形山地的南部才叫巴尔干山脉，北部分则称作喀尔巴阡山脉。"铁门"将巴尔干山脉与喀尔巴阡山脉分割开。"铁门"是一个狭窄的深谷，多瑙河就是从此处流向大海。巴尔干山脉作为一座屏障，夹着多瑙河从东笔直地向西流去，使它最终流入黑海而不是爱琴海。离开匈牙利平原后的多瑙河好像是要流入爱琴海似的。

不幸的是，这座堵在罗马尼亚将半岛分成两半的墙，没有阿尔卑斯山那么高，不能为巴尔干地区阻挡来自俄罗斯大平原的凛冽的寒风。因此半岛北部常常结冰和下雪。云在抵达希腊之前，被挡在了第二堵墙前，这堵墙叫作罗多彼山脉。罗多彼的意思是"被玫瑰花覆盖的山"。罗多彼山脉是气候温和的象征。

罗多彼山脉高度约为9000英尺。而巴尔干山脉的最高峰才8000英尺。它位于著名的希普卡关口附近。1877年9月，俄罗斯军队艰难地占领了这一关口。罗多彼山脉对半岛其他地区的气候起到了相当大的作用，举个例子，奥林匹斯山高1万英尺，终年积雪，是为色萨利平原站岗的哨兵。现实的希腊从这里开始。

色萨利肥沃的平原以前是一个内陆海。但是佩内乌斯河为自己打开了一条通道，穿过著名的坦佩山谷，巨大的色萨利湖湖水都流入了萨洛尼卡湾，因此成为陆地。色萨利平原作为古代希腊的粮仓，土耳其人却忽视了它，就像他们忽略任何事情那样。土耳其人刚刚被赶走，希腊的放债人就控制住了农民，填补了土耳其人离开后留下的空缺。现在色萨利种植烟草，它有一个港口，在沃洛，亚尔占英雄就是从这里出发到海外觅取金羊毛的。早在特洛伊的英雄们诞生前，这个故事就已经是家喻户晓的古老传说了。它还有一个工业城镇和铁路枢纽，叫拉里萨。

作为一个趣闻，也是想要展示古代人是如何奇怪地混杂在一起的，在拉里萨这个位于希腊大地中心的城市，有一个黑人居住区。土耳其人不在乎谁在为他们打仗时被打死了。为了帮助他们镇压希腊人于 1821 —1829 年爆发的起义，从他们的埃及领地中征招了几个团的土著苏丹人到希腊。战时土耳其人的总部就在拉里萨，战争结束后，他们滞留在那里，这些可怜的苏丹人就此被遗忘在那里，如今他们还在那里生活。

在本书结束之前，你还会遇到些更神奇的事情：在北部非洲有红色印度人，在中国东部有犹太人，在大西洋一个荒无人烟的岛上有马。

我们从色萨利平原翻过去都是山脉，进入伊庇鲁斯。这里的山梁同巴尔干山脉的山一样高，永远是一道隔绝希腊其他地方和伊庇鲁斯的屏障。亚里士多德为什么要把世界的这块地方看作是人类的发源地？这将一直是个谜。因为伊庇鲁斯是个贫穷的地方，只有漫游的牛群、高耸的山梁，却没有像样的道路和码头。该地的早期居民基本不存在了，因为当时的罗马人在一次战争中把 15 万伊庇鲁斯人作为奴隶卖掉了（罗马人建立法律和秩序最出名的手段）。不过伊庇鲁斯有两个地方令人感兴趣。它们被一条来自伊奥尼亚海的狭长水道与大陆分割开了。其中之一是伊萨卡，这就是传说中长期遭受折磨的奥德修斯的故乡。另一个是科孚，这早先是淮阿喀亚人的家乡。淮阿喀亚人的国王阿尔喀诺俄斯是瑙西卡的父亲。瑙西卡是古代文学中最美丽的女人和那一时期仁慈好客的典范。今天，这个岛（伊奥尼亚群岛中的一个，最早被威尼斯人占领，后来分别被法国和英国占领，直到1869年才归还给希腊）之所以有名，主要因为这是塞尔维亚军队1915被打败后的撤退之地，就在几年前，法兰西海军还拿它当作任意进行打靶训练的靶子。但是，作为一个冬季度假胜地，它有很好的发展前景，不过，可以确定的是，它处在一条巨大的欧洲地震带上。

狄娜里克阿尔卑斯山脉因为是地震频发之地而名声不好，附近的赞特岛在最近的1893年大地震中受灾也为最严重。但是地震没有阻挡人们前往该岛的脚步。毕竟去那里是件愉快的事，况且我们能降低危险的程度。在周游世界的旅程中，我们将会见到大量的火山，发现有很多的人居住在它们宽缓的山坡上，其密度超过地球脆弱地表上较安全的地方。谁能做出解释？我要介绍伊庇鲁斯以南的地方，注意，是维奥蒂亚。

维奥蒂亚如同一个巨大的汤盘摆在群山之中，其南面是阿提卡，北面是色萨利和伊庇鲁斯山。我提到这两个地方的主要原因是，它是大自然影响人类最典型的例子，我在本书的一开始讲过这种影响。对于伟大的经典时代的普通希腊人来说，维奥蒂亚人，尽管他来自缪斯的家乡帕尔那索斯山，站在建有得尔福神庙的山坡上，但仍是一个智力迟钝的大老粗，一个命中注定将成为正式演出前粗俗闹剧中的搞笑的人。

希腊其他地方的人其实不比维奥蒂亚人聪明多少。战略家伊巴密浓大和传记作家都是维奥蒂亚人，但他们在早年离开了家乡。留在那里的人受到从科皮斯湖周围沼泽地散发出来的有害气体的毒害。用简单的现代医学术语来说，他们可能患的是疟疾。疟疾这种疾病不会让人具有光辉的思想。

在 13 世纪，法国十字军统治雅典，他们开始清除沼泽地里的积水，维奥蒂亚人的状况有所改善。但土耳其人允许蚊子自由自在地生长，维奥蒂亚人又开始遭殃了，状况又趋恶化。后来建立了新的王国，一个法国公司和一个英国公司先后把科皮斯湖湖水排放到埃维亚海，湖床被改造成肥沃的草场。

如今的维奥蒂亚人已不再是同雅典的或布鲁克林擦皮鞋的人相提并论的维奥蒂亚人了。老天清楚，他们才思敏捷，可以让美国人或苏格兰人掏出一些钱来的。沼泽地消失了，有害气体消失了，疟蚊消失了。整个乡村地区由于排干了几个瘴气迷漫的沼泽地，一切都恢复了正常。

我们接下来要去希腊最有趣的地方——阿提卡。现在我们能够从拉里萨乘火车到雅典。这条铁路一直通向欧洲。不过在古时候，想要从北方的色萨利到南方的阿提卡，只有一条路，就是穿过著名的德摩比利隘口。它不是现代意义的隘口——两座山之间的峡谷，而是一条狭窄的路，宽 45 英尺，处于厄塔山和属于埃维亚海的海拉伊湾之间的岩石上。公元前 480 年，列奥尼达和他的 300 名斯巴达人，为了阻止波斯游牧部落的进攻，全部牺牲于此，保护了欧洲不受亚洲的侵略。200 年后，野蛮的高卢人同样是被阻击在这里，未能入侵希腊。即使在 1821 年至 1822 年的土希战争中，这个隘口也发挥了重要的军事作用。现在已经看不到这个隘口了。海水后撤了大概 3 英里。那里有些简陋的海浴设备，患有坐骨神经痛和风湿病的人喜欢那里的温泉，来减轻痛苦，因此德摩比利隘口（Thermospylae）是以这里的温泉命名的，也叫温泉关。用温泉来命名这个战场，就是要永远铭记为已告失败的事业而奉献生命的人。

至于阿提卡本身，它是一个小型的三角地——一块岩岬，周围是蓝色的爱琴海海水。这里多山，山间有许多小山谷，所有的山谷都直接通向大海，来自海上的微风使这里的空气清新自然。古代雅典人说，他们锐利的远见和敏捷的思想，就得益于其呼吸到的令人心旷神怡的空气。他们说的或许对。这里没有维奥蒂亚那种利于疟蚊生长的污浊水塘，因此雅典人都很健康，并一直保持着健康。雅典人最早认为，人不能分为两个平等的部分：肉体和精神。肉体和精神同为一体，健康的肉体必然促进健康的精神，健康的精神是健康的肉体不可缺少的部分。

在这样清新的空气里，从阿克罗波利斯可以直接看到彭特莱恩山。彭特莱恩山盛产大理石，俯视着马拉松平原，成就雅典人的不完全是气候，因为这个因素至今还存在。

让阿提卡人直接走向无人或有人世界的任何角落的是大海。大自然的鬼斧神工创造了地理上的奇迹，把一座类似于方山的陡峭但顶部却平坦的小山摆放在了平原的中央。这座小山高500英尺，长870英尺，宽435英尺。平原的四周有伊米托斯山（雅典上等绛蜜的产地）、彭代利孔山和埃格柳斯山。就是在埃格柳斯山的山坡上，不幸的从雅典跑出来的人亲眼看到了波斯舰队在萨拉米斯海被打败的情景。就在几天之前，波斯军队放火烧毁了他们的城市。这座平顶陡峭的山，首先吸引了来自北部的移民，因为他们在这里发现了所需要的东西——食物和安全。

这是种非常奇怪的现象，罗马与雅典（现代的伦敦和阿姆斯特丹）是古代欧洲两个最重要的居住地，都没有坐落在大海边，而相距大海几英里。以克诺索斯市为例。在建设雅典和罗马的几百年前，它是地中海克里特岛的中心。克诺索斯起到了一种警告作用：紧靠海边的城市可能会发生悲剧，因为它永远受到海盗突然袭击的威胁。但是雅典比罗马更容易进入大海。希腊水手只要到达比雷埃夫斯（即现在的雅典港）后不久就能与家人团聚，而罗马商人需要 3 天才能从海边回到家里。这有点太远了。他们放弃了回家的习惯，在位于台伯河河口的港口上定居下来，从此罗马逐步失去了与大海的紧密联系。而大海对于那些渴望成为世界霸主的国家来说，充满着巨大的利益。

这些"高空城市"的居民，这些方山上的人，逐渐移居到平原地区，在山脚周围建造房屋，再在四周盖起围墙，最后工事式居住区与比雷埃夫斯的居住区联成一体，开始了经商和抢劫的"光荣"生活。在很长时间里，这座坚不可摧的堡垒是整个地中海地区最富有的。然后他们的这座卫城不再作为居住区，而变为一座神殿——矗立起用白色大理石建造的神殿，背衬着阿提卡紫色的天空。这座神殿的一部分建筑被土耳其的火药库炸毁了（在 1645 年占领雅典期间）。即使在今天，在所有最能尽善尽美地展示人类智慧的历史遗迹中，它依然是罕见的，令人崇敬的。

希腊 1829 年再次独立时，雅典衰败了，成为仅有 2000 人的小村庄。1870 年，它的人口达到 4.5 万，今天拥有 70 万人，其增长速度，只与我国西部的一些城市相当。如果在第一次世界大战结束后不马上用自己的命运做赌注的话，假如不把从小亚细亚获得的大量珠宝财富莫名其妙丢弃的话，今天的雅典很有可能成为爱琴海强国的中心。这一切在不久的将来或许会发生，上帝的轮子在缓缓地旋转，而且将昼夜不停地旋转下去。以宙斯最机灵最聪明的女儿的名字命名的这座城市，已经显示出它拥有重振雄风的巨大能力。

接着我们要去大希腊半岛最后一个也是最遥远的地方。在那里，我们自信和祝福的话语不再起作用。珀罗普斯被他恶毒的父亲诅咒。这片以不幸王子的名字命名的大地从未摆脱过这一诅咒。这里，雄伟的大山遮挡了大海，阿卡迪亚的大地展现出田园风光。

所有的诗人赞美它，称它是男女牧羊人简朴、诚实、可爱的家。诗人善于把满腔的热情献给他们最不了解的东西，阿卡迪亚人不比希腊其他地方的人更诚实。他们不像老于世故的其他希腊人那样玩弄卑鄙的伎俩，并不是因为他们不喜欢这种伎俩，而恰恰是因为他们还没有学会。阿卡迪亚人不偷盗，这是真的。不过在一个只有山羊和枣子的地方，有什么东西值得偷呢？他们不说谎，但是他们的村庄如此之小，每个人都知道其他人的一切。如果他们不像埃莱乌西斯和其他圣地的居民那样虔诚而奢侈地敬奉诸神的话，就该有自己的神——潘神。在粗俗的农民心目中，潘神是一个能与奥林匹斯诸神一起玩牌的神。

直到今天，阿卡迪亚人英勇善战，这是真实的。但这对他们并无好处，因为同大多数农民一样，他们厌恶纪律，永远不会同意有人当他们的统帅。

在多山的阿卡迪亚南部，是拉科尼亚平原。这是一块要比阿提卡的山谷地肥沃得多的土地，但它也是一块贫瘠的土地，贫瘠得就像这里没有独立的思想，甚至没有日常生活所必需的各种想法。在这块平原上，有一座最为奇怪的古城，名叫斯巴达。它是与北方人的一切背道而驰的象征。雅典人对生活说"是"，斯巴达人说"不"。雅典人信奉灵感的光辉，而斯巴达人讲究效率和服务。雅典人骄傲地宣扬特殊人物的神授权力，而斯巴达人把所有的人变为千篇一律的普通人。雅典人敞开大门欢迎外来人，而斯巴达人把他们拒之门外，或者将他们杀害。雅典人都是天生的商人，而斯巴达人不允许让生意玷污了双手。假如我们对这两种政策的最终胜利者做出评判，斯巴达人肯定是不行的。雅典精神照射全世界。斯巴达精神与诞生它的那座城市一样——消失了。

你可以在现代的希腊地图上找到斯巴达，这是一个小村庄，村民是小型农场主和地位低下的蚕农。它于1839年在古代斯巴达传说中的位置上建设起来。英国的热心人出资，一个德国建筑师画出了图纸。不过没有人想去那里居住。经过近一个世纪的努力，现在它有 4000 多名居民。珀罗普斯遭受的古老磨难，甚至在半岛的其他地方也能明显地感受到——它在迈锡尼这个史前的堡垒中结出了丰硕之果。

迈锡尼遗址距离纳夫普利翁不远。纳夫普利翁位于纳普利翁湾边，是伯罗奔尼撒半岛最出名的港口。在耶稣诞生 5 个世纪前，迈锡尼被摧毁了。对我们这些现代世界的人来说，它要比雅典和罗马具有更为重要的意义。在有记载的历史开始前的很长时间里，就是在这个地方，文明首次触及到未开化的欧洲海岸。

为了弄清楚这是如何发生的，让我们看看从欧洲伸向亚洲的巴尔干山脉这只大手三个半沉半浮的手指。这些手指包括岛屿。这些岛屿现在大多属于希腊，只有爱琴海东部的一些岛屿归于意大利，因为它们曾被意大利占据，现在仍被意大利占据，没有哪个国家愿意为了这几块处于遥遥大海中无用的礁石而去打仗。为了便于介绍，我们把这些岛屿分成两部分：靠近格雷西亚海岸的基克拉泽斯群岛和靠近小亚细亚的斯波拉泽斯群岛。如同圣保罗岛为大家熟知一样，这些岛屿都相距不远，是埃及、巴比伦和亚述文明向西传播的桥梁。同时受在爱琴海岛上居住的早期亚洲血统移民的影响，这些文明早已明显地"东方化"了，并以这种形式最终到达了迈锡尼。

迈锡尼原本可以像雅典那样成为古代希腊世界的中心。但是为什么没有发生呢？我们不得而知。我们同样不清楚，马赛作为取代雅典成为地中海统治大国合乎逻辑的继承者，会不得不把这一荣誉拱手让给一个非常现代化和急速膨胀的村庄——罗马的。迈锡尼突然的衰败与其短暂的繁荣将永远是一个谜。

你会表示反对，因为所有这些都是历史，而本书是一本地理方面的书。但是在希腊，就像许多古代国家一样，历史和地理紧密地交织在一起，无法将它们分开来讨论。用现代的观点来看，希腊只有很少一点地理内容值得介绍。

科林斯地峡被一条运河截断。这条运河3英里长，但太窄太浅，不适宜大型船只航行。由于同土耳其（还同保加利亚、塞尔维亚和门的内格罗分别或一起）进行了一系列战争，作为结果，希腊使自己的领土面积翻了一倍，然后又丢失了新得土地的一半，因为了实现它伟大的梦想，它低估了土耳其的作战能力。现在的希腊人同古代的希腊人一样，时刻走向大海，共和国的蓝白国旗（古代巴伐利亚人使用的颜色，希腊第一位国王在国家于1829年重新获得独立时采用），在地中海的每一个地方都能看到。偶尔也可在北海和波罗的海见到希腊的船只，但它们不像济慈所描绘的希腊古瓮那样华丽高贵，而是以懒散和肮脏出名。希腊还出产无花果、橄榄和无核小葡萄干，向那些喜欢些美味食物的国家出口。

希腊还能不能像它的人民所希望并热切盼望的那样，重现古代的光荣呢？也许会吧。

希腊相继被别国蹂躏，先后被马其顿人、罗马尼亚人、哥特人、汪达尔人、海鲁利安人和斯拉夫人占领，并成为诺曼底人、拜占庭人和威尼斯人的殖民地，当了十字军苦不堪言的下等人，被阿尔巴尼亚人差点灭绝种族并移入新居民，被迫在土耳其的统治下生活了整整4个世纪，在第一次世界大战中成为补给品基地和战场。一个遭受了如此痛苦的国家会从中发现，要复兴是多么的困难。虽然说只要有生命，就会有希望。但这是一个伟大而渺茫的希望。

第 九 章

意大利

从地质学上看，意大利是块废墟——最初是一片形状像现在的西班牙那样呈方形的巨大的山地，但是慢慢缩小了，最终沉寂于地中海。现在的古代山脉只出现于最东部：亚平宁山脉，它从波河流域延伸至靴尖卡拉布里亚。

史前高原的痕迹在撒丁岛、科西嘉岛和厄尔巴岛上能够被看到。西西里是另外一个能看到这些痕迹的地方。第勒尼安海中的各个小岛就暴露出它们原是古代的峰顶。所有的大陆被大海所淹没，这恐怕是最可悲的悲剧。不过那场灾害发生在两千多万年前，那时传染病在地球上肆虐，没有人能讲清到底发生了什么。它使这个国家享有诸如气候、土壤和地理位置等异常优越的地理条件。似乎是天生要统治世界的古代强国，也将成为发展和传播艺术与学术的一个最重要的原因。

希腊是一只伸向亚洲的手，抓住了尼罗河和幼发拉底河流域的古代文明，并把它传入了欧洲的其他地方。事实上这个国家只是一个岛屿，而作为岛屿也没有得到什么优势，因为整个巴尔干山脉，把它与欧洲其他地方隔离开了。

恰好相反，意大利却享受着两方面的好处。它是海岛，三面环水，又有大陆的某些优势，因为它确实是北欧辽阔大地的一部分。我们常忽视这个事实：在谈到西班牙、希腊和意大利时，觉得它们都大同小异。比利牛斯山脉和巴尔干山脉是北南之间难以逾越的障碍，但是波河大平原是一把伸向欧洲中心的尖刀。意大利最北部的城市享受着比日内瓦或里昂更高的纬度。就连米兰和威尼斯的纬度也要高于波尔多和格勒诺布尔，而被我们下意识地当作意大利中心的佛罗伦萨，也大致与马赛处于同一纬度。

还有，阿尔卑斯山虽然远远高于比利牛斯山脉和巴尔干山脉，但其构造形式对于南北交通却提供了相当的方便。莱茵河和罗讷河与意大利北部边界线比肩而行，把阿尔卑斯分成了两部分，因此，山间的小河小溪流入了莱茵河和罗讷河，与这两条主河构成了90°的直角，形成了通向波河平原的便利捷径。当年带了整整一个马戏班的大象作战的汉尼拔是第一个证明了这个的。罗马人却完全不知他们会因此受尽蹂躏。

意大利因此可以发挥双重作用，作为沿海国家，控制地中海，作为陆上强国占领和剥削其他欧洲国家。

刚刚从亚洲来到这里的日耳曼部落，就激烈地争吵想要占领这块理想的"远西"，就在这时，意大利首次提出了法律和秩序的概念。它也让他们享受起半文明生活的种种好处，比起他们那朝不保夕的肮脏邋遢的游牧生活强太多了。当然，意大利是靠牺牲别人的方式来养肥自己的。它一面征收重税，一面输出某些"商品"，这些"商品"会改变所有不同时期从不同地方来的人的命运。即使在今天，略有见识的观察者在巴黎、布达佩斯、马德里或特雷沃参观时，马上就会发现，当地居民中有些外表和观点相近的人。他还会惊奇地发现，他可以看懂商店的牌子，不管牌子上写的是法语、西班牙语、罗马尼亚语还是葡萄牙语。然后，他又会意识到：这些地方曾是古代罗马的殖民地。这里所有的土地在过去某个时候属于意大利。这里最早的房子是由意大利建筑师建造的，最早的街区是由意大利将军规划的，最早的交通和贸易规则是由意大利官员口授而成的。他开始感叹，这个国家拥有多么优越的自然条件，既是岛屿，又是大陆的一部分。

幸运的地理突变使意大利占领了全部已知世界。但是这种突变本身带有某些非常严重的缺陷。一个由火山喷发形成的国家，时刻都有被生育它的母亲扼杀的危险。因为意大利不仅是一块特征鲜明的大地——它有月光下的橘树、废墟、曼陀林音乐会和漂亮的农民——而且是一块火山喷发的典型之地。地震仪（最可靠的仪器，我希望我们所有的仪器都是非常精确可信的）报告，仅在1905年至1907年之间，就发生了300次地震。第二年，即1908年，墨西拿被地震彻底摧毁了。如果你需要一些重要资料，下面就是有关伊斯基亚岛（正好位于卡普里的对面）的地震记录。

伊斯基亚岛在以下年份里发生过地震：1228年、1302年、1762年、1796年、1805年、1812年、1827年、1828年、1834年、1841年、1851年、1852年、1863年、1864年、1867年、1874年、1875年、1880年、1881年、1883年等。

数百万年火山爆发的结果，使得数层厚厚的火山凝灰岩逐渐覆盖在意大利的大片大片的土地上。这是一种硬度较低的岩石，由火山喷发时带出火山口的灰状物构成。这种火山凝灰岩的渗透性很好，对整个半岛的地形产生非常明显的影响。一些凝灰岩层覆盖了不少于4000平方英里的土地。罗马城那7座古典的小山就是火山灰凝成的堆。

作为史前地壳隆起的结果，地理上的其他变化使得意大利的土壤附着力不是很强。纵贯整个半岛，把它几乎平分为两半的亚平宁山脉大部分是由石灰岩构成的。石灰岩容易滑动。古代意大利人就非常熟悉这种情况，即使在火山不喷发的时候，他们每过

20 年就要检查一次各个大型农村庄园的界线，看看区分每个人地产范围的石头标志是否还在原来准确的位置上。现代意大利人意识到，公路断裂、铁路变形，以及村庄从可爱的绿色山坡上坍塌下来，都是土壤的"错动过程"，那常常是损失极大、痛苦万分的。

你如果访问意大利就会惊奇地发现，那么多市镇高踞在山顶上。通常的解释是，早先的居民只是出于安全的考虑才跑到"鹰巢"上居住。然而这种解释仅仅是第二位的因素。他们这样做，最主要的是避免滑坡摔死的危险。在靠近山顶的地方，古代地质结构的基础往往暴露在表层，给未来居民提供了一个长久稳固的居住地。你一旦住进这些从远处看去风景如画的村庄，就会感受到难以置信的不舒适。

这一切把我们引入了对现代意大利的关注。意大利与希腊不同，它要背负着自己的未来，与此同时还要理智勇敢地向着新的目标前进。即使要花费很长时间，它也要去消除数千年来因疏忽而造成的破坏，并恢复它在世界一流国家行列中的古老荣光。

1870 年，意大利再次成为统一的国家。争取独立的斗争刚刚结束，外国统治者刚被赶到阿尔卑斯山脉的另一头（他们属于那里），意大利就开始了伟大却毫无希望的任务，重整破碎的山河。

他们首先把注意力放在了波河流域上，这是意大利的粮仓，有了它整个半岛的吃喝就不用发愁了。波河不如其他大河那样长。事实上，如果你看看世界河流长度比较图，你就会注意到，伏尔加河是有资格的唯一一条欧洲河流。靠近北纬 45 度的波河只有 420 英里长，但是它的流域，即它的支流流经的土地和直接受它影响的土地，却有 2.7 万平方英里。

波河全长的六分之五可以通航，它也是世界上最快的三角洲制造者。它每年要增加大约四分之三平方英里的三角洲，使之向外延伸 200 英尺。如果像这样再推进 10 个世纪，波河三角洲将会扩展到对面的伊斯特拉半岛的海岸，威尼斯将成为湖中的孤岛，被一座 7 英里宽的长堤将它与亚得里亚海隔开。

被波河带入大海的大量沉淀物，有一部分肯定会沉入波河河床，形成几英尺厚的结实的物质。为了不让河床不断抬高的波河淹没周围的土地，沿河的居民不得不修筑堤坝。他们在罗马时代就开始了这项工作，现在仍在继续。结果，在有些村庄，波河的堤坝有 30 英尺高，水面有他们房顶那么高。

波河流域还有一些出名的东西。在距今不太久远的某个时期，从地理上讲，意大利整个北部平原是亚得里亚海的一部分。那些在夏季游客如织的可爱的阿尔卑斯山山峡，原本都是狭长的海湾，就像现代挪威的高山被海水淹没后形成的峡湾。那时欧洲的大部分地区被冰川覆盖，阿尔卑斯山上的冰雪当然要比现在多得多，山峡就成为冰川水的通道。冰川在山峡间向下移动时裹挟着大量从山坡上滚落下来的石头，这种石头堆叫作冰山堆积。当两个冰川相遇，两个冰山堆积必定会形成比原先大一倍的冰山堆积，这叫作"中部冰山堆积"。当冰川最终融化，把裹挟的石头留了下来，这叫作"终极冰山堆积"。

这种终极冰山堆积在地质学上可算是一种海狸鼠修建的河堤，因为它们把峡谷的最上面堵住，和下半部断开了。只要冰河期还在，就有足够的水。但是冰河慢慢消失了，水越来越少，终极冰山堆积比水面还高，于是就形成了湖。

意大利北部所有的湖泊，如马焦雷湖、科莫湖和加尔达湖，都是冰山堆积湖。当人类出现在那些地方，并开始进行灌溉时，这些冰山堆积湖就成为便利的水库。春天来临时冰雪融化了，这些湖吸收了充盈的融水。吸纳融水后，加尔达湖湖水能升高 12 英尺，马焦雷湖湖水将升高 15 英尺，而且还能接纳额外来水。一种简单的控制装置可以控制湖水，并根据每天的需求来供应用水。

辽阔的波河大平原上的居民从很早以前就开始利用这种幸运条件了。他们修建了运河，把意大利养育大平原的小河小溪连接了起来。他们修筑水渠水坝，如今这些运河还有每分钟几千立方英尺的水流量。

这里也是种植水稻的理想之地。1468年，一个比萨商人首次引进了水稻。现在在波河平原的中部水稻梯田随处可见，然后又引进了其他农作物，如玉米、大麻和甜菜根等。这块广袤的大平原，虽然降水量要比半岛的其他地方少，却是全国最肥沃的地区。

它不仅仅向人们供给食物，还向他们的妻子提供衣服。9世纪初，养蚕必不可少的桑树开始在这里出现。桑树是从中国经过罗马帝国东半部的拜占庭引进的。桑树需要较高的温度，波河平原的伦巴第是种植桑树的理想地方。伦巴第是以伦巴族人的族名命名的。伦巴族是日耳曼部落的一支，在这里居住了很长时间。现在几乎有50万人在从事丝绸业，他们的产品品质要优于蚕的故乡中国和日本。蚕，这个不引人注意的小虫子，竟向我们提供了华丽无比的服饰。

整个平原人口是很密集的。早先的建设者都把村镇建在远离河流的安全地带上，因为他们的机械技术还不够发达，不能建造稳固的堤坝。而且他们还害怕每年春汛过后都要出现的沼泽。现在还直接坐落在波河上的重要城市就只有都灵了。它是连接法国和瑞士的交通关口。好在都灵地势很高，不用担心会被河水淹没。还有一些城市建在波河与阿尔卑斯山之间，如米兰。米兰是那一地区的都市，五条重要商路的汇合点（圣哥达、辛普朗、小圣贝纳德山、马洛亚和施普吕根）。维罗纳地处阿尔卑斯山的山麓，是布伦纳山口的终点。这是一个连接德国与意大利的最古老的通道。克雷莫纳位于波河上，是提琴制作世家、著名的斯特拉底伐利、瓜涅利和阿玛蒂家族的故乡。伯杜瓦、摩德纳、费拉拉、博洛尼亚（欧洲最古老大学的所在地），都建在离波河有一定安全距离的地方，但又依赖波河来维系它们的繁荣。

古代世界两个最具传奇色彩的城市——威尼斯和拉韦纳，也是如此。威尼斯是个把总长28英里的152条水道当作大街的城市，原是移民的庇护地。这些人认为他们在大陆不安全，在移民大潮中选择了这块由波河和其他一些小河流冲积而成的泥泞河岸，宁愿面对艰难的生活，也不愿冒被害的风险。可这些难民到了那里却发现地上的盐里就有金矿，可以这么说，只要去捡就行了。他们对这块盐碱滩的垄断，为他们开辟了一条致富之路。茅草小棚变成了大理石的宫殿。渔船建得如同战舰。在近三个世纪，他们是整个文明世界最主要的殖民力量，是颐指气使、不可一世同时又表现得温文尔雅的教皇、皇帝。哥伦布安全返航并发现去印度的道路的消息传到其商业中心时，引起了一片轰动。所有股票和债券都下跌了50点。掮客们第一次成了先知，威尼斯从此一蹶不振。保护周到的贸易通道成了无效的投资。里斯本和塞维利亚取代了威尼斯，成为国际性的仓库，欧洲各地都向这两地求购香料、亚洲和美洲的产品。大量黄金的流入，使威尼斯成为18世纪的巴黎。有很多既想接受风雅教育又想享受轻狂娱乐的少爷也都来到了威尼斯。当狂欢开始以示一年即将过去时，末日已经来临。拿破仑只用一支小分队就攻占了这座城市，水道依旧，仍值得你来赞美。再过20年，摩托艇就会把它毁掉。

另一个城市也是波河泥土的产物，拉韦纳。现在它是一个内陆城市，距离亚得里亚海6英里。一座城市，一定是有些名人的，如但丁、拜伦等，是客人们借酒浇愁，醉得发疯的城市。在5世纪时，它比现在的纽约还重要，因为它是罗马帝国的首都——有庞大的守卫部队，是当时主要的海军基地，有最大的码头和丰富的木材。

在404年，皇帝认为蛮族越来越强大，罗马不再是一个安全之地，因此他迁入"海上之城"，那里更有利于他预防突然袭击，保护自己。他和他的后代在这里生活、统治、恋爱。当你静静地站在那些画有一个黑眼美女的精美绝伦的肖像前时，你还能够回顾到当年发生的那一切。那女人以君士坦丁堡马戏班的舞女身份开始她的生活，死时拥有一个圣洁的名字狄奥多拉，她就是著名的查士丁尼一世大帝钟爱的王后。

拉韦纳后来被哥特人占领，成为他们新建立的帝国的首都。随后，礁湖开始淤塞，后来威尼斯和教皇为了争夺它大打出手。然后它暂时成为一个可怜的流放人的家园。他为故乡佛罗伦萨所做的贡献，换来的奖赏是将被烧死，他在城周围的出名的松树林里度过了寂寥的余生，并被安葬在那里，没过多久这座著名的古老的帝王驻地像他那样消失了。

在西部，利古里亚阿尔卑斯山切断了波河大平原和地中海的联系。利古里亚阿尔卑斯山是阿尔卑斯山脉和亚平宁山脉之间的一个联结点。利古里亚阿尔卑斯山的南坡，由于不受来自北方的寒风的侵袭，于是产生了冬季休闲胜地里维埃拉。里维埃拉是整个欧洲的冬季游乐场所，而且欧洲只有这块地方是值得人们乘坐长途列车，支付相当昂贵的住宿费去游玩的。这里的主要城市有热那亚。它是现代意大利的主要港口，一个富丽堂皇的大理石宫殿的城市。建造这些宫殿的时候，正是热那亚成为威尼斯对近东进行殖民掠夺的最危险对手的时候。

热那亚的北面是一块小平原，即阿尔诺河平原。阿尔诺河的源头在佛罗伦萨东北 25 英里的山上。它流经佛罗伦萨市中心。在中世纪时，佛罗伦萨是把基督教中心罗马和欧洲其他地方相联结的一个重要通道。它抓住机会聪明地利用了这种有利于贸易的地位，不久就成为世界最为重要的金融中心。其中又以美迪奇家族最为突出。他们最初的职业是医生，族徽上还留有三个药丸似的圆形物。他们最终成为整个托斯卡纳世袭的统治者，并把他们的家乡建成 15 世纪和 16 世纪最著名的艺术中心。

从 1865 年至 1871 年，佛罗伦萨是新的意大利王国的首都。之后，它的重要性有所下降，但仍然是人们向往的地方之一。人们去那里是要目睹，如果金钱与品味能够相得益彰，生活该有多么美好。

阿尔诺河河口附近的两座城市历史意义都不大，阿尔诺河在爪哇岛之外最漂亮的一个园林景区内穿越而过。比萨城有一座斜塔，斜塔是建筑师在地基施工时不慎所致，但它对伽利略来说却很实用。另一个城市是里窝那。不知道英国人出于什么奇怪的原因，把它称作莱戈恩。人们能记住里窝那，主要是因为雪莱于 1822 年在该城附近被淹死。

从里窝那向南行驶，古老的马车道和现代的铁道沿海岸比肩而行。它们使游人有如雾里看花，匆匆飘过厄尔巴岛。这是拿破仑的流放地，他后来从这里返回巴黎，快速走向了他在滑铁卢的灭亡。然后马路和铁路就进入台伯河平原。台伯河是条很有名的河，在意大利也叫特韦雷河。河水流动缓慢，呈茶褐色。台伯河发源于萨宾山。最早的时候，罗马的男子就是到萨宾山去抢老婆的。在史前时期，台伯河河口距罗马以西 12 英里，之后这一距离增加了 2 英里，因为台伯河与波河一样，是第一流的泥沙携带者。台伯河平原与阿尔诺河平原不同，阿尔诺河平原健康肥沃，而台伯河平原宽阔，却贫瘠荒芜，并且是疾病的滋生地。疟疾（malaria）这个词的产生也是因为中世纪朝圣者那种在人还活着时就焚烧他的身体的可怕高烧来自"malaria"——污浊的空气。由于害怕，附近的居民只要太阳一落山就像隐士一样把房屋关得死死的。这种预防方法有一个严重问题，就是把蚊子都留在了屋里。但是我们只是在 30 多年之后才知道疟疾与蚊子之间的关系，所以我们没有理由责怪先人的做法。

在罗马时代，坎帕尼亚平原这块有名的平坦大地，排水处理得很好，村庄布局合理，人口也很多。但是，它面向第勒尼安海，海岸上没有任何防御设施。罗马警察一撤离，海盗就在地中海蜂拥出没。村镇被摧毁，田地荒芜，排水沟被破坏，污浊的水塘滋生疟蚊。在整个中世纪以及在这之后的30多年里，不幸的马车来到西塞禄山附近——从台伯河口到庞廷沼泽一带时，不是绕道而行就是尽快穿过。

问题出来了，为什么要把古代世界最重要的城市建在疾病肆虐的地方，为了排水死去了好几十万人？马德里为什么要修建在一个高地上，距离每个地方都有好几百英里？巴黎为什么修建在一个大碟子底部，永远滴滴答答地下雨？我不知道。是机会混合了贪婪吧？政治上的远见卓识掩盖了这些失误。或者只有机遇，或者只是贪婪。对此我一无所知。我不是在写哲学手册。

罗马就修建在修建了它的地方，并不在乎不利于健康的气候——炎热的夏天，寒冷的冬天，而且交通不便。但是它仍发展成一个世界性帝国的中心，一个世界性宗教的圣地。在这种情况下，就别想找单一的解释了，因为可以找出成百上千种不同的相互关联的解释。

我也不准备详细介绍罗马本身，因为我做不到客观公正地介绍这座东半球上的不朽之城。这可能是由于我那些叛逆的祖宗。他们在耶稣诞生前50年直到1650年这段时期，一直醉心于同罗马反其道而行之。站在古罗马的广场上我应该哭泣，我应该只看见那些打着将军和政党领袖的招牌掠夺了整个欧洲，掠夺了大部分非洲和亚洲的地方。留在那里的只有一些道路，而这些道路似乎成为他们犯下的难以言表的残暴罪行的永久托词。站在纪念圣彼得堡和他受难的教堂前，我应该有不寒而栗之感。我只能哀叹，花费巨资建造这么一座教堂，它既不漂亮，也无魅力可言，只是比同类建筑"大"而已。我仰慕佛罗伦萨和威尼斯的和谐，也仰慕热那亚那种匀称的比例。我显然知道只有我才有这种感受。连彼特拉克、歌德，以及每一个稍有名气的人，第一次见到布拉曼泰式圆顶建筑时都会流泪。我们就到此为止吧，以免破坏了你以后可能去看看的那个城市的胃口。我清楚地记得，从1871年起罗马就是意大利王国的首都，而且有个城中之城，即梵蒂冈。梵蒂冈在1930年归还给教皇，给了他行动自由的权利。那自由是他从决定命运的1870年9月以后就不再享有的——那一年意大利王国的军队进入梵蒂冈，颁布了一部宪法，代替了之前罗马政府形式上的最高主权。

现代的罗马只有少量的工业。它有一些样子难看的纪念碑，一条主要的街道，这条街道会让人回想起费城和许许多多身着质地良好的军装的人。

我们接着要去另一个城市，直到现在它一直是半岛人口最多的城市。那是一个历史和地理的融合体，让我们面对一个让人痛苦的谜题：这个位于一条普通小河的干涸的枝杈上，具有很多自然优势的城市，为什么没有夺取罗马拥有的统治地位？

因为那不勒斯正处在那瑰丽的海湾之前的海口上。那不勒斯比罗马还古老，它周围的土地原在意大利西海岸最肥沃的区域之内。那不勒斯最早是由希腊人建立起来的。他们与危险的亚平宁山脉里的部落进行贸易时，出于安全考虑，把贸易点安排在伊斯基亚岛上。但是伊斯基亚岛不是长久之地，它永远带着火山情绪的震颤。希腊人只好进入大陆。移民之间经常发生的不可避免的争吵（因为远离家乡和贪婪的官员管理不善）酿成了内乱，有三四个居住区被毁了。这时，一批新来的移民决定从头做起，为自己建起了一个小镇。他们把这个小镇叫作"新城"或"新波利斯"，后来也叫作那波利，在英语中叫 Naples（那不勒斯）。

在罗马还是个牧羊人居住的小村庄时，那不勒斯早已是个繁荣的贸易中心。然而牧民们具有名副其实的管理才华，因为在公元前 4 世纪，那不勒斯是罗马的"伙伴"。伙伴是个好听的名词，比"下属"顺耳多了，虽然表现的是同样的关系。从那时起，那不勒斯处于次要地位，随后被蛮族侵扰，最终落入波旁王室西班牙一个支系的手中。他们的统治成为腐败的管理和镇压一切具有独立倾向思想和行为的代名词。

然而，那不勒斯的自然优势使之成为欧洲大陆人口最过剩的城市。这些人是怎样居住的？没有人知道，也没有人关心。1884年霍乱流行，迫使这个现代王国打扫房间卫生，大迁徙办得又聪明又严厉，令人钦佩。

维苏威火山带有装饰色彩，形成了这个神奇地方的最佳背景。维苏威火山是所有火山中喷发最均匀最有规律的火山。它的高度约有 4000 英尺，四周布满漂亮的小村庄。这里出产一种很特殊的葡萄酒，即有名的基督眼泪酒。为什么火山地带会有这么多的村庄？因为维苏威火山早已是一座死火山了。在人们的记忆里，它已有近千年没有喷发了。在公元 63 年时，地球的深处曾有过模糊的隆隆声，但对意大利这样的国家那声音没什么意义。

16 年之后发生了举世震惊的事情。在不到两天的时间里，赫库兰尼姆、庞贝和另外一座小城被厚厚的火山熔岩和火山灰覆盖了，它们从地球表面上彻底消失了。之后，维苏威火山每隔 100年至少要喷发一次，这标志着它远没有熄灭。新的火山口比原先的升高了 1500 英尺，一直向外冒着浓重的烟雾。最近 300 年的统计资料显示了它喷发的时间：1631 年、1712 年、1737 年、1754 年、1779 年、1794 年、1806 年、1831 年、1855 年、1872 年、1906 年。这表明，那不勒斯成为第二个庞贝不是不可能的。

从那不勒斯往南进入卡拉布里亚区，它有一条铁路通向北方，但是沿海地区流行疟疾。中部是由花岗岩构成的，农业还是按照第一个罗马共和国时代的方式进行着。

狭窄的墨西拿海峡把卡里布亚与西西里岛分割开来。海峡约有 1 英里宽，在古时候却因为有两个大旋涡而著名，分别叫六头女妖和大旋涡。据说，如果船只偏离航道半码，这两个旋涡就能把整个船只吞没。对这些旋涡的恐惧可以让我们充分意识到古代的船只是多么无用，因为现代的摩托艇会一直冲着旋涡中心开过去，而不会注意到水里那些混乱。

至于西西里岛，它的地理位置使得它自然成为古代世界的中心。而且那里气候宜人，人口密集，土地肥沃。如同那不勒斯，在西西里岛生活可能太容易、太舒服了一点，所以他们在两千多年里，总是平静地接受外来统治者给予的种种不善管理。他们曾被掠夺和折磨，掠夺和折磨他们的人有：腓尼基人、希腊人、迦太基人（他们距离非洲北部海岸只有数百英里）、汪达尔人、哥特人、阿拉伯人、诺曼底人、法国人，以及在这个幸福岛上获得他们称号的 120 个王子、82 个公爵、129 个侯爵夫人、28 个伯爵和 356 个男爵。西西里人只要不被掠夺和折磨，就动手修理他们被当地的埃特纳火山毁坏的房屋。埃特纳火山 1908 年的那次喷发，仍然留在每个人的记忆中。那次喷发彻底摧毁了墨西那城，造成 7.5 万人死亡。

马耳他岛确实有点像西西里岛的水上郊区，因此应该在这里聊一聊，但是从政治上讲它不是意大利的一个组成部分。这是一个土地十分肥沃的岛屿，正好位于西西里岛和非洲海岸的中间。它控制了从欧洲经苏伊士运河去亚洲的贸易通道。十字军失败后，马耳他岛被交给了圣约翰骑士会。圣约翰骑士会就把自己命名为马耳他爵士团、马耳他骑士会。1798 年，拿破仑在去印度途中占领该岛。他想把埃及和阿拉伯作为跳板，把英国人赶出印度（一个十分天真的计划，但是没有实现，因为埃及和阿拉伯的沙漠比他想象的要大得多）。这就成了英国人两年后占领马耳他的口实。从那以后，英国人就留在了那里，这使意大利人悔恨交加，而马耳他人却不以为然。总体说来，如果由他们本国人组成政府来管理，他们的生活就没有这么舒适了。

我对意大利东部沿海地区关注得不多，因为那里并不重要。首先，亚平宁山脉一直延伸到海边，因此那里难以形成较大的居住区。而亚德里亚海的另外一面因为山坡太陡，事实上也无法住人，贸易的发展得不到鼓励。从北部的里米尼到南部的布林迪西，没有什么重要的港口。

靴子跟是阿普利亚。同卡拉布里亚一样受到距离文明太远之苦，它的农业生产方法也十分原始，就像汉尼拔当年来到这里的老一套那样，当地的人等待了整整12年，以期得到永远不会到来的迦太基的帮助。

阿普利亚有个城市，它是世界最好的天然海港之一，可是缺少客户。这个城市叫塔兰托。当地有一种毒蜘蛛被称作塔兰托蜘蛛，当人被毒蜘蛛咬后跳的舞蹈也被叫作塔兰托舞，据说被那毒蜘蛛咬过的人就跳那舞，以免昏睡过去，陷入死亡。

第一次世界大战把地理变得非常复杂，如果不提及伊斯特拉半岛，对现代意大利的介绍就不是完整的。把伊斯特拉半岛给意大利，是他们背叛了同盟国，加入了协约国行列的结果。的里亚斯特市是古代奥匈帝国的主要出口港。由于失去了天然腹地之后，港口经营一直不佳。藏身于瓜尔内罗湾最远处的是阜姆，它也是哈布斯堡王朝的属地。它是日耳曼人的天然出口，因为他们在亚得里亚海沿岸没有其他的港口。但是对它有可能成为的里亚斯特的竞争对手的担心，使得意大利人要求得到阜姆。当签署完《凡尔赛条约》的政治家们拒绝把阜姆交给意大利时，意大利干脆就去抢，或者说，他们的诗人邓南遮，一个杰出的作家兼大坏蛋，为他们占领了。然后，协约国把它变作了"自由邦"，但是在意大利和南斯拉夫进行了长期的谈判之后，割让给了意大利。

除了没有介绍撒丁岛之外，本章就基本结束了。撒丁岛确实是个大岛，但它太遥远，也没什么人在那里居住，但它毕竟是欧洲的第六大岛，面积约1万平方英里。作为史前山脉的另一个极端例子，岛上的山脉背向母国。西海岸有一些很好的港口，东海岸则陡峭、危险，没有一个便于靠岸的地方。在过去的两个世纪里，撒丁岛在意大利的历史上发挥了奇特的作用。1708年之前，该岛属于西班牙。后来落入奥地利手中。1720年，奥地利以撒丁岛换取西西里岛。那时西西里岛属于萨瓦公爵，他们的首都位于波河边上的都灵。从此萨瓦公爵把自己称作撒丁岛国王（从公爵上升到国王是果断的一步）。这就是为什么现代的意大利王国就是像这样从一个以海岛为名的王国发展成的。虽然10万个意大利人里也没有一个人见过那海岛。

第十章

西班牙

作为非洲与欧洲的冲突之地，伊比利亚半岛人民以他们非常显著的"种族"特征而著名。西班牙人可能在"种族"方面与其他人群差别最明显。以他们的种族傲慢、他们的彬彬有礼、他们的自尊、他们的清醒、他们弹吉他和打响板的本事，你就能在任何地方、任何环境下认出他们。甚至音乐也被用来充实这种"种族理论"。

也许如此吧。可能凭他们的傲慢和矜持，要比凭他们弹吉他和打响板的能力更容易认出西班牙人。但是，对这个论题，我非常严肃地提出我的不同看法。西班牙人善于弹吉他和打响板是因为那干燥温暖的气候，他们可以使用户外乐器，至于真正精彩的演奏，美国人和德国人比起土著才子们可是强多了。但是，他们不能像西班牙人那样经常弹奏，主要是他们居住地的气候的原因。如果柏林寒冷的冬夜下着倾盆大雨，你能在这样的环境里打好响板吗？当你的手指因寒冷而颤抖时，你能弹好吉他吗？至于矜持、自负、彬彬有礼的性格，那是不是多少个世纪的军事训练的结果呢？西班牙从地理上讲既是非洲的一部分，又是欧洲的一部分，他们的军事生活不正是这种地理特征的直接影响吗？因此它不应该成为欧洲人和非洲人的战场，直到决出胜负。最终，西班牙人是胜利者，但是，他们的大地——他们为了这块大地不得不打了这么长时间的仗——在他们身上留下了烙印。如果他的摇篮是在哥本哈根或伯尔尼，他会成长为一个什么样的人呢？他会成为一个非常普通的丹麦人或瑞士人。他不会打响板，而是学会了用常声和假声来演唱，因为山峡陡直的峭壁及出色的回响会吸引他去用常声和假声歌唱，那他们就不会在那因欧非撞击而被忽视的土地上靠吃干面包、喝酸酒和无微不至的关怀、耐心下长大，而是为了抵抗气候里永远的潮湿，为了保护身子，而吃下许多奶油，喝下大量的阿瓜维他了。因为廉价谷物的大量存在，粮食酒成为国酒几乎是无可避免的。

在西班牙，山脉的山脊呈水平走向，几乎画出了一条条清晰的纬线。只要看上一眼地图，你就能理解，这些山脉是如何必定成为任何有序发展的障碍的。我们先介绍比利牛斯山脉。

比利牛斯山脉全长 240 英里，从大西洋笔直地不间断地通向地中海。它不像阿尔卑斯山脉那样高，因此翻越隘口似乎应该容易一些。但事实并非如此。阿尔卑斯山脉虽然很高，但也很宽，翻越过山脉的公路虽然很长，却并不陡峭，不会为行人和驮马造成多大困难。比利牛斯山脉只有 60 英里宽，结果，山路特别陡峭，除了山羊和骡子，人难以通过。根据经验丰富的旅行者介绍，甚至骡子攀登起来都感到困难。受过训练的山民（大多数是职业走私者）可以通过，但是只能在夏天的那几个月里。这道理修建从西班牙通向外部世界的公路的工程师们最明白，因为他们修过两条干线，沿大西洋沿岸和地中海沿岸，从巴黎到马德里和从巴黎到巴塞罗那。在阿尔卑斯山脉，没有多少穿山越岭的铁路线，而在比利牛斯山脉，仅从西部的伊伦到东部的菲格拉斯这段距离，就开挖了不止一个隧道。一个 60 英里长的隧道并不是那么容易挖的，要火车在 40 度斜坡上行走也不是那么容易的。

在西部有一个比较容易通过的山口，即著名的龙塞斯瓦列斯山口。查理大帝出名的十二武士之一的罗兰在那山口为主人的利益英勇战斗，在与撒拉逊人战斗时奋战到最后一刻，最终死在那个山口上。700 年后，一支由法国人组成的军队，把这个山口作为进入西班牙的大门。他们穿过了那道山口，却在潘普罗纳前不远被挡住了。潘普罗纳是从南面控制着道路的城市。在城市被围的时候，一个名叫伊格内修斯·德·洛约拉的西班牙士兵，腿部遭受严重枪伤。在养伤期间，他萌生一个念头，促使他在后来建立了一个组织，亦即著名的耶稣会。

耶稣会后来对大量国家的地理发展所起的作用，比任何宗教组织都强大。他们做的工作甚至比一直坚持不懈游说四方的教士——圣方教会做的还要多。他们在潘普罗纳城开始了他们的工作，保卫在比利牛斯山脉中部唯一可以攀山的通道。

正是比利牛斯山脉这种难以逾越的陡峭，才为著名的巴斯克人提供了机会，使他们得以从史前直到现在保护了自己。它也是山脉东部极高峻处的独立共和国安道尔共和国得以存在的理由。安道尔位于山脉东部的高山上，巴斯克人约有 70 万，居住在一个呈三角形的地区内，北部是比斯开湾，东部是西班牙的纳瓦拉省，西部以从桑坦德市到位于埃布罗河的洛格罗尼奥市沿线为界。巴斯克的意思跟我们话里的"噶斯孔"一样，但与有名的达达昂上尉和他的哥儿们并不同。罗马征服者把他们叫作伊比利亚人，还把整个西班牙叫作伊比利亚半岛。而巴斯克人骄傲地说，他们是埃斯卡尔杜纳克人，这听起来不太像是欧洲人的名字，更像是因纽特人的。

接下来我要提出几条关于巴斯克人起源的流行理论。一些根据头盖骨和喉骨来研究人种理论的教授相信，他们与贝贝尔人有关系。我在前面几章提到过贝贝尔人，认为他们是史前欧洲人最早的部落之一的后代，即所谓的克罗马农人种。有一些教授认为，他们是在神奇的大西洋岛被海水淹没时，逃到欧洲大陆上的幸存者。还有的教授则相信他们一直就在现在的地方，而不理会他们是从哪里来的。不管谁对谁错，巴斯克人在使自己远离世界方面表现出非凡的才能。他们非常勤劳。有数百个巴斯克人移居到南美洲。他们是出色的渔民和水手，是能干的铁匠。他们只是默默地干自己的事，从不出风头。

他们国家最重要的城市是维多利亚。该市是由哥特国王于6世纪时建立的。它也是一个著名的战场。一个名叫亚瑟韦尔斯利的爱尔兰人——他的英文名字更有名，叫韦林顿公爵——在这里打败了由一个科西嘉将军率领的军队，这个将军的法国头衔是拿破仑国王，并迫使法国军队永远离开西班牙。

至于安道尔，这个人口只有五千的共和国只靠一条骑马的路和外界联系。它是中世纪小城市残留的奇怪标本，因作为边境岗哨可能对某个辽远的国王做出过贡献，那以后又跟外部世界距离太远，引不起注意，才保持了独立。它的首都有约有600个居民，但是安道尔人与冰岛人和意大利的圣马力诺人一样，是根据自己的愿望来管理自己的，这要比我们开始实行民主早800年。作为一个具有悠久历史的姊妹共和国，安道尔应该受到我们真诚的尊敬。

比利牛斯山在另一方面和阿尔卑斯山也不同，它们没有冰川。很久很久以前覆盖于它们之上的冰雪要厚于瑞士的山，后来只留下了几平方英里的冰川。西班牙的山也同样如此。它们陡峭，难以翻越。即使在内华达山和南部的安达卢西亚山的山峰上，从10月到第二年3月这段时间，也只有少量的积雪。

山脉的走向当然对西班牙的河流有直接影响。河流的发源地全都在光秃秃的中央高原或其附近，那里都是史前高大的山脉经过数百万年的销蚀后留下的残余。河水湍急，奔向大海。这样的水流，形成许多瀑布，但没有一条河流具有作为贸易通道的价值。而且，夏季漫长的干旱，使大多数河流河水骤减。在马德里你可以看到，一年中至少有 5 个月的时间，曼萨纳雷斯河成为首都的孩子们一个类似于海滩的游乐场所。

因此有许多那类河流的名字我就懒得告诉你了。但靠近葡萄牙首都里斯本的塔古斯河除外。塔古斯河可以通航，通航长度几乎与西班牙和葡萄牙的边界线长度差不多。在西班牙北部的埃布罗河，从纳瓦拉到加泰罗尼亚，小型船只可以通行，大船只好走与埃布罗河平行的运河。瓜达尔基维尔河，一条联结塞维利亚与大西洋的通道，可以通航吃水不到 15 英尺的船只。由塞维尔到著名的摩尔人首都科尔多瓦的一段流域只有小船可以通行——科尔多瓦人常炫耀说，在基督教徒占领该市之前，它拥有不少于 900 个公共浴室，被占之后，人口从 20 万下降到 5 万，公共浴室从 900 减少到 0。过了科尔多瓦之后，瓜达尔基维尔河与西班牙多数河流一样，成为峡谷河，这不仅严重阻碍了陆上贸易，对水路交通事实上也没有贡献。

总体说来，大自然对西班牙并不特别仁慈。该国中部一大片地区是高原，被一座低矮的山岭一分为二。老卡斯蒂利是北半部的名称，新卡斯蒂利是南半部的名字。分水岭叫谢拉·德·瓜达拉马山。

卡斯蒂利，意思为"城堡"，是个很不错的名字。但它却像西班牙美丽的雪茄盒，名字比内容的质量华丽多了。卡斯蒂利的土地贫瘠，这种土地随便什么地方都能看到。谢尔曼将军率部队穿过佐治亚后说过，一只想飞越谢南多厄山谷的乌鸦应该带上食物。他这么说有意无意地重复着 2000 多年前罗马人说的一句话：夜莺如要飞越卡斯蒂利，必须带上食物和水，否则就会饿死渴死。

因为环绕这个高原的山岭很高，足以挡住从大西洋和地中海升起的云雾。

结果，卡斯蒂利一年中有 9 个月承受着地狱的烈火，还有 3 个月被干燥寒冷的风蹂躏，大风无情地在这块没有树木的大地呼啸，连唯一能在这里生存的动物——羊，都没有一点舒适感。唯一的植物是一种茅草。它很结实，可以用来编织篮子。

这里多数地方，被西班牙人叫作平顶山，既像平原，又像普通的沙漠。这可以帮助你理解，为什么西班牙和葡萄牙虽比英国大了那么多，人口却只有英伦三岛的一半。

要想进一步了解有关这一地区贫困的情况，我建议你们读读塞万提斯的作品。你可能还记得一个"天真的西班牙下级贵族，他有一个值得骄傲的名字——拉·曼查。卡斯提尔高原到处是内陆沙漠，"曼查"正是其中一个的名字。它也指位于托莱多附近不适合居住的荒地。托莱多是古代西班牙的首都。这个名字对西班牙人来说有点不吉利。在原来的阿拉伯语中，曼查是"荒原"的意思，而这个贵族确实是"荒原的主人"。

生在那样一个大自然既吝啬又顽固的国家里，人们只好决心苦干，迫使大自然把生活必需品给他们。要么选择普通西班牙人的生活，可以把全部家当放在小小的毛驴背上。这使我们看到了由不幸的地理位置造成的最凄惨的悲剧。

800 年前这个国家由摩尔人占领。这不是伊比利亚半岛首次遭到入侵，因为这里埋藏有宝贵的矿石资源。2000 年以前，铜、锌和银如同今天的石油那么重要。哪里发现了铜、锌和银，就会有敌对的部队为争夺那地方打仗。当地中海分为两大军事阵营时，当闪米特人和罗马人在掷灌铅骰子以决定谁能拥有世界的珍宝时，西班牙想长期逃脱自己的命运是很困难的。像许多现代国家一样，丰富的自然资源带来了不幸，西班牙变成了两个有组织的强盗团伙争夺财富的战场。

强盗刚刚离开，来自欧洲北部的蛮族部落就把西班牙变为一座方便的陆桥，以期侵入非洲。

在 7 世纪初期，一个阿拉伯的骆驼客高瞻远瞩，打算征服世界。于是动员了许多没有人知道的沙漠部落，走上了战争的道路。一个世纪后，他们占领了非洲北部的所有地方，并准备对付欧洲。711 年，塔里克驾船驶向著名的猴子岩（欧洲唯一一处猴子能在野生环境中生活的地方），军队没有遭到任何阻击就登上了直布罗陀，即著名的岩石。在那以前两百年那里都属于英国——顺带说一句，直布罗陀并不像那有名的广告所说的面向大海，而是背对着大海。

西班牙人对抗这类入侵能成功吗？他们想这么做，但是他们国家的地理环境使他们不能采取一致的行动，因为平行走向的山梁和处于深邃峡谷中的河流，把国家分割成许多独立的小方块。

然后请记住，历史和地理教给我们的几个铁定的事实：这样的国家是氏族排外情绪的滋生地。现在，部族的存在毫无疑问有一定的好处。它使同一部族的人员相互忠诚，并一起忠于部族，忠于部族利益。但是苏格兰和斯堪的纳维亚半岛告诉我们，部族是经济合作和民族组织最致命的敌人。海岛居民据说很"绝缘"，除了自己小岛的问题以外万事不关心，但是他们毕竟可以每过一段时间就和邻居们在一条小船上坐下来消磨一个下午，或者救助一个失事船只的船员，听他讲外部世界的事情。一个住在山谷里的人，被难以逾越的大山包围着，与外界隔绝。他们有的只有自己，还有邻居。

西班牙伟大的解放战争长达 7 个世纪，在那个时期里北方那些基督教小国不断地相互攻击，声讨对方的欺诈和敌对行为——它们得以存活，是因为比利牛斯山脉形成一座屏障，如果越过了这个屏障，要回撤就必然会与法国发生麻烦。当夏尔马涅做出了一些模棱两可的姿态之后，法国人就放手不管了，他们的命运交给自己掌握。

同时，摩尔人把西班牙南部变成了一个名副其实的花园。这些沙漠居民很重视水的价值。他们修建庞大的灌溉工程，引种了橘树、枣树、杏树、甘蔗和棉花；引瓜达尔基维尔河河水进行灌溉，把位于科尔多瓦和塞维利亚之间的山谷改造成巨大的花园，那里的农民一年可以收获四季；他们用流进巴伦西亚附近的地中海的珠卡河当水龙头，多拥有了1200平方英里的沃壤；引进了技术人员，建立了大学，对农业进行科学研究；修建了这个国家至今还在使用的公路。他们为天文学和数学的进步所做的工作，我们在本书的第一部分已见到。他们是那时欧洲唯一关注过医药和卫生的人，对医药和卫生方面的问题宽宏大量，甚至把古代希腊关于这方面的书翻译成阿拉伯语后传送到西方。他们还动员了另一支力量一起工作，这对他们来说具有巨大的价值。他们没有把犹太人集中在一个居住区里，或对他们采取更严厉的措施，而是给他们自由，让他们发挥自身强大的经商和组织能力，以利于国家。

然后，无可避免的情况就发生了。整个国家都被征服了，这并不是基督教徒所为。其他阿拉伯和贝贝尔人部落，厌烦了他们苦难的沙漠生活。他们向格拉纳达的阿尔汉布拉宫和塞维利亚的阿尔卡扎宫的寻欢作乐投去了羡慕的眼光。后来，另外一些家族涌现出来。同时，北方出现了铁腕人物。部落与部落联合组成了小领地，小领地组合成了小国家。人们开始听到了诸如卡斯蒂利、莱昂、阿拉贡和纳瓦拉等名字。最后，他们忘记了自古以来的对立，时间一长，阿拉贡的斐迪南就娶了卡斯提尔的依萨贝尔做王后。

在这场伟大的解放战争中，足足进行了3000多次浴血奋战。基督教会又把"种族"斗争变成了宗教理想的冲突。西班牙人成为十字军的士兵——他们的崇高的理想是：把他们为之英勇战斗的国家化作废墟。因为在摩尔人的最后堡垒格兰纳达被从摩尔人手里夺回来那年，哥伦布发现了通向美洲的路。6 年后，达·伽马驶过了好望角，发现了直接通向印度的路。因此，恰恰就在西班牙应该掌握自己的家园，应该继续发展已由摩尔人启动自身的力量时，它获取了不义之财。1519 年，它占领了墨西哥；1532 年，它征服了秘鲁。那以后他就茫然了：未来的野心被不断涌来的黄金淹没了。笨重的大帆船把黄金送入了塞维利亚和加的斯的仓库里。当一个人要求从阿兹台克和印加掠夺来的赃物中得到他的一份，从而能够属于"金领阶层"时，他绝不会对自己用双手劳动而感到羞耻。

摩尔人所有辛勤劳动的成果付诸东流了。摩尔人自己也被迫离开了这个国家，接着犹太人也搭船离开了，成批成批地被扔进了肮脏的船，一无所有，听凭船主们的兴趣，船停靠在哪，就在哪上岸。他们满怀复仇的情绪，让苦难磨砺着他们的心灵。他们向折磨他们的人报复。参加由异教徒组织的旨在反对令人仇恨的西班牙的一切行动。甚至上帝也插了一手，给这些不幸的受害者送去了一个君主。那国王对生命的观点没有超出他在爱斯库里埃尔宫里为自己所建造的隐居窝，那窝在荒凉的卡斯提里平原上。他把新首都马德里也迁到了那里。

从此，三大洲的财富和整整一个国家的人力都被用于扼制异端邪说。西班牙人民经历了 7 个世纪的宗教战争，变成这样一种人——在他们的眼里，超自然才是真自然，他们自觉地服从于他们高贵的国王。

伊比利亚半岛把西班牙人民造就成现在这个样子。或者说，通过不懈的努力，今后西班牙人民能不能把伊比利亚半岛改造成他们所希望的那样？不管它以前是什么样的，要面向未来。

他们正在从事这项事业，正在一些城市里进行着，如巴塞罗那，他们工作非常努力。

多么伟大的事业！多么伟大的事业！

第十一章

法　国

我们常常听到这样的说法：法国并不认为自己是世界任何地区的一部分；法国人住在大陆上，与外界的联系却比不上他们住在海岛上的邻居——英国。简单地说，法国人固执地有组织地拒绝对地球上的任何问题感兴趣，无论它多么细小。

我们经常听到的对法国人的责怪，大多数是有事实依据的。在第一次世界大战期间，我们又把无穷的赞美毫不迟疑地往法国人身上堆，因为他们的德行和缺点都直接产生于其国家的地理位置。这种地理位置造成他们以自我为中心，自我满足，因为他们所占据的这块位于大西洋和地中海之间的大地，绝对是自给自足的。你要想换换气候，看看风景，为什么往国外跑？自己后院里不都有吗？如果只要坐几个小时的火车就能从 20 世纪返回到 12 世纪，或者从一个充满欢声笑语、绿树成荫、城堡林立的乡村，到达一个到处都是挺拔的松树和沙丘起伏的极其神秘的地方，你为什么还要周游世界，去学习不同的语言、习惯、风俗？如果你自己的食物、饮料、床铺以及社交与这个世界上的任何地方所能提供的一样好，如果你所居住的地方能够把菠菜做成一道全世界人人都喜欢的菜肴，为什么非得为出国护照、推荐信、蹩脚的食物、发酸的酒、北方那些受冻的乏味的农民操心？

　　当然，除了大山以外啥也没见过的可怜的瑞士人，除了平坦的草场上几头黑白花母牛什么也没见过的荷兰人，倒是不时地需要出国看看，否则会腻烦死。德国人倒是还能在优美的音乐下吃个香肠配三明治，但是日日如此也会腻。意大利人不可能一辈子都吃空心面，俄罗斯人必定也渴望偶尔能吃上一顿舒心的饭，不必为买半磅人造黄油而排上 6 个小时的队。

　　可是法国人，幸运的魔鬼们所生活的地点却是人间天堂，在那里谁都不用转车就能够得到一切。因而他就会问你："我为什么要离开自己的国家？"你可能会回答说："你的眼界太狭隘了。"我也希望能够支持你的想法，然而事实上我们不得不承认，在许多方面，法国是唯一得福于大自然、得福于地理环境的国家。

　　首先，法国有各种各样的气候，温暖的、炎热的、适中的气候。法国是欧洲最高山峰的主人。同时，法国已经把国内所有的工业中心用运河联结起来，而运河流经的地方是完全平坦的。法国人如果想以从山坡上往下滑的方式度过冬季，可以去阿尔卑斯山西支的萨伏依，如果他不喜欢滑雪而喜欢游泳，也只需买张票去大西洋沿岸的比扎瑞茨或地中海岸的坎恩斯。如果他对红男绿女有特别的好奇心，如果他想看看流亡中的君主和即将结束流亡又要成君主的那些人，看看前景可观的男演员和已成名的女演员，看看小提琴手或钢琴家，看看坐在剧场里的君王和普通老百姓倾倒的舞蹈演员，他只要有兴趣，就可坐在和平咖啡店里，买一杯咖啡或牛奶，等待着。全世界在报纸头版露面的男人女人或小孩儿早晚都得在那里露面。而且他们路过这里，不会引起特别的注意，因为这个过程已经进行了将近 15 个世纪，即使是国王、皇帝，甚至是教皇的出现，也像一个新生出现在校园里那样平静。

　　正是在这里，我们遇上了一个地缘政治无法解答的谜。2000

年前，飘扬着共和国三色旗（日夜飘扬，对法国人来说，三色旗一旦升起，就永不降下，除非在风吹日晒雨淋后，它们变得破烂不堪了）的大多数地方是西欧大平原的一部分，在地理上，没有什么必然的理由可以解释为什么这块位于大西洋和地中海之间的大地可以成为全世界各民族最集中的地区。

有一所地理学校认为，气候与地理环境在确定人的命运时起着决定性作用。毫无疑问有的时候是这样，相当多的时候是另外一种情况。摩尔人和西班牙人住在同一块土地上，1200年时太阳照在瓜达尔基维尔河流域上的阳光与1600年时一样多。但是，1200年它的光芒照射在满是水果和鲜花的天堂上，而1600年在它那该诅咒的光线所照耀的却是野草丛生的焦渴的荒原，灌溉渠没有人理会了。

瑞士人讲四种语言，认为自己是一个单一民族的成员；比利时人只讲两种语言，却彼此仇恨到把亵渎对方的阵亡军人墓作为星期天午后的消遣。冰岛人在他们的小岛上保持独立和实行自治已有1000多年的时间了，但他们反对一切外来的人；而岛上的爱尔兰人根本不知道什么是独立。情况就是这样。不管机器、科学和各种标准化发展到什么程度，从总的方面来说，人的天性永远是个极不稳定、极不可靠的因素。它仍将在许多离奇的意外和发展里起作用。法国只是说明这个原理的素材之一，它证实了我的观点。

从政治上讲，法国好像是一个国家。可如果你乐意看地图，你就会发现，法国事实上是由彼此分离的、背靠背的两个部分合成的：东南部的罗讷河流域，它面向地中海；西北部广袤的倾斜平原，它面向大西洋。

我们从这两部分中的古老部分说起，罗讷河发源于瑞士，但它流出了日内瓦湖之后，到达法国丝织业中心里昂城和萨昂河汇合之后，才成为一条有重要意义的河流。索恩河发源于北部，它的源头与默兹河的源头很近。默兹河同欧洲北部的历史有着密切的关系，就像索恩河同欧洲南部的历史有着密切的关系。罗讷河不太适合航运。它流入利翁湾之前，其高度下降了6000英尺。这就是它水流湍急，至今还没被现代化的轮船完全征服的原因。

可是它却为腓尼基人和希腊人提供了通向欧洲腹地的门户——因为人力（奴隶的力气）非常便宜，那些史前时代的"伏尔加船夫"（他们的命运并不比他们的俄罗斯同行好）牵拉，顺流而下只需几天的工夫。事情就这样发生了，古老的地中海文明经罗讷河流域第一次撞击了欧洲的内陆地区。非常奇怪的是，马赛作为这一地区最初的商业定居点（现在仍是法国在地中海沿岸最重要的港口），没有直接坐落在河口上，而是向东偏离了几英里（现在已有运河与罗讷河相连）。这个选择恰到好处，因为马赛早在3世纪时就成为重要的贸易中心，那时，基督的马赛硬币还没有在奥地利的蒂罗尔和巴黎周围地区流通，不久，整个地区包括其北部地区都把马赛当作自己的首都。

然后，马赛历史上一个不幸的时刻出现了。那城市的居民因受到从阿尔卑斯来的野蛮部落的逼迫，对罗马人提出了帮助的要求。罗马人来了，并按照他们的习惯做法，留在了那里。沿罗讷河河口的所有地区成为罗马人的一个"行省"。"普罗旺斯"这个在历史上产生了重大影响的名字，它不出声地证明了一个事实：是罗马人认识到这个肥沃的三角地带的重要性，而不是腓尼基人或希腊人。

但是我们却发现自己面对着一个非常尴尬的历史与地理问题。融合了希腊和罗马文明的普罗旺斯，它的美好气候、肥沃土地以及它前面面对地中海、后面可便利地通向中部平原和欧洲北部的地理位置，拥有一切得天独厚的天然优势。可是，他握有一手好牌，却打输了。在恺撒与庞培发生争吵时，普罗旺斯站在了庞培一边，敌对一方摧毁了马赛城。那事倒没有什么特别之处，因为不久之后马赛人又在老地方干了起来。可那时文学和礼貌、艺术和科学在罗马已不再安全，于是跨过利古里亚海，把普罗旺斯变成了一个被蛮族团团包围的文明孤岛。

当教皇们再也无法待在台伯城时，他们就携带着他们的财产和权力，连同他们的教堂，搬迁到了阿维尼翁那个以其大规模的桥梁建筑最早闻名的城市（现在桥的大部分已沉入河底了，但是在12世纪它是世界奇迹之一）。教皇们在那里拥有一座城堡，它能经受得住百余次的围攻。因此，在将近一个世纪的时间里，普罗旺斯是基督教领袖们的家园，这里的骑士们踊跃参加十字军，普罗旺斯的一个贵族家庭成为君士坦丁堡世袭的统治者。

自然在创造这片愉快、肥沃、浪漫的河谷时，似乎注定了要让普罗旺斯扮演一个角色，可是不知道为什么，普罗旺斯从来就没有做到。虽然普罗旺斯的诗人已被认为是这种文学形式的奠基人，这种文学形式也保存在我们的小说、戏剧和诗歌中，但是他们没能把他们柔和的普罗旺斯方言奥克语变成法国人的普通话。北方不具备任何像南方那样的自然优势，但正是北方建立了法兰西，创造了法兰西民族，向整个世界传播了法兰西文化的各色福音。但在16世纪以前，谁也没有预见到这种发展。因为在那时，从南方的比利牛斯山到北方的波罗的海似乎注定要成为条顿帝国的一个部分，那有可能成为自然的发展，可是人对自然发展并不感兴趣，一切都不相同。

对于恺撒时代的罗马人来说，欧洲的这个地区属于远西。他们把它叫作高卢，因为在这里居住的是高卢人，那是一个神秘的金发男女的民族，希腊人给他们起了一个总的名字：凯尔特。那时候有两类高卢人，一类居住在波河流域，即在阿尔卑斯山脉与亚平宁山脉之间，这些有着金发的野蛮人很早以前就住在这里，因此叫"山内高卢人"。当恺撒孤注一掷，勇敢地跨过卢比孔河时，这些高卢人就被留在了那里。还有一类是"山外高卢人"，他们只占这部分欧洲人口的很小一部分，恺撒于公元前58年至51年进行了著名的远征，在这之后，高卢人的驻地与今天法国的这一地区的关系特别密切。这是一片肥沃的土地，可以征收赋税，当地人也不大反抗，因此是罗马人加强殖民开发的理想土地。

北方的孚日山和南方的侏罗山之间的道道关隘对步兵行军不是多大的困难。不久，法国的大平原上，遍布罗马人的堡垒、村庄以及他们的市场、庙宇、监狱、戏院和工厂。塞纳河中有一个小岛，岛上的凯尔特人仍然住在用原木搭建起来的房子里。那小岛是建造供奉天神朱庇特神庙的理想地点。今天巴黎圣母院屹立之处就是当年神庙的地方。

由于岛屿和英国有直接的水上交通，又是出色的战略中心，从那里可以监视莱茵河与默兹河之间的动荡地区，所以它自然发展成为罗马管理远西的庞大组织的中心。

正如我在谈地图的那一章里就说过的，我们有时会惊讶：穿越那时的整个岛屿和大陆，罗马人是怎么找到的？但这不应该成为问题——他们有一种准确定位的本能，无论是建造码头、堡垒，还是建立贸易点，一个临时的考察人员在巴黎凹地的雨雾中度过了烦闷的6个星期后，会问自己：以战神的名义，罗马人为什么会选择这个荒凉的地方做行政大本营，把他们在北方和西方的财富往这里集中呢？有一位手拿法国北部地图的地理学家可以告诉我们。

几百万年以前，整个地区持续不断地发生地震，所有高山平原经常就像赌桌上的赌注那样被扔过来抛过去，这个时候，四个不同年代的沉重地层被胡乱抛了起来，再叠到了一起，宛如一摞老奶奶见了就喜欢的中国茶具里的碟子。最大最下面的茶碟从孚日山脉伸展到布里塔尼，它的西部边缘处在英吉利海峡的水下。第二个碟子从洛林伸展到诺曼底海岸。第三个碟子，著名的香槟地区，把第四个碟子包围起来，它被恰如其分地称作法兰西岛。这外"岛"是个模糊的圆圈，四周是塞纳河、马恩河、泰韦河和瓦兹河，巴黎正好处在其中心。那里意味着安全，因为它提供了最坚固的护卫，不受外来侵略——敌人必须逐一攻击这些碟子陡峭的边缘，而守军不仅占据有利的防守位置，即使被攻陷还可以不慌不忙地退守到另一个碟子边上，他们在撤到塞纳河中的小岛之前有四次这样的机会。那小岛在烧掉几座连通的桥梁之后还能作为坚不可摧的堡垒。

当然，一支非常顽强的装备精良的部队还是可以占领巴黎的，但是极其困难，这一点前不久的世界大战已向我们证实。不仅仅是法英军队的英勇把德国人阻截在法国首都的外面，而且也是几百万年前地理突变的功劳，各种地形都有可能成为侵略者从东部入侵时的自然屏障。

为了民族的独立，法国被迫进行了将近 10 个世纪的战斗。大多数国家不得不守卫四面互不相连的边境，而法国却可以集中力量去保护西部边界。这很可能说明法国发展成为高度集中的现代化国家要比其他欧洲国家早了许久的道理。

法国的整个西部地区位于塞文山脉和孚日山脉之间，大西洋在这里形成了一些半岛和谷地，因此很自然地形成了好些被低矮的山脉分隔开的半岛和峡谷。最西部的谷地是塞纳河和瓦兹河谷地，它们通过一条自然通道与比利时的平原相连。这条通道自古以来一直是由圣康坦城守卫的。这地方现在已经成了很重要的铁路枢纽。也正因此，它在 1914 年成了德国人向巴黎进军时的一个目标。

塞纳河谷和卢瓦尔河谷很容易通过奥尔良关隘彼此相连，使得这一地区在法国的历史上必定发挥非常重要的作用。法国的民族英雄是贞女奥尔良，巴黎最大的火车站也叫奥尔良火车站。正是位于那个联结南北两地的隘口上的那个城市的地理位置，才使他们有了奥尔良这个名字。中世纪的全副武装的骑士们就在这样的重要的阵地战斗，今天的铁路公司也为这样的重要阵地而战斗。世界是变化的，可情况往往是，越像是在变，事实上越是依然故我。

至于卢瓦河谷地与加龙河谷地之间的联结，现在有经由普瓦捷的铁路。在普瓦捷的附近，查理·马特在 732 年时阻挡了摩尔人向欧洲继续推进。也是在普瓦捷附近，黑王子于 1356 年彻底消灭了法国军队，这使法国处于英国的统治约 200 年。

至于宽阔的加龙河谷地，它的南部是著名的加斯科尼地区，这里出生过像达塔尼昂和亨利四世皇帝这样的人物。法国的这一地区，通过从加龙河畔的图鲁兹到纳博讷的谷地，就可直接到达普罗旺斯和罗讷河谷地。纳博讷曾经位于地中海边上，是高卢所有罗马人居住区中最古老的一个。

就像所有的史前道路一样，道路永远是某些人的一个收入来源。敲诈勒索和牟取暴利同人类一样古老。你要是不信，不妨在世界任何地方找个山口，在附近住到你确实找到了一千年前的道路的最狭隘的地方。在那里，你将会发现数个甚至数十个堡垒的遗迹。如果你懂得一点史前文明的知识，这些不同的石头层会告诉你：这是公元前 50 年时，这是公元 600 年时，这是 800 年、1100 年、1250 年、1350 年、1500 年时，强盗们修筑的堡垒，他们在这里向所有过往的车马索要买路钱。

有时你会发现一个欣欣向荣的城市，而不是一堆废墟。但是，旧城墙上的城楼、半月形堡垒、壕沟的外崖、棱堡会告诉你，山口处的城堡要修建得多么坚固才能抵挡得住穷凶极恶的敌人的进攻。

法国的一般地形结构我们就谈到这里。现在我要补充一些居住在地中海和大西洋之间的人的一般特征。他们看上去有一种共同的东西，即一定的平衡和协调意识。我几乎会倾向于这种说法，法国人极力保持"符合逻辑"，如果那个不幸的词汇不是与枯燥、乏味和迂腐的概念紧密相连的话。

法国是欧洲几座最高峰之一的家，这话不错。勃朗峰现在在法国的领土上，但这完全是偶然的事。普通的法国人对那个冰雪覆盖的荒山并不关心。他所喜欢的是这样的一些东西，比如默兹地区、吉耶纳、诺曼底和皮卡第的山梁起伏的舒适的小河，两岸杨树成行，小艇在河中漫游；还有被画家瓦托变成了画面的笼罩在夜间的河谷上的薄雾。他了解得最为清楚的是这样一些事情：一些小村庄从未发生过变化，一些小城镇的居民过着或试图过他们的祖先在50年或500年以前过的那种生活，他们还喜欢那个最美好的生活与最美好的思想携手而行长达十多个世纪的巴黎。

与第一次世界大战时强加于我们身上的那些荒谬的说法不同，法国人不是多愁善感的空想家，而是非常理智非常踏实的现实主义者。他脚踏实地地站在这个地球上，他明白自己只能活一次，他所能够希冀的也就70年岁月。因此，只要还活着，他就尽力使自己过得舒适，绝不浪费时间去想象美好的未来。如果这就是生活，我们就要让它变得最美好。既然食物是为文明人准备的，就让我们用最好的烹调方法来做哪怕是最差的食物吧。既然酒从耶稣基督时代起就被认为是真正的基督教徒的合适饮品，就让我们酿造最美味的酒。既然上帝以他的智慧洞察，应该让地球充满各种各样的事情，以适合眼睛、耳朵和鼻子的需要，就让我们不要继续高傲地藐视这些神授之权，而是参与进去。既然聚集成群的人比各自活动更为有力，那就让我们紧靠着家庭，把它作为基本的社会单位，让它为每个成员的吉凶祸福负责，也让每个成员为家庭的吉凶祸福负责吧。

这是法国人生活的理想一面。他们的生活还有不太愉快的另一面，这一面直接产生于我在前面列举过的那些特征。家庭往往不再是一个舒适的安乐窝，而变成梦魇之地。无数掌管家族的祖母祖父扮演了阻止所有进步的绊脚石的角色。为儿子、孙子、重孙而节俭的美德退变为一种骇人听闻的习性，采取搜刮、诈骗、偷窃、勒索和斤斤计较的手段来获取每一件生活必需品，包括在帮助邻里的时候也是如此，没有邻里之间的帮助，文明的生活就没有意义可言。

通常，普通的法国人，不管他出身贵贱、住在何处，似乎都心怀一种可以让他使用最少的花费获得最大的满足的人生哲学。举一个例子，法国人不是我们想象中的有雄心壮志的人。他知道，人生来就是不平等的。有人告诉他，在美国，每一个男孩都希望有一天成为他工作的这家银行的老板，那也没什么了不起，因为当老板要承担很多责任！如果真当了老板，他还会有 3 个小时的时间去吃午饭吗？工作赚钱固然愉快，但那会牺牲自己的时间和幸福感！因此，法国人工作，勤奋地工作。他的妻子工作，他的女儿和儿子也工作。对，整个国家都干活，都存钱，过着他们喜欢的生活，并不设法去过别人以为他们会喜欢的生活。这是一种智慧，它不会产生富豪，但是，同世界其他地方宣扬的关于获得成功的学说相比，更能保证基本的幸福。

在这本地理书里谈到海，我都没有讲到沿岸人民是否从事渔业。他们当然从事渔业，你希望他们从事什么职业？养奶牛还是采煤？

但是，当讲到与农业有关的主题时，我们就会有惊奇的发现。

在大多数国家，在过去数百年间，人口被吸引到城市，而60％的法国人却仍旧生活在乡村。今天的法国是欧洲唯一能经受住长期围困而不需要从国外进口粮食的国家。祖宗在田野上的耕作方式在向现代科学方法让步，等到法国的农民不再使用查理大帝和克洛维时期那种耕作方式，法国完全可以自给自足。

什么东西能促使农民留在土地上呢？最基本的就是他清楚他是土地的主人。他的农场可能并不怎样，但这是他自己的。旧大陆有两个农业成分很高的地区：英国和东普鲁士。那里的农场属于一些模糊的远在外地的地主。但是法国革命废除了地主，不管他是贵族还是牧师，并把地主的田地分给小农户。这对从前的地主来说，往往是非常痛苦的事情。但是，他们的财产原是祖先通过公然掠夺取得的，那和这又有什么不同？而大体说来，这做法对国家还是有极大的好处，因为它让一半以上的人直接关心整个国家的福利。同所有的事情一样，这种做法也有不利的一面。它会在法国人中造成民族主义意识的膨胀。它也会产生地方主义，使每个法国人只与本村的人交往，甚至当他移居到巴黎后也是如此，于是巴黎到处办起了小客栈，满足着从某些地区来的旅客的要求。这种场面我们要想复制的话，恐怕需要纽约办起专门接待芝加哥人、卡拉马祖人、富瑞斯诺尼人等才行。那将是什么情景。这种做法还会使人极不愿意移居到国外去。这又要问了，他在家里过得非常幸福，为什么要搬迁到其他国家去呢？

下面要介绍农业。种植用于酿酒的葡萄，使为数众多的农民依附于土地。整个加龙河流域都用于种植葡萄。在加龙河河口边上的波尔多是赛特葡萄酒的出口基地，位于广阔的淤泥地区兰德斯正北，在那里牧羊人走路得踩高跷，羊可以一年四季留在户外。塞特港则以出口地中海边酷热的罗讷河谷的酒著称。产自号称黄金海岸的勃艮第的葡萄酒集中于第戎，香槟酒则在兰斯这个法国在古时候举行加冕典礼的城市里勾兑。

当粮食和葡萄酒不足以维持全部人口的生计时，工业帮了大忙。法国的古代国王还不如傲慢的白痴。他们只会压迫臣民，把数以百万计的钱财无谓地浪费在凡尔赛的美女身上。他们把宫廷变成时尚和文明生活的中心，世界各地的人蜂拥而至，学习他们华丽的风俗，学会区分吃饭与进餐的不同。其结果是，即使到了今天，在古代最后的统治者已经被头和脚捆在一起扔进巴黎制陶工场的泥浆后一个半世纪，巴黎还在穿什么和怎样穿等向全世界发布命令。工业向欧洲和美国提供了必不可少的奢侈品，相比之下，大多数人还是喜欢物美价廉的生活必需品。法国各地也建立起了许多工业，为数百万女性提供了就业机会——里维埃拉一望无际的花圃是香水的原料，源源流到国外的香水，一瓶要卖到 6 美元至 10 美元（很小的一瓶，这是一种聪明的做法，对我们不能生产的东西征税）。

然后就在法国的土地上发现了煤和铁。皮卡第和阿图瓦由于满是一堆一堆的煤渣矿渣而形成了庞大的山丘，一片黄褐色，显得十分脏乱丑陋。煤和铁在蒙斯战役中发挥了很重要的作用。英国军队在蒙斯试图阻止德军向巴黎的进军。洛林成为钢铁工业的中心。中央高地生产出了钢。战争一结束，法国人急忙兼并了阿尔萨斯。阿尔萨斯为他们提供了更多的钢。在德国人统治的 50 年里，阿尔萨斯偏重发展纺织业。由于近年来的发展，四分之一的法国人在从事工业生产。他们可以骄傲地夸耀，他们的工业城市从外表看是非常可怕的，毫无诱惑力，同英国和我们美国的工业城市一个样。

第十二章

比利时

由一纸条约建立的国家，什么都不缺，唯独缺乏内部的和谐。

现代的比利时王国由三个部分组成：北海沿岸的佛兰德平原；处于佛兰德平原和东部山区之间地势较低的高原，这里盛产铁和煤；东部的阿登山脉，默兹河流经此地时画出了一个漂亮的弧线，然后流向北方不远处的低地国家的沼泽地带。

煤和铁的储藏围绕在列日、沙勒洛和蒙斯的周围——这场争夺民主的世界大战有一个奇怪的习惯，老把煤铁城市的名字放到我们报纸的第一版——储量非常丰富，如果德国、法国和英国的煤和铁都开采完了，它能够向全世界供应这些现代生活不可或缺的资源长达两个世纪之久。

但奇怪的是，有幸被德国人常常称作"重工业"的这个国家，竟没有一个良好的现代化港口。英吉利海峡沿岸太浅，还有许多结构最复杂的沙岸和浅滩保护，没有可以称作海港的地方。比利时人在奥斯坦德、泽布吕赫和尼乌波特开挖了人工港，但安特卫普，它最重要的港口，距离北海只有40英里，斯海尔德河最后的30英里流入荷兰的领土。这是不太合理的安排，从地理学的角度来看，有人可能会把这说成是"非自然的"。但是，这个世界是靠在庄严的国际会议上由各代表团签署条约来管理的，在这样的世界，这种状况是不可避免的。而且，比利时就是这种会议的直接产物。这些背景是那些"阁下"们在绿色的桌子边舒坦地坐下来决定世界命运时都必须面对的。

罗马的加利卡·贝尔吉卡住着凯尔特人（同英国和法国最早的开拓者是一样的）和一些日耳曼小部落。这些人都被迫承认罗马人的宗主权，因为罗马人一直向北挺进，穿越佛兰德平原，越过阿登山脉，一直到了那几乎无法通过的沼泽地带。现代的荷兰王国就诞生在这里。接着，它成为查理帝国的一个小省份。接着，由于843年签订了灾难性的《凡尔登条约》，它成为洛塞尔中央王国的一部分。接着，它被分割成许多半独立的领地，如公爵的领地、伯爵夫人的领地和主教的领地。接着，中世纪实力最强大的不动产操纵者哈布斯堡家族占有了它。但是，哈布斯堡家族不是要寻找煤和铁，而是要寻找一块安全的地方，重新去从事农业；寻找一个便利的地方，重新去经商。那时，该国的东部地区（是最重要的）被看作是半荒地，但是佛兰德斯人一得到机会，就发挥起那土地的潜力。到公元14世纪和15世纪时，那地方已成了北欧最富庶的地区。

这要归功于这里幸运的地理位置。在这里，中世纪的中型船只可以行驶到很靠里的内陆地区，这都是佛兰德早期统治者的功劳，这些男男女女的统治者具有十分特殊的能力——鼓励发展工业。而其他封建酋长却一味坚持农业，打心眼里厌恶资本主义，就像教会打心眼里瞧不起放债收利息一样。

由于这种非常明智的政策的缘故，布鲁日、根特、伊普尔和康布雷壮大了，富裕了，阔绰繁荣起来了。它们所做的工作，其他国家也完全能够做，只要它们的统治者允许人民抓住机会。这些资本主义工业早期中心随后的衰落，是由于地理和人的特点造成的。其中人的特点作用非常大。

地理对北海潮流的改变负有责任。北海潮流的改变使布鲁日和根特的港口意想不到地淤积了大量泥沙，这些城市完全被陆地围住了。与此同时，当初发挥过巨大力量的工会迅速蜕化成为一种暴虐的、鼠目寸光的组织，似乎是专为阻挠一切工业活动建立的，没有其他目标。

本地旧王朝灭亡了，佛兰德暂时被法国吞并了，因此没有人来干涉了，这使佛兰德成为一个静谧的地区：农民居住在农场里，房屋刷成白色，到处都有漂亮的遗迹，这个景色可以激励英国老太太去画蹩脚的水彩画。而古老的租赁屋前光溜溜的鹅卵石间则总是绿草萋萋。

基督教改革运动也发挥了作用。佛兰德经历了一番支持马丁·路德学说的尖锐却短暂的骚乱，却仍然忠实于母亲教会。当北方邻居获得独立时，荷兰急急忙忙地关闭了他们的老对手所剩的最后一个港口。由于安特卫普与欧洲其他地方的联系被割断了，比利时进入了长期的冬眠状态。它一直在沉睡，直到瓦特发明了蒸汽机，增强了世界范围内人们对资源的渴求，人们才想起这片资源丰富的土地。

外国资本迅速流入默兹流域。在不到 20 年的时间里，比利时成为欧洲的主要工业国之一。此时，瓦龙地区（比利时说法语的地区，直到布鲁塞尔以西）就是在那时脱颖而出的。尽管它的人口仅占总人口的 42%，但很快成为全国最富裕的地区。佛兰芒人则变成一种半受控制的农民，他们的语言只能在厨房或马厩里使用，文明的家庭甚至在客厅里也不允许说佛兰芒语。

为了把事情搞得更复杂些，1815 年的维也纳会议认为把比利时与荷兰合并成单一的国家是合适的，这样就有个强大的北方国家来抗衡法国。维也纳会议似乎永远是一个处理世界和平问题的机构（就像凡尔赛会议）。

这桩离奇的政治婚姻在 1830 年比利时站出来反对荷兰人时结束了，而法国人也如预料的那样前来支援了比利时。联盟国家（稍后也是如此）进行干预。科堡王朝的王子，即维多利亚女王的叔叔（利奥波德叔叔是个很认真的绅士，对他亲爱的小侄子施加了非常深刻的影响），成为比利时国王。他正好拒绝了希腊的类似邀请，对他自己的选择没有任何遗憾。他倒没有理由为他那决定后悔。斯凯尔特河口保留在荷兰人手里，但是安特卫普再次变成了西欧最重要的港口之一。

欧洲强权正式宣布比利时为"中立国家"，但是利奥波德国王（王朝创始人的儿子）太精明，对这种"请勿践踏草地"的纸牌子不抱任何幻想。他刻苦努力，想把自己的国家变成个略胜于三流国家的小国，仰仗周围更有钱的邻居的慈悲度日。当一个名叫亨利·斯坦利的绅士从非洲中部回来时，利奥波德国王盛情邀请他去布鲁塞尔。这次面谈之后，刚果国际协会诞生了。在随后的日子里，这个协会使比利时成为现代世界最大的殖民强国之一。

今天比利时面临的主要问题不是经济问题，因为它有优越的地理位置，正好位于北欧最繁荣地区的中心。它面临的是种族问题。占多数的佛兰芒人在教育、科学和文化发展方面，已经迅速赶上了占少数的讲法语的瓦龙人。在分享国家的管理权方面，双方一直争吵不休。从这个独立的王国诞生的第一天起，双方在这方面的意见一直不一致。双方坚持两种语言——佛兰芒语和法语要绝对平等。

这问题我还是不涉及为好。它让我迷惑。我不明白他们为什么要这么做。佛兰芒人和瓦龙人民族起源相同，有着将近两千年的共同历史。但是他们像猫和狗那样生活。下章将介绍瑞士人，他们讲 4 种不同的语言——德语、法语、意大利语和列托—罗马语（一种很奇怪的罗马方言，只在恩加丁的山区里流行），他们相处和谐，没有什么真正的根本的矛盾，其中必然是有道理的，但是坦白地说，那个道理我分析不出来。

第十三章

卢森堡

在我谈到瑞士之前，我还得谈谈一个奇特的小公国卢森堡。如果不是因为它在第一次世界大战爆发的第一天起了非常重要的作用，这个小公国的名字几乎无人知晓。卢森堡只有 25 万国民。他们的祖先就住在附近，那时是比利时罗马行省的一部分。但是，由于它首府的强大（据说是世界上"攻不破的堡垒"之一），在中世纪极具重要性。

由于这一事实，再加上法国与普鲁士为争夺它而钩心斗角，1815 年的维也纳会议把这个小国作为公爵领地给予独立的地位，尼德兰的国王原应是卢森堡的统治者，以补偿荷兰人失去了他们在德国的祖传土地。

在 19 世纪，这个小小的公爵领地有两次几乎引发了德国和法国的战争。为防止再次发生类似的危险，防御工事被彻底拆除，卢森堡被正式宣布为"中立国"——与比利时一样。

世界大战爆发后，德国违反了中立条约，它这么做是出于入侵法国的地理需要——可以从北部和东部平原向前挺进，而不必采用毫无希望的办法（去翻越西部陡峭的碟子边沿）。1918 年之前，卢森堡被德国人占领。即使在现在，这个小公国实际上还没有脱离这种危险，因为它的大地下埋藏有大量的铁矿石。

第十四章

瑞 士

高山中的国家，有出色的学校，有说四种语言的团结的人民。

瑞士人可以把自己的国家叫作"赫尔维希亚联邦"。一个叫赫尔维希亚的不太漂亮的妇女头像，也恰如其分地出现在 22 个独立的小共和国的硬币上和邮票上。这 22 国的代表聚集到首都伯尔尼，商讨建立共同国家的大事。

在战争时期，国内多数人虽然保留了非常谨慎的中立（70%的人讲德语，20%的人讲法语，6%的人讲意大利语，2%的人讲列托—罗马语），或多或少地站在德国一边。一个略为理想化了的年轻英雄威廉·特尔有取代那位赫尔维特女神的意思。我非常遗憾地说，赫尔维希亚的头像第一眼看上去，更像一个英国人，因为这个头像是由英国维多利亚时代中期的著名艺术家描绘的。硬币和邮票之神发生了冲突，清楚地表明了瑞士共和国的双重性质。对外部世界来说，这一切都无关紧要。对我们这些不是出身于瑞士的人来说，瑞士仅仅是一个风景如画的山地国家，这正是我在本章所要介绍的。

阿尔卑斯山从地中海延伸到亚德里亚海，长度差不多有大不列颠的两倍，土地面积大体和它差不多。其中 1.6 万平方英里在瑞士。在 1.6 万平方英里中，1.2 万平方英里的土地可用于生产，因为它们有的覆盖着森林，有的是葡萄园，有的是小块的牧草地。还有4000平方英里的土地对谁都没有用处。要不是被几个大湖的水面覆盖，也会形成风景壮丽的悬崖峭壁的一部分。还有700平方英里被冰川覆盖着。结果，瑞士每平方英里只有250人，而比利时是655人，德国是347人，但是挪威仅有22人，瑞典只有35人。由此出现一种说法：瑞士不过是个崇山峻岭的旅游之地，只有旅馆老板和游客才肯去住。这想法有些站不住脚。因为，瑞士除了奶牛业外，已经把位于阿尔卑斯山与图拉山之间的广阔的北部高原变为欧洲最繁荣的工业区之一，而且它是在没有任何原料的基础上做到这一点的。当然它拥有极其丰富的水力资源，并且占据了正好处于欧洲中部这个非常有利的地理位置。它可以使这个赫尔维西亚联邦的产品，悄悄地但是连续不断地流入至少数十个周边国家里。

在前面的章节里，我曾经告诉过你们一个想法：阿尔卑斯山和比利牛斯山代表了那种杂乱无章的山岭峡谷的原始堆叠。我让你们拿出半打干净的手帕，把每一块都展开，并一块一块地叠起来，然后用两手同时向里推，观察产生的折皱以及重叠的圆圈和皱纹，这是由四周向中心挤压后造成的。原始层就是你们做地理实验的桌子，或是花岗岩的核心层（已有无数个百万年了），经过几百万年之后，较年轻的岩层在原始层上折叠起来，形成了那些稀奇古怪的山峰，又经过数百万年连续不断地风吹雨打和冰雪侵蚀，那些山峰才变成现在这个样子。

这些庞大的皱褶在平原上耸起12000英尺，又逐渐破碎为一串串平行的山岭。但是在瑞士的中部（哥达山口的安德梅特村是该国的地理中心），这些山岭相聚在一个巨大的高山综合体里（所谓的哥达山系），它使莱茵河注入北海，让罗讷河流入地中海，而且它也形成了山间河流，为许多湖泊输送源源不断的水，也孕育出那些注入北方的图恩湖、卢瑟恩湖和苏黎世湖的几条高山河流，和注入南方的意大利诸湖的著名河流。正是这些遮天蔽日的冰川、峭壁和峡谷，正是这些雪崩地区和刺骨的冰川融水汇合的山涧，成为瑞士共和国的发源地。

像平常一样，给了瑞士人提出独立要求的机会是这个国家的现实政治和某些地理特点的结合。居住在人迹罕至的深山峡谷里的半原始农民，被强大的邻居们冷落了将近1000年。没有什么可以掳掠的，干嘛还为他们举起帝国的骄傲的旗帜？最多也就抢来几张牛皮而已。但是他们是危险的野蛮人，善于打游击战，会使用石头武器——巨大的圆石从山上滚落下来，足以砸烂盔甲，就像砸烂牛皮纸那样容易。所以，瑞士人受到了不公正的对待，他们只不过对瑞士人受到的不公正对待置之不理罢了。

随着罗马天主教教会制度的重要性不断增长，在十字军东征时期，意大利商人在此期间和之后铺天盖地地向北涌去，北欧人迫切地感到要有一条从德国通向意大利的更为直接更为便利的通道，而不是经由伯纳德山口（它经由日内瓦湖到达里昂，再穿越整个罗讷河流域，要绕很长一段路）和布伦纳山口的通道。从这个地方走，就必须经过哈布斯堡的领地，而且还要交纳难以忍受的关税。

翁特瓦尔登、乌里和施维茨等州（瑞士独立的小共和国和地区的名字）的农民决定联合起来，每人拿出一点钱（天知道，他们没有多少钱），修建一条从莱茵河流域通向提契诺河流域的道路。他们凿掉一部分山崖，在岩石太硬十字镐凿不动的硬角上（你试试不用炸药开开山路），他们就造些狭窄的栈道，吊在山崖边绕过去。他们还在莱茵河上某些地方修筑了原始的石桥（那些地方在修桥前只有暑天才能步行通过）。有一段路，他们是沿着4世纪时由查理大帝的技术人员勘察过的路线修建的，但是一直没有完工。直到 13 世纪末，带着骡队的商人可以从巴塞尔经由哥达山口到达米兰。这一趟走下来，他最多损失两三头骡子，比起摔断腿和掉下山去，还是划算很多的。

早在 1331 年时就听说山口上有一个小旅馆，但它直到 1820 年才投入使用，尽管如此，这条路很快就成为南北之间最繁忙的通商道路。

当然，翁特瓦尔登、乌里和施维茨乐善好施的人，允许收取过路费，作为他们所付出艰辛的一点点回报。这种持续不断的收入和这种国际贸易给卢瑟恩和苏黎世之类的城市带来的促进，给了这些农民一种新的独立的意识。他们敢于公开蔑视哈布斯堡家族，毫无疑问同这种独立感有很大的关系。非常奇怪的是，哈布斯堡家族原本也是瑞士农民的血统，尽管他们在任何家谱中从不提及这一点。他们的家谱就保存于他们的老家哈比希茨博格的城堡中，阿勒河就从它的边上流入莱茵河。

我很遗憾讲得过于平淡。但是，正是这种从繁忙的阿尔卑斯山商道上获得的有形收入，而不是虚构的威廉·特尔的勇敢，促成了现代瑞士共和国的创立和发展。现代的瑞士共和国是一场非常有趣的政治实验，一个以世界上最有效率的公立中小学为基础的实验。政府机器平稳高效地运转，以至于瑞士人被问到谁是他们的总统时不得不思考一会儿。他们的国家由联邦委员会管理，它由七个成员组成，每年任命一个新主席（一般由上一年的副主席担任）。按照惯例，不是按照法律，每任主席应来自不同的语言区，比如今年主席属于德语区，明年就应属于法语区，后年就是意大利语区。

瑞士主席与美国总统不同。瑞士主席只是联邦委员会的临时主席，联邦委员会的决定是通过 7 名独立的成员来实施的。主席除了主持召开联邦国务会议之外，还兼任外交部长，但地位很不显赫，都没有正式的办公厅。瑞士没有"白宫"。如果有贵客需要款待，招待会就安排在外交部的办公楼里，有的招待会很像小山村里的普通酒会，根本不像法国总统或美国总统举行的那种相当盛大的招待晚宴。

行政方面的主要内容太复杂，在这就不细讲了。到过位于阿尔卑斯山里的这个国家参观的人，经常可以注意到，无论在什么地方都有一个既聪明又诚实的人在监督着事情做得怎么样，是不是做得足够好。

以铁路为例。建造铁路当然会遇到各种各样的困难。把意大利和欧洲北部联系起来的两条主动脉都是直接穿过瑞士的阿尔卑斯山的核心地区。塞尼斯山隧道联结了巴黎经由第戎和里昂到都灵（古代萨瓦王国的首都）的铁路。布伦纳线是德国南部直接通向维也纳的一条线路，虽然经过阿尔卑斯山，却没有通过任何隧道。辛普朗线和哥达线不仅隧道多，而且陡坡多。哥达线时间更久些。它始建于 1872 年，10 年后修建完毕，其中 8 年是开挖隧道，隧道的长度达 9.5 英里，海拔高度 4000 英尺左右。比隧道本身更有趣的是华森和哥舌农之间的螺旋形隧道。那些峡谷太窄，连一条轨道也容不下，铁路只好在山岭之间往上爬。除了这些特殊的隧道外，还有 59 座隧道（有几座的长度将近 1 英里）、9 座大型高架桥和 48 座普通桥梁。

第二条最重要的穿越阿尔卑斯山的通道，即辛普朗线，使我们能够从巴黎经由第戎、洛桑、罗讷河流域和布里格直接抵达米兰。它是在 1906 年通车的，正好是拿破仑著名的辛普朗山口公路完工后 100 年。这条公路有 250 座大型桥梁、350 座小型桥梁、10 座长距离隧道，其工程量之大，是世界建路史上从未有过的。辛普朗线要比哥达线容易建一些。它在罗讷河流域逐渐降低高度，在海拔 2000 英尺的地方才出现隧道。隧道长 12.5 英里，铺设双轨。

勒奇山隧道也是如此（9英里长），它把瑞士的北部地区同辛普朗线和意大利西部地区联结了起来。

辛普朗线所穿过的阿尔卑斯山的部分区域，在山岭中虽然是最狭窄的，气候却最独特。在这块小小的四方形山地里，至少有21座山峰的高度在1.2万英尺以上，140座冰川为激流提供了水源。那些溪流有个非常令人烦恼的习惯：在大型特快国际列车到达之前几分钟把铁路桥冲断。桥梁一旦被激流冲毁，能立即得到修复，这充分证明了瑞士铁路员工的工作效率。但是正如我在前面所说的，在这个有些僵硬的、相当官僚的共和国里，没有什么事情可以凭运气。生活太困难、太危险，不能鼓励可尊敬的"混日子"哲学。总有人在某个地方以某种方式观望着，观察着，关心着。

普遍都有一种像教师那样严守时刻和讲究效率的倾向，瑞士没有产生出艺术成就，其原因众所周知。在文学和艺术方面——绘画、雕塑、音乐——瑞士从来没有创造出一件能跨出他们狭小国度、流行世界的作品。然而，世界确实有许许多多的"艺术"国家，但只有少数的几个能够夸耀。几个世纪来，政治和经济一直是连续不断地发展和增长。既然那制度很适合普通的瑞士人，我们还要求什么呢？

第十五章

德 国

为了便于介绍，我把欧洲的不同国家按照种族或文化分了类。我是从原来的罗马殖民地国家开始讨论的。那些国家仍有确凿的证据证明它们在成为独立国家之前原是罗马的殖民地。

罗马征服过巴尔干，至少在一个国家里（罗马尼亚）拉丁语作为国语保留了下来。这都是真的。但是，中世纪时的蒙古人、斯拉夫人和土耳其人的大入侵，彻底消除了世界那一地区罗马文明的印记。把我们正在讨论的巴尔干君主国包括在那一地区内，是绝对错误的。因此，我只好向地中海势力圈告别，开始谈谈别的文明——条顿文明。条顿文明的传播范围集中于北海和大西洋。

我在谈法国时已告诉过你，俄罗斯东部的山陵地带有一片辽阔的半圆形平原，一直延伸到比利牛斯山脉。在日耳曼人部落开始奇怪地向西迁居后不久，这个半圆的南部就落入罗马人的控制之中。东部好像仍由斯拉夫的游牧民族占领，那些人当年很快就被剿灭，却以同样的速度很快滋生出来。因此他们就像澳大利亚的兔子，是战无不胜的。当饥饿的条顿侵入者到达时，可以得到的仅是一块大的四方地，其东部是维斯图拉，西部是莱茵河三角洲，北部以波罗的海为界，南面以罗马人的堡垒为限，这些堡垒提醒新来的人，他们进入了"禁地"。

这块四方地的西部层峦叠嶂。在莱茵河的西岸，首先是阿登山、孚日山，然后由东往西，依次是黑林山、蒂罗尔山、埃尔茨山、里森格勃格，最后是喀尔巴阡山脉，它几乎伸展到黑海。

在这块土地上的河流被迫向北流去。按顺序由西向东，第一条河流是莱茵河。这是一条最有诗情画意的河流，有多少人为了它而战斗，有多少人为了它而落泪，没有哪一条山间小溪能与它相比。莱茵河确实是一条非常温顺的小溪。亚马孙河是它的 5 倍多，密西西比河和密苏里河是它的 6 倍，即使是在我们那地方算不上什么河的俄亥俄河也比它长了 500 英里。其次是威悉河，现代化的不来梅市就坐落在离河口不远的地方。第三是易北河，它把汉堡造就成现在这个样子。第四是使得斯特廷崛起的奥德河——斯特廷是柏林和它的工业产品的出口港。最后是维斯图拉河，但泽就在边上，但泽现在是个自由区，由国际联盟任命的专员管理。

几百万年前这地方完全是冰川覆盖的。冰川退走后留下了大片的沙滩荒原，它靠近北海和波罗的海的部分退化成了一片无路可走的泥沼。北部的沼泽逐步出现了沙丘。沙丘从佛兰芒海岸一直排列到柯尼斯堡，这是一个靠近俄罗斯边境的普鲁士老都市。随着沙丘的扩大，沼泽地得到了保护，不再受到海浪的冲刷。等到土壤可以生产木料的时候，树林出现了。那些树林后来变成了泥炭地。它为我们的祖先提供了无穷无尽相当不错的燃料。

位于西部边界的北海和波罗的海，它们被称作"海"真是浪得虚名。它们只是浅水池塘。北海的平均深度只有 60 寻（1 寻等于 6 英尺），最深为 400 寻。波罗的海的平均深度为 36 寻，大西洋的平均深度是 2170 寻，太平洋是 2240 寻，这些数字告诉你们，最好把北海和波罗的海看作被淹没的峡谷，只要地球表面略微上升，就会把它们还原成干燥的陆地。

现在让我们看看德国这块陆地的地图。我说的是现在的地图，它也应该与人类随着冰川的退却，把古老大地的这一部分作为永久居留地时的地图多少有点相似。

这些早期的移民是原始人，他们靠打野兽和种粮食为生。但他们是具有非常明确的美感的原始人。由于他们的土地上缺乏可用作装饰物的金属，所以，他们必须到其他地方去寻找黄金和白银。

以下的叙述对我们不少读者会产生轻微的震撼，但是我还是要说，所有原始的商路都是奢侈的通道。居住在世界不同地方的不同种族之间所发生的所有早期竞争，都是奢侈的竞争。罗马人是从深入神秘的波罗的海寻求琥珀（那是一种松香的化石，罗马的夫人们用它为头发增添色彩）的商人那里知道了北部欧洲地理的主要轮廓的。渴望获得坚硬成形的石灰石块——有时可以在牡蛎的身体里发现这种东西，妇女把它用作饰品，以吸引别人注意她们美丽的耳朵以及纤细的手指。这激发了更多的人在太平洋和印度洋中航行并获得新发现。同其他原因相比，如希望有许许多多忠实的人把福音带给异教徒，这显得更重要。

龙涎香是在抹香鲸的消化道里找出的一种物质。而大量攫取龙涎香的结果就是，抹香鲸会得一种肝部的炎症。由于龙涎香可以制作香水，香水具有异国情调的芬芳，因此一时之间大量的船涌向巴西、马达加斯加和马六甲海岸，船的数量比捕捞鲱鱼、沙丁鱼的还要多。反观食物仅仅是食物，没有什么吸引力。

一种时装的变化使 17 世纪的妇女在长袍下面穿上外面看不到的抹胸（12 道菜的宴会对于身材可是有害的）。这种变迁直接影响了我们对北极的了解。当巴黎刚决定要用鹭鸶羽毛来装饰帽子的时候，猎人就去追赶白鹭，把它们头上的羽毛拔下来（无视这样的事实，即他们的行为是要灭绝大自然中最可爱最漂亮的一种鸟）。他们深入到美国南部各州的潟湖中，其深入的程度远远超过了他们仅为寻找日常的面包和黄油时所到达的。

这样的名单我可以开上十多页。只要是罕见的，因而变得贵重的东西都是某些人所崇拜的。那些人希望用这种铺张的展示财富的方式，给不太幸运的邻居们留下深刻的印象。从有历史的时候起，是奢侈，而不是需要，成为探险与进步的真正倡导者。如果仔细研究史前的德国地图，我们仍然可以寻找到古老的奢侈通道。总体说来，他们同中世纪的人和现代的人没什么两样。

以 3000 年前的情况为例。南部的山区，如哈茨山、埃尔茨山和里森格勃格山，离大海有几百英里远。向北方往北海和波罗的海延伸的平原很早就从沼泽地变成了干土地，现在已经被密密的森林所覆盖。随着冰川的退却，此时已退到斯堪的纳维亚和芬兰一带的人宣称，这全部的荒地都属于他们。在南部山区里，居住在山谷里的部落发现，把树砍倒并把它们卖给罗马人，可以得到报酬——罗马人占据着从莱茵河到多瑙河一带的战略要地。除此之外，早期的条顿人部落的牧民和农民很少见到过罗马人。有一个罗马的远征队曾试图深入到他们地区的中心，却在一个幽暗积水的峡谷里遭到了伏击，被消灭得干干净净。后来，没有人敢进行类似的远征，这就是说德国北部与世界其他地方的联系被完全割断了。

史前伟大的由西向东的商道，即从伊比利亚半岛到俄罗斯平原的商道，沿着比利牛斯山脉向巴黎推进，途中经过普瓦捷山口和图尔山口，这两个山口我在法国那一章里已介绍过。那条线又绕过阿登，再从那里沿中欧高原外缘一直到达北面的低地。在向东伸展的过程中，这条通道当然要经过许多河流。凡是要过河的地方，它总是从便于通过的水较浅的地方过去。罗马城是在台伯河的浅水处建立起来的，而德国北部的许多早期城市也是从史前时期和历史早期的群居点发展成的。这些村落的原址就在我们今天拥挤的车站和百货商场的所在地。汉诺威、柏林、马格德堡和布雷斯劳都是这样发展起来的。莱比锡原是斯拉夫地区中部的一个小村子，从萨克森山区开采出来的矿产品，如银、铅、铜、铁，都在这里汇集，然后再顺河而下，卖给那些对建成欧洲由东向西的大通道有功的商人。

这条通道一旦抵达莱茵河，水运就与陆上靠畜力来拖拉的长途车队展开了激烈的竞争。水上运输一向比陆路运输便宜得多，也省事得多。在恺撒第一眼望见莱茵河之前许久，那里肯定已有了木筏，把货物从斯特拉斯堡（莱茵河在这里把内陆的弗克兰、巴伐利亚和符腾堡联在一起）运送到科隆，再送到低地国家的沼泽地带，也有可能送到英国。

柏林与耶路撒冷相距遥远，但这两个城市都遵循了同一条地理规律，即城市必须建在重要商道的交汇处。耶路撒冷坐落在从巴比伦王国到腓尼基、从大马士革到埃及的道路交叉点上。柏林位于从西流向东、从西北流向东南（从巴黎到彼得格勒，从汉堡到君士坦丁堡）的河流的交会处，它必定成为第二个耶路撒冷。

在整个中世纪，德国是由许多半独立的国家组成的。但是直到300年前，却没有任何迹象表明欧洲大平原西部的这个部分有可能在世界上成为领先的国家。奇怪的是，现代的德国倒是直接从十字军运动的失败里产生的。当它即将诞生时，西亚已没有什么地方可以占领，在欧洲被剥夺了继承权的阶段开始寻找其他的农业财富来源地。他们自然立即想到了位于奥德河和维斯图拉河对面的斯拉夫大地，那里居住着野蛮的信仰异教的普鲁士人。于是，十字军一个古老的教派就干脆彻底地从巴勒斯坦搬到了普鲁士东部，把自己的商业中心从加利里亚的阿克里迁到了但泽以南30英里的马林堡。200年来，这些骑士与斯拉夫人战斗，把来自西部的贵族和农民安置在斯拉夫人的农场里。1410年，在坦纳贝格的战斗中，他们惨败在波兰人的手下，也是在这个地方，兴登堡在1914年歼灭了俄国部队。尽管遭受了打击，十字军不管怎样还是幸存下来了。当基督教改革运动兴起的时候，十字军仍然是一个相当重要的实体。

事实是，十字军是由霍亨索伦王室的一个人领导的。这个宗教领导人不仅参加新教的事业，而且，在马丁·路德的劝说下，宣布自己是世袭的普鲁士公爵，但泽海湾边上的柯尼斯堡是他的首都。17世纪初，这块公爵领地被勤劳聪明的霍亨索伦部落的其他人获得。霍亨索伦部落从15世纪中期开始管理勃兰登堡的这块沙滩荒地。在这之后的100年（准确地说是1701年），这个勃兰登堡的暴发户觉得自己已经有了足够的实力，可以争取比"选帝侯"更高的地位，于是开始鼓动，要其他人承认自己为国王。

神圣罗马帝国的皇帝们表示乐意。一般说来，狗不会吃狗肉的。哈布斯堡家族高兴地给予他们的好朋友霍亨索伦家族一点小小的帮助。他们不是同一俱乐部的成员吗？1871年普鲁士的第七代霍亨索伦国王就成了统一的德国的第一代皇帝。47年后，普鲁士的第九任国王兼现代德国的第三任皇帝被迫离开皇位和他的国家。这表明，巨大的控股公司倒闭了。这个公司是以十字军运动失败后的残余势力起家，以工业主义和资本主义的伟大时代最强大和最有效率的强国而结束。

现在，这一切都结束了，霍亨索伦家族的后代们在荷兰伐木。我们也许应该对他们客气一点，承认这些从前的蒂罗尔山民是有能力、精明强干的人，至少是非常聪明的人，因为他们能够把有特殊才能的仆人们留在身边。记住，他们最早的领土并不拥有任何天然财富。普鲁士一直就只有农田、森林、沙滩和沼泽。它生产不出任何可以出口的东西，而那是能得到有利的商业平衡的唯一手段。

当一个德国人发明了用甜菜榨糖的方法之后，情况稍微有所好转。但是，蔗糖要比甜菜糖便宜得多，而且可以从西印度群岛用船大量运回，因此，那一切对于普鲁士人或勃兰登堡人都意味着口袋里的钱不会增加多少。当拿破仑皇帝在特拉法尔加战斗中损失了海军之后，决定采用"反封锁"的办法来摧毁英国时，对普鲁士的甜菜糖的需求突然增多，并且稳步增长。与此同时，德国的化学家又确定了碳酸钾的价值。由于普鲁士有大量碳酸钾矿藏，这个国家终于可以为外国市场做点工作了。

霍亨索伦家族总是非常幸运。拿破仑被打败后，普鲁士得到了莱茵河地区。在工业革命之前，莱茵河没有特别的价值。工业革命刺激了拥有煤和铁矿资源的国家。普鲁士非常意外地发现，它拥有一些属于世界上储量最丰富的煤矿和铁矿。这时500年的"贫穷大学"的教育终于结出了硕果。贫穷已经让德国人学会了一丝不苟和勤俭节约，现在又让他们懂得了怎样比其他国家生产得多，而售价更低。当陆地上已没有多余的地方来容纳迅速增多的条顿小国时，他们就走向了大海，不到半个世纪，就成为运输业收入最多的国家之一。

当北海是文明的中心（在发现美洲和使大西洋成为主要的商路之前，北海一直处于这种地位）时，汉堡和不来梅的地位十分重要。现在这两个城市没有过去那么重要了，严重影响了要全面超过伦敦和其他英国港口的计划的实现。他们从波罗的海到北海挖掘了一条可以通行大型船舶的运河，就是所谓的"龙骨运河"，1895年通航。还有一些运河把莱茵河、威悉河、奥德河、维斯图拉河、美因河、多瑙河（只完成一部分）联结在一起，使北海和黑海之间有了一条直接的水上通道，柏林借助一条从首都通向斯德丁的运河，有了通向波罗的海的通道。

只要保证大部分老百姓的收入，让他们过上相当不错的生活，凡是人类的聪明所能做到的事他们都做了。在第一次世界大战前，普通的德国农民和工人虽然算不上富裕，并习惯于非常严格的纪律，但是与其他任何地方相同阶层的人群相比，显然要住得更好，吃得更好，在预防意外和养老上得到更好的保护。

这一切是如何被第一次世界大战的爆发所破坏的，是一个非常令人伤心的故事，但不属于本章的内容。但是，因为战败，德国失去了富裕的工业地区阿尔萨斯和洛林，失去了全部的殖民地，失去了商船队，失去了石勒苏益格—荷尔斯泰因州的部分土地，这块土地是它在1846年的战争中从丹麦人手中夺来的。以前属于波兰的数千平方英里的土地（那时已完全日耳曼化了），再次脱离了普鲁士，还给了波兰。而从托伦起，随同维斯图拉河通向格丁尼亚和波罗的海的一长条土地，其宗主权又归还了波兰，波兰又可以直接通向海洋了。西里西亚的部分仍留在德国。西里西亚是腓特烈大帝在18世纪时从奥地利夺来的。但是宝贵的矿产资源地给了波兰，而纺织业的利润仍由德国控制。

至于其他，德国在过去的50年里获得的所有东西都被剥夺了，它的亚洲和非洲的殖民地也被其他国家瓜分了。这些国家拥有的殖民地早已超出了它们所应得的份额，本国已没有多余的人能向外移居了。

从政治上讲，《凡尔赛条约》也许是一个出色的条约。可是从应用地理学的观点来看，这个条约使人对欧洲的前途感到失望。持怀疑态度的中立者恐怕没有多大的错误，他们想送给劳埃德·乔治和已故的克莱孟梭先生每人一本基础地理学手册。

第十六章

奥地利

没有人会感谢这个国家，它消失了则另当别论。

现在的奥地利共和国有 600 万人口，其中有 200 万人口住在首都维也纳。这是阴差阳错所造成的结果，使国家有些头重脚轻。在很久以前的多瑙河上（一条混浊又灰暗的河流，和华尔兹舞曲中那蓝色梦幻的样子完全不同），这座奇异的古城正在慢慢地发展成一座死城，失望的老年男女在废墟中徘徊，回忆着往昔的光辉灿烂：年轻人出走国外，或是到一个愉快的环境中开始新的生活，或是由于国内的生活无法忍受而自杀。再过一百年，广受欢迎的维也纳（是极少数几个城市中的一个，在那里，人们经常有种孩子气，看上去就像真正的幸福），这座古老的、重要的科学、医药、艺术中心，将有可能变成第二个威尼斯。从作为帝国的首都起就有 5000 万人口，维也纳已经变成了一个仅依靠旅游和交通的村庄，作为可以租到船的港口来说，这是它仅保留的一丁点重要性——船只从这里可以把波希米亚和巴伐利亚的产品运送到罗马尼亚或黑海。

现在，这个古老的多瑙河君主国（这表达了这个国家想做的以及什么都能做的本质）的地理是非常复杂的，因为它被以一种极为暴戾的方式分解得支离破碎，几乎不可识别了。但是，过去的奥匈帝国是一个典范，它告诉我们自然条件是如何影响强大的中央集权国家的形成的。让我们暂时忘掉边界线，看看这一地区的地图。这一地区几乎位于欧洲大陆的正中心，与脚趾意大利的距离和鼻子丹麦半岛的距离都差不多。它确实是一块巨大的圆形平地和丘陵，四周被高大的山脉包围，西部是瑞士的阿尔卑斯山和蒂罗尔山，北部是波希米亚的埃尔茨山和里森格勃格山以及喀尔巴阡山脉，它形成了一个半圆形，保护匈牙利的干旷草原免遭来自斯拉夫平原的侵入。多瑙河把喀尔巴阡山脉分成两部分，南半部从巴尔干山脉到阿尔卑斯山脉，所谓的特兰西瓦尼亚山脉就是保护平原不受亚得里亚海冷风侵袭的屏障。

建立这个国家的人民有着很不完整的地图。他们的理论地理学知识也相当有限。但我们的先人在征服西部的过程中，只是沿着某些确定的足迹与路线，根本没有意识到要研究把他们带向目的地的道路概况。与我们的先人一样，中世纪的征服者也是如此，依据的仅是"立即见效"的做法，而用不着让自己被理论方面的问题所烦恼，这类事情自己就能解决。大自然提供了一些不可回避的"结果"，人类无论多么聪明，也只能悄悄地服从它的指令。

在公元后的第一个1000年中，匈牙利大平原起初确实无人居住，各个部落沿着多港河由黑海向西进入这个地区，也没有建立任何固定的政府形式。在与来自东部的斯拉夫人进行长期的战争中，查理大帝建立了一块小"标志"牌，后来我们称之为"东方的马克"。作为东部的标志，它促成了一个公国的诞生，这个公国最终控制了这个地区的全部地方。虽然，它有时也受到匈牙利人和土耳其人（维也纳最后一次被土耳其人包围发生于哈佛大学建立很久以后）的侵扰，这块小小的标志得到了强有力的保护和有效的管理，并进行高效治理。最先是巴本贝格家族，其后是哈布斯堡家族，我在前面提到过的瑞士朋友，他们总是以胜利者的姿态出现。后来，这个边境小国的统治者竟然把他们自己选为神圣罗马帝国的皇帝。它既不是罗马，也不神圣，更不是帝国，只是一个由所有讲德语的种族组成的松散联邦。他们这个称号一直延续到1806年拿破仑将其扔进垃圾堆里为止，因为他打算把皇冠戴在自己光秃的头上。

甚至在神圣的罗马帝国解散后，那些并无智慧却很固执的哈布斯堡家族竟想染指——最重要的举动——在德意志人的事务上插上一脚，最终在1866年，普鲁士把他们赶回自己的山里去了，并命令他们待在他们自己的土地上。

今天，这古老的"东方马克"已经降入七等国家行列，因内部的钩心斗角而四分五裂，美好的未来无望了。它多半是由山地组成，是瑞士阿尔卑斯山的延续，包括著名的蒂罗尔山的遗迹。根据《凡尔赛条约》，蒂罗尔山被交还给意大利，原因就是它们曾经在某个时候是古代罗马帝国的一部分。山区有两个比较重要的城市，一个是因斯布鲁克——古代通往意大利的道路跨过布伦纳山口后，在这里越过因河，那里的一切都保留着中世纪的样子。另一个是萨尔茨堡，这里是莫扎特的诞生地，也是欧洲最美丽的城市之一，今天它打算向世界展示一些音乐和戏剧表演来保持活力。

既不是这些大山，也不是北部的波希米亚高原，产生了任何有价值的东西。所谓的维也纳盆地也是如此。罗马人在那里建立了一个叫维也纳的小型军营。这是一个小型的移民村落，这个村庄臭名昭著。著名的哲学家皇帝马库斯·奥里利斯于公元180年的一次战争中死在这里，他一生中与北部的日耳曼平原的蛮族进行了许多次战争。这个村落直到10世纪后期才发展起来，那时，中世纪的移民大潮，也叫十字军，使它成为一个出发点，所有想通过多瑙河到达"希望之乡"的人都从这里出发。这些人不想把自己托付给热那亚和威尼斯的骗子船主们。

1726 年，维也纳成为哈布斯堡家族的驻地，也是他们广阔领地的中心，其领地最终包括了在前面列举的山脉间的所有土地。1485 年，匈牙利人占领了该城。1683 年土耳其人再度围攻该城。维也纳从所有的灾难中幸存了下来，但是在 18 世纪初，却四分五裂了，这是由于一项错误的政策造成的，它把君主国每一个重要的职位都给日耳曼裔贵族管理，权力太多对人民来说是灾难，温和的奥地利骑士也不例外。他们不再温和，而变得软弱可欺。

在这古老的多瑙河君主国，47% 的人是斯拉夫血统，只有 25% 的人是日耳曼人，其余的是匈牙利人（19%）、罗马尼亚人（7%）、大约 60 万意大利人（1.5%）和 10 万吉卜赛人。这些吉卜赛人紧密依附着匈牙利，因为在匈牙利，他们多少像个体面的公民。

日耳曼"主人"显然未能接受一些教训，而欧洲其他地方的人正在慢慢地把这些教训谨记于心。君主国和贵族只有承担起领导的责任来才能够生存下去。当他们谈论"服务"而不是谈论"领导"之时，就是他们灭亡之日。在拿破仑挑起的战争中，奥地利军队屡战屡败后，维也纳的人民义愤填膺，痛恨他们高贵的领导人，实际上把他们赶出了维也纳，回到他们乡下的居所。他们在那里过上了与世隔绝的单调生活。

从那时起，地理帮助了这座城市。随着贵族的离去，商人和制造商终于多了起来。从古代的防御工事（数量极大，把出售这些地方的收入用于城市的各种发展）中解脱出来后，维也纳迅速发展成欧洲东部最重要的商业、科学和艺术中心。

第一次世界大战突然让它的富裕与荣耀在一日之内终结。这个称作奥地利的国家很难回到几年前那个帝国，完全没有什么相似之处。它前途渺茫，徒有国家的虚名。法国拒绝让它并入德国，彻底毁掉了它的前途。

它也许应该被公开售卖，但是谁会买呢？

第十七章

丹 麦

与其他国家相比，丹麦只是一个小国（只有大约350万人口，其中75万住在首都），按照现代国家的概念，如果在人类事物中数量比质量更重要的话，我们可以不涉及它。但是，作为一个利用智慧与理智相结合去化废为宝的榜样，丹麦以及其他斯堪的纳维亚国家，都值得进行专门的夸耀。

丹麦的面积虽然只有1.6万平方英里，而且缺乏自然资源，但陆军、海军、矿藏（全国没有一个地方高度超过600英尺，还没有纽约帝国大厦的一半高）综合起来，却能与数十个面积更大、人口众多、具有军国主义野心的国家匹敌。如果有必要，我会提及这些国家的。丹麦人民完全通过自己的努力，把文盲的比率降至零。它是欧洲人均财富排名第二的国家——世界上其他地区就是这样认为的，它实际上消除了富有和贫困，建立了一种平均的适度富裕的平衡机制，这种机制是任何地方都无可比拟的。

只要看一下地图就可以了解到，丹麦是由一个半岛和一些不相连的岛屿组成的。岛屿都被宽阔的海峡隔开，海峡上有火车来来往往，气候极其不好。整个冬季，猛烈的东风容易吹过平地，带来阵阵冷雨，迫使丹麦人有大部分的时间是待在室内的。在这方面荷兰与丹麦有许多相似之处。丹麦人非常喜欢看书，这种气候在其中功不可没。因此，他们是见识特别广博的人群，人均藏书量要多于其他国家的人。

同时，雨和风保持了牧场的湿润，使牧草茂盛，牛群肥壮，结果，丹麦一国就向世界供应了30%的黄油。在许多国家，土地为多数富人和不劳而作的地主所有。本质上民主的（社会和经济方面，政治方面不是这样）丹麦人，从不鼓励向拥有大量地产方面发展，而在其他国家都面临这样的问题。

丹麦现有15万个独立的农民，他们管理着小农场，农场一般拥有土地10至100英亩不等，只有2万个农场土地超过100英亩。供出口的奶产品完全按照最现代化、最科学的方法生产加工，这些方法由乡间农业学校教授，农业学校只是全国中学义务教育体制的延续。黄油生产过程中产生的副产品——乳酪，则用于喂猪，回报就是猪肉可以加工成咸肉供应英国市场。

黄油和咸肉的出口贸易要比种植粮食获利更多，所以丹麦人被迫进口粮食。这样做既方便又便宜，因为从哥本哈根到但泽，船只要航行两天，而但泽是波兰和立陶宛这两个大粮仓的传统出口港。部分谷物用于家禽饲养业，然后丹麦每年要向英伦各岛输送数百万个鸡蛋。不知道是什么神秘的东西在作怪，英国从未种植出比布鲁塞尔（甘蓝）更为美味可口的东西。

为了保持畜牧产品近似垄断的地位，丹麦对出口的所有东西都采取了最严厉的宏观管制，因此，为自己树立起了绝对美好的声誉，他们的商标被看作是值得信赖的品质保证。

像一切有条顿血统的民族一样，丹麦人是不可救药的赌徒。近几年，他们在银行的风险投资和股票的投机中已经花去了相当大的一笔钱。银行倒闭后，孩子还在，牛和猪还在，现在他们又开始工作了。他们唯一害怕的问题是他们的邻居中破产的现象迅速增多，火腿煎蛋这样简单的饭菜也成了可望不可即的奢侈品。

丹麦的大陆上没有什么重要的城市。在日德兰（一个古老半岛的名字，来自英国的早期移民就是从这里过来的）西海岸有一个叫埃斯比约的城市。这是大多数畜牧产品的主要出口港。在东海岸有奥胡斯，它是这一地区历史最悠久的基督教中心之一，然而那里的人民在发现美洲大陆4个世纪前一直信仰英勇的异教之神（北欧神话中的最高之神）。

小贝尔特海峡（我相信他们现在计划在上面修一座桥）把日德兰半岛同波罗的海中的最大岛屿菲英岛分了开来。在菲英岛的中部有欧登塞市（纪念奥丁神的圣地），安徒生就诞生在这里。他是一个贫穷多病的制鞋匠的儿子，却成了对人类有巨大贡献的人。

我们穿过大贝尔特海峡，到达西兰岛——古代丹麦帝国的心脏。这里有一处宽阔的海湾，首都的菜园子阿迈厄小岛阻挡了波罗的海汹涌的波涛，美丽的哥本哈根就坐落在海湾边上，被称作中世纪的"商人之港"。

在第九、第十世纪时，丹麦人统治了包括英格兰、挪威和瑞典的一部分的时候，哥本哈根不过是一个小渔村，而距离15英里的罗斯基勒是皇家居住地，控制着那些遥远的辖区。今天，罗斯基勒没有多少重要性了，而哥本哈根面积不断扩大，重要性不断增强。现在，容纳着全国五分之一的人口。

哥本哈根是皇家的所在地。当国王出去游泳，或垂钓，或买盒香烟，一些身着非常合体的军装的警卫人员就会亮出武器。但是其他时候你看不到任何军队游行活动。丹麦在过去的岁月里经历了艰苦卓绝的战斗，最近的一次战争发生在1894年，在那次战争中它坚持了相当长时间，反抗普鲁士的侵略。它自愿解散了陆军和海军，代之以一支小型警察部队，来确保其中立地位能在今后欧洲爆发大规模冲突时延续下去。

这就是我要介绍的关于丹麦的全部。这个国家在平静地走自己的路，皇家成员十分低调，以免被敏感的报纸曝光。没有人拥有三件大衣，也没有人外出时没有大衣。拥有汽车的比例比较低，但每一个男人、妇女和孩子至少有两辆自行车。在午餐前，如果你穿过丹麦某个城市的马路时，就可以感觉到这一点。

在一个崇尚"大"观念的世界里，丹麦可以说难以扮演主角。在一个崇尚"伟大"这个概念的世界里，丹麦可以占据极为重要的地位，如果极大多数的人民的最大幸福是所有政府应该追求的终极目标，它能够作为一个独立的国家继续存在下去，这就足够了。

第 十 八 章

斯堪的纳维亚半岛

中世纪有一个美丽的传说，描述了斯堪的纳维亚是如何变成现在这个样子的：在上帝做完了创世工作之后，魔王撒旦对此并不放心，回来看上帝在那漫长的七天里做了什么。当他看到我们这个星球上首次出现了生机盎然、朝气蓬勃的景象时，按捺不住了，大发雷霆。他随手把一块大石头扔向这个人类新的居住地，这块顽石落在北冰洋旁，于是就出现了现在的斯堪的纳维亚半岛。这儿是那么荒凉，好像完全不能居住。然而，上帝在完成创造其他大陆以后，并没有遗忘这个不毛之地。在从挪威到瑞典的崇山峻岭之中，撒下一点沃土，进行些点缀。人在这样贫瘠的土地上是没有希望活下去的，于是人们对为什么这两个国家大部分地区经常有洞穴巨人、土地神和狼人们出没表示理解，并理所当然地认为这就是他们的乐园。

现代人也有他们自己的美丽的传说，不过，那些故事是科学的。他用自己眼睛所观察到的事实做根据，得出结论，经过分析后建立在科学基础上。根据地质学家们的理论，斯堪的纳维亚半岛不过是一个非常巨大也非常古老的大陆的残余，这个大陆存在于远在煤炭形成以前的时期，它从欧洲跨过北冰洋一直延伸到美洲。

我们当然知道，地球上现在分布在各处的陆地，其形成的年代并不太远——各大洲似乎像水池上的叶子在不断移动，就像池塘里漂浮的树叶。现在被海洋分隔开的各大陆，远古时期曾是连接在一起的一整块。当挪威和瑞典曾属于其一部分的那个古老而庞大的大陆消失在海洋之中时，只有最东部的边沿，即斯堪的纳维亚山脊，还留在水面上，于是也形成了冰岛、法罗群岛、设得兰群岛、苏格兰岛，其余部分就沉睡在北冰洋海底。或许某一天，地球上的角色颠倒过来，北冰洋就会变成干燥的陆地，而瑞典和挪威则成了大鲸和小鱼的世界。

　　挪威人并没有因为他们的家园受到这种情况的威胁而夜不能寐，他们在为另一件事担忧，那就是如何保持现在的生存状态。当他们了解到，挪威能用于农耕的土地只有4000平方英里，不到国土总面积的四分之一时，绝对没有一个人能笑得出声来。瑞典的情况略好点，但也并非完全没有隐患。

　　当然，上帝也给了他们一些补偿，瑞典土地面积的一半有森林覆盖。而挪威的总面积有四分之一覆盖着松树和枞树。这些森林正被慢慢地砍伐着，当然，发展林业绝不能让土地荒芜，因为挪威人和瑞典人都知道，在他们的国家从事普通农业不会有任何好处。砍伐林木是采用最科学的方法进行的。这不便从事更好的农业。

　　这一过失是冰河时期造成的。当时整个半岛，从北角一直到林登斯纳全部被冰雪覆盖，冰川把泥土从岩坡上刮了下来，就像一只猎狗舔过的盘子那样干净彻底，不仅把山上好不容易积累的一点泥土刮掉（要制造足够的泥土覆盖那么广袤的土地，需要好几百万年），而且把它们带走并沉积在欧洲北端的大平原上，对这一点我已在介绍德国的那一章中说得很详细。

　　谁要是对4000年前欧洲所发生的那次野蛮人大举入侵进行探

索的话，必须了解这种情况。欧洲人跨过波罗的海，发现斯堪的纳维亚仅仅居住着少数几个芬兰的游牧部族，必须把他们赶回到拉普兰北部的堡垒。

然而，芬兰人是被赶走了，但新来者如何生存呢？

有几种方法。第一，他们可外出捕鱼。冰河时期融化的雪水，从高山流向大洋时，在沿途岩石上掘出深槽，形成无数峡湾，如果把挪威的海岸线绘成一条直线，就像荷兰和丹麦的海岸线那样，这无数的海湾所形成的海岸线比那条直线要长出 6 倍。挪威人至今对捕鱼乐此不疲，墨西哥湾暖流对此大有裨益。挪威所有的海港，即使是最北的汉默费斯特港，一年四季都不会封冻了。靠近冰冷、干净的北冰洋水域边缘的罗弗敦群岛，岛上的凹角和裂缝似乎是供鳕鱼快速繁殖的场所，仅这儿就能为 10 多万名渔民提供工作的机会。当拖网渔船回到海岸时，几乎还有同样多的人把拖捞船打上岸的鱼虾做成罐头。

第二，如果他们不想捕鱼，还可以当海盗。沿着整个挪威海峡有一长串大大小小的岛屿，它们共占了国家面积的 7%，岛屿之间被无数的峡沟、沙丘、海湾隔离。如果汽船从斯塔万格到瓦尔多，那么船上必须有两个领港员轮换值班，六小时一换。

在中世纪，挪威一带水域还没有航标、浮标和灯塔（林德斯内灯塔是挪威海岸最古老的灯塔，可就连它的建立时间也不长），所以，外来者很难进入这个危险海岸的 12 海里以内。虽然从马尔斯托姆到罗弗敦群岛之间那个著名的传说被有意夸大了，然而，就是有经验的船长，如果没有六七位当地人引路，也不敢冒昧地闯那个水上迷宫。于是那些海盗利用他们熟悉的海湾作为他们行动的基地，只要在他们家乡看得见的范围之内，他们就充分利用自然优势，肆无忌惮地进行抢掠。他们改进了船只，改进了战术，后来甚至可以冒险远征英格兰、爱尔兰和荷兰了。

他们一旦发现出入附近这些地方的路非常方便，就逐渐延长航线，一直到了法国、英国、意大利，甚至君士坦丁堡，这些地方的商人不管什么时候从什么地方返回，都报告说在附近的海域看到有北欧海盗的龙骨船出没。

他们在 9 世纪初掳掠巴黎就不下三次。他们顺莱茵河而上深入到内地科隆，甚至到了美因茨。至于英格兰，不同的挪威部族为了争夺这个国家的领地打得不可开交，就跟今天的欧洲各国为了一片特别可爱的石油产地而挑起战争一样。

大约在这个时期，冰岛被发现了，这是挪威人首次发现斯拉夫民族的国家，他们让自己做了差不多 7 个世纪的统治者。后来，一个由 200 艘船组成的掠夺探险队（只要有必要，小船可以抬着从陆路走）从波罗的海直到黑海，这在君士坦丁堡引起极大的震惊，以至东罗马帝国的皇帝急急忙忙地雇佣这些野蛮人，让他们成了他的一种特殊的贴身侍卫。

海盗们从西进入地中海后，分别在西西里岛以及西班牙、意大利和非洲沿岸建立统治，并在世界其他地区进行的战争中，不停地向罗马教皇交纳最有价值的东西。

可斯堪的纳维亚往日的荣华现在怎么样了？

今天，所有这一切都仍然使这个小小的王国被尊重。这个国家为了发展对外贸易，还在捕捞并出口大量的鱼。他们为了人们究竟讲哪种语言而进行痛苦的政治争吵——如果挪威当局没有那致命的习惯，每隔两三年就改变一次那些重要城市和火车站的名字的话，这类争吵总体来说绝对不会引起世界上的注意。

阿拉斯加的面积是 59 万平方英里，而人口只有 5 万；挪威、瑞典和芬兰的面积只有 43 万平方英里，可人口却多达 1200 万。

说到挪威的那些城市，它们多数只不过是原来村庄的扩大而已。在那里，每家的狗都跟他人的狗熟悉。特隆赫姆是古挪威王国的首都（以前叫尼达罗斯，后来称特隆杰姆），这是个天然良港，一旦波罗的海封冻，特隆赫姆就成了向世界各地大量出口瑞典木材的港口。

现在的首都奥斯陆是在挪威被烧毁的最古老的定居点的废墟附近建造的。它建于丹麦克里斯琴四世时期，因此被称作克里斯蒂安，直到挪威人决定清除所有丹麦人在语言上留给他们的痕迹时才改成现在的名字。奥斯陆处于其渡口顶端，那是挪威最富裕的农业地区。奥斯陆渡口通向宽阔的斯卡格拉克海湾。它把挪威与丹麦分隔开来。

像斯塔万格、阿尔桑德和克里斯蒂安桑这些城市，只有在9点钟轮船汽笛拉响之后才显示出活力。卑尔根，这个汉莎最老的居住地，一度是承担整个挪威沿岸商业需要的城市，现在有铁路与首都奥斯陆相连。特隆赫姆也有铁路支线通向瑞典的波罗的海沿岸。再往北，接近北冰洋，是纳尔维克市，它为瑞典的拉普兰运送铁矿石。在特罗姆塞和哈默费斯特两个城市，人们可以随时随地嗅到鱼腥味。这些城市出现在这里，是因为我很少在纬度70度发现人类能过上舒适生活的地点。

这是一块令人奇怪的土地，一块让人饱受艰苦的土地。这块土地曾迫使它无数的儿女背井离乡，下海外出，尽最大努力改变自己的境遇。然而，不知什么原因，他们中的许多人都努力保持对故土的爱与忠诚。如果有机会，你可以找时间坐船去北方旅游，所到之处、所见所闻几乎都一模一样，坚硬的土壤上长着几棵小草，还不够一只羊吃的，偶尔看见被上帝遗失的小村庄有五六间农舍和几只东倒西歪的小船。汽船一个礼拜才来一次。每当居民们再次看到它出现时，总要激动得热泪盈眶——因为这是故土，因为这是他们的家乡，因为这是他们血肉相连的地方。

在博德或瓦尔德等地方——那是些非常奇怪的地方，乘汽船走十来天都不见任何人影。

当巨大的北冰洋高原消失在波涛滚滚的大西洋底，瑞典依然留在斯堪的纳维亚山脉的另一边，这是一个与挪威截然不同的国家。人们不时发出这样的疑问：这两个国家为什么不合而为一呢？如果合并成一个国家，在行政支出上可能省下一大笔钱。从纸上看，这样的安排似乎非常可行，但是两者的地理背景却让这想法落了空。挪威因受墨西哥湾流的影响，气候温暖，雨水充沛，并且很少下雪；瑞典是大陆性气候，冬夜茫茫，多雪并寒冷；挪威多深湾，有的甚至伸至腹地；瑞典海岸低平，除哥德堡港口有点名气外，几乎没有其他像样的天然良港。挪威没有自己的矿藏，可瑞典却有某些全世界最宝贵的矿藏，如鲸鱼家族里的最名贵的逆戟鲸。令人遗憾的是，由于没有煤矿，瑞典不得不大量从德国和法国进口，但在过去的20年里，瑞典努力建造了许多重要的水力发电厂，使其减少了对煤炭的依赖。与此同时，这个王国的大部分地区都被森林覆盖。木材储藏量非常丰富，让它办起了巨大的火柴托拉斯，还有名闻遐迩的造纸厂。

与丹麦和挪威一样，瑞典人对于人类智慧的潜力有着无穷的信任。瑞典的科学家充分发挥了他们的创造力，他们的化学家在发展木材工业时，从准备扔掉的废木料中，发现并生产了大量的副产品，如电影胶片和人造丝。由于高山正好把斯堪的纳维亚半岛分成两半，瑞典又恰好处在寒冷的那一边，尽管其气候条件如此恶劣，但瑞典的农业远比挪威要发达得多。瑞典的冬天不仅长，而且天气极冷，也许那也是它的老百姓喜欢花的原因。冬天那么冷而漫长，每个瑞典人的家庭都用鲜花和绿色灌木装点，以便保持色彩。

瑞典在许多其他方面也与挪威完全不同。在挪威，古代的封建制度是随着中世纪末期那恐怖的瘟疫黑死病一起结束的。这种中世纪流行的可怕的瘟疫，使得挪威人的野心和向外劫掠活动突然停止了下来。而与此同时，瑞典却相反，大规模占有土地的利益继续存在，有些贵族占有的土地甚至保留至今。虽然瑞典现在由社会党所统治（就像欧洲其他的多数国家一样），斯德哥尔摩仍然是一个以贵族为背景的城市，这既严格保持了宫庭那种彬彬有礼的行事方式，又实行最高程度的民主。这与奥斯陆和哥本哈根的生活方式形成了鲜明的对比。

或许这些演变也是与瑞典稀奇古怪的地形地貌有着直接的关系。因为虽然挪威面对着大西洋，瑞典从根本上看面对的却是内陆海。它发达的经济与悠久的历史是与波罗的海紧密相关的。

只要斯堪的纳维亚仍然是个不太适合人类居住的荒凉之地，诺尔斯人就没有多少选择余地。对外界来说，他们都是斯堪的纳维亚人，正如那句有名的古祈祷文所说："慈悲的主呀，把我们从这众多的斯堪的纳维亚人中解救出来吧！"然而，祈祷文就没有特别说明究竟是哪种斯堪的纳维亚人应该被救出来。

自从 10 世纪后，情况出现转机，那时北面的瑞亚兰地方的瑞典人和南面的哥特人（或者叫哥塔兰人，首都在马达尔湖上，地点就在现代的首都斯德哥尔摩）之间爆发了大规模的激烈的内战。这两个部族有非常亲近的关系，他们在离得很近的神殿里祭祀上帝，他们的圣城就是现在乌普萨拉城崛起的地方，这是北欧最古老最重要的大学城。这次持续了 200 多年的战争，大大地加强了贵族的地位，同时削弱了王权。也就在这个时期，基督教打开了进入斯堪的纳维亚半岛的大门，牧师和修道院等宗教势力都站在贵族一方。终于，瑞典国王变得非常软弱，只好承认了丹麦的主权，时间长达一个半世纪。

那时欧洲几乎忘记了瑞典的存在，直到 1520 年西方世界被一次最恐怖和最不可原谅的谋杀事件感到震惊时，才想起有瑞典这个国家。这次谋杀是历史的污点，这一年，统治瑞典的丹麦国王克里斯蒂安二世，邀请所有瑞典贵族的领袖参加一个盛大的宴会，丹麦国王希望在这次宴会上与他所爱的贵族产生的一切困难都可以彻底解决。宴会结束时，刚才还是座上宾的瑞典贵族突然又都成了阶下囚，他们不是被砍头就是被扔进河里淹死，而只有最重要的一个人幸免于难，他就是古斯塔夫，一个叫埃里克·瓦萨的人的儿子。瓦萨几年前也被克里斯蒂安国王下令砍头了。古斯塔夫那时在德国藏身，当他听到大屠杀的消息后，潜回家乡，组织那些足智多谋的仆人进行反抗，终于迫使丹麦人退回到他们自己的领地，于是他就给自己加冕，做了瑞典的国王。

这是瑞典在国内外进行各种特殊冒险活动的开始，那时不但把这片贫穷的小国变成了欧洲新教事业的捍卫者，而且把瑞典变成了抵御日益严重的斯拉夫人入侵的最后壁垒。因为俄国在湮没了数世纪后，终于走上了战争扩张的道路，为了寻找出海口，时至今日，这些活动仍未停止。

瑞典显然是受到这种威胁的主要国家，因此在其后来的整整200年里，它把所有的精力都集中在如何拒俄国于波罗的海的国门之外。当然，瑞典人注定是要失败的——丧失了大片国土，战争耗尽了它的国库，它对俄罗斯的抵抗也仅仅是将其一马平川似的挺进延缓了几年而已。当一切重归平静之时，曾称雄于波罗的海沿岸的大部分地区，统治芬兰和英格门兰（即现在的列宁格勒）、爱沙尼亚、利文兰和波美拉尼亚等地的瑞典，被削弱成一个二流国家，面积只有17300平方英里（比亚利桑那州大，比得克萨斯州大），人口比纽约市还略少一些（瑞典的人口是6141671人，而纽约市的人口是6930446人）。

森林覆盖了这里一半的国土，其木材能满足欧洲大陆市场一半以上的需求。人们在冬天把树木砍倒，任其四处堆放，来年春天再拖过雪地，送到最近的河边，推到山谷底。夏季到来，内地山上的冰雪融化，形成的激流把圆木冲到下游的河湾。

瑞典有些河流至今仍起着此种运输的作用，而且还为锯木厂提供某种动力。锯木厂收集起冲来的木料，加工成人们需要的东西——从火柴杆到 4 英寸厚的木板。在波罗的海解冻后，木柴可以通过轮船直达西海岸的任何港口，迄今成本还很低。除去伐木、锯木工人的工资外，再就是轮船的运输费了，在不太看重时间的地方，轮船继续为我们提供最廉价的运输形式。

运木材的船往返都能装货，返回时必须捎带点什么，不会轻易空船。当然，回程不可能满载而归，瑞典进口的东西多数是按计划进行的。

这个办法也适用于铁矿的处理。瑞典的铁矿，质地很出色，以至于虽然许多国家自己有丰富的矿藏，但也大量从瑞典进口。瑞典的国土没有一处宽过 250 英里，抵达海边真是易如反掌。在瑞典北部靠近吉路纳和盖利法拉的地方，有无穷的铁矿。那些貌不惊人的山丘，好像是谁把大量铁矿石专门垒在那似的。它们究竟是如何形成的，似乎是大自然的一个谜。夏天，这里的矿石被运到波的尼亚湾的吕欧勒（波罗的海北部港口）。冬季路利亚封冻，只好运到挪威的纳威克，那地方因为有墨西哥湾暖流，一年四季都不封冻。

离这些铁矿不远处是瑞典的最高峰——克布内凯塞（差不多7000 英尺高）。那里还有一座欧洲最重要的发电站。尽管发电站坐落在北极圈内，但电的能量似乎并不受地球纬度的影响，它源源不断地为铁路和露天机械设备提供动力，费用很低。

由于冰河时期从北部刮走的土壤，有部分落在了瑞典南部，这也因此成了斯堪的纳维亚半岛最富有、人口最密集的地区。该地湖泊星罗棋布，事实上瑞典也和芬兰一样，是世界上湖泊最多的国家之一，它被 14000 平方英里的湖水覆盖。瑞典人又用运河把湖泊连接起来，这为很多地区提供了便利的交通条件。这不仅给诺尔彻平工业中心带来极大好处，也使港口城市哥德堡、马尔默受益匪浅。

世界上有的国家完全受大自然的支配，终于成了它卑贱的奴隶，也有一些国家对大自然破坏得过分严重，以至于与这个伟大并赖以生存的母亲失去协调，这种情况多数是在开头和结束的时候。最后，在有些国家，人和自然学会了彼此欣赏，同意为双方的利益而妥协。如果你想找个这方面的成功例子，年轻人，请到北方去看看，就去看看斯堪的纳维亚半岛北部的这三个国家吧。

第十九章

英　国

　　地图上没有标明恐龙的分布，只有化石能讲述它的故事，故事全在那里。火山爆发时岩浆猛地覆盖住地表层，在接近地球表面的地方冷却而成。山崩地裂时的压力把它们的身躯印在花岗岩上。沉积岩是在湖泊和海洋沿岸的底上缓慢沉淀成的，由石灰石及黏土形成的板岩、大理石等变质岩上都有它们的遗骨。在地球深处沉积岩上的恐龙化石由于化学稀有元素的作用，变成更有价值的物质。

　　它们待在那里，乱七八糟地堆在一起，就像龙卷风肆虐后堆在屋里的家具。它们的存在为我们提供了一个丰富有趣的地质博物馆，这也说明了一个事实：为世界培养出了众多地质学家的英格兰人，他们平时打野兔子的热情远比搜集地质科学资料要来劲得多。

　　从另一方面说，正因为英格兰有许多著名的地质学家，我们对英格兰所知道的才比对其他任何国家都多。当然，其可信程度是另外一回事。游泳冠军通常是出自水乡，可在卡拉哈里沙漠中心偶然也会发现几个。

　　地质学存在那里，地质学家坐在那里，关于他们出生的那片土地的起源，他们彼此告知的是什么呢？

努力忘记你今天看见的欧洲地图吧，在你的脑海里想象一个新的世界：那是一个刚从海里冒出来的新世界。大地在摇晃，因为爆炸而裂成了若干块，就像纽约市区的下水道爆裂崩坏的路面那样一片混乱。在泥浆、石块、冰雪的挤压之下，另一个庞大苍茫的陆地正从海底露出水面。与此同时，大自然实验室的强力耐心地继续活动着。从大洋深处，由东向西，连绵不断地吹来的狂风，携带着几十亿吨水蒸气，反复地喷洒，到处云雾缭绕，慢慢地，长出的青草和各种蕨类植物，犹如一条宽大的毯子，把地表覆盖得严严实实，日久天长，它们长成了郁郁葱葱的灌木。日日夜夜，年复一年，时而暴雨滂沱，时而强光猛烈，狂风不停地抽打，大地被磨碾，像各种利器在折腾它，一会儿是锉，一会儿是刮，一会儿是蹭，它终于变得枯萎，被磨得粉碎，冰雪融化了。突然，那缓慢无情的死亡的墙壁呻吟着从最高的山顶最陡的崖上探出头来，然后沿着宽阔的峡谷沉重地冲了下来，呼啦啦一声沉重地倒在下面宽阔峡谷的斜面上，悬崖的碎石和冰块塞满了山峡和狭窄的深谷。

阳光照射，大雨浇灌，冰雪侵袭，风吹日晒，斗转星移，当人终于出现时，这就是他所面对的世界——凶猛的洪水冲刷着山谷，把一条狭长的土地从世界的其他部分割裂开来，从这里通过北冰洋可直达比斯开湾。它与另一个正在隆隆升起的大陆也被一个变化无常的波涛滚滚的大洋所隔离，大洋深处，有几个缓慢升起的石头小岛，更像是海鸥的栖息地，而不是人类的居住处。

那就是英格兰岛模模糊糊形成的过程，一个非常非常模糊的过程。现在让我们再回过头来仔细看看现代的地图，瞧瞧能发现什么。

从设得兰群岛到地角之间的距离，与从哈得逊湾到南阿拉斯加和美国北部边界的距离相差无几，或者，用便于一般欧洲人理解的话说，与从挪威的奥斯陆到波希米亚的布拉格的距离相等。英国共有4500万人口，是世界上人口最密集的国家之一，所处的纬度和堪察加半岛面对阿拉斯加那一部分的纬度大致相同，都在北纬50度到60度的地区。可是，堪察加岛上只有7000居民，完全靠吃鱼才勉强不被饿死。

英国的东部濒临北海，北海事实上只是古时的一个洼地，逐渐灌满了水，什么也没有。当你再次瞥一下地图，就不是三言两语能说清楚的。英国的正东方是法国，然后我们看见一个好像横在路上的沟一样的东西，那就是英吉利海峡和北海。在英格兰平原的中部最深处是伦敦城，然后是威尔士的高山，再过去是另一低洼处，即爱尔兰海，还有爱尔兰中心平原、爱尔兰山丘。往西走，还有几块寂寞的岩石，脑袋探出在浅海面上，最终端是圣基尔达岛（是无人居住的小岛，一年前要想登上此岛还太困难）。此时地势突然下降，一直下降，一直下降，这里已确确实实是大洋了，水面直到欧洲、亚洲，辽阔的欧亚大陆在这里结束了，有的全淹没，有的半淹没。

说到英国四周的海、海湾和海峡，我最好讲得详细些。其实我本来不想说这些复杂的地名，因为太多了。我在这一章讲了，可能下一章你再见到还是会忘记，但是这块土地我非讲不可，因为这奇怪的小岛对我们这个星球上的每个男人、女人和孩子的生活都有影响，时间至少4个世纪，而且不是偶然现象，这并不仅仅是个机遇或种族优越的问题。毋庸置疑，英国人充分抓住一切机会，当他们经营这个可爱的海岛并在随后管理东半球大多数土地时，大自然也已经给了他们巨大的优势。如果你想知道那是什么意思，不妨想想可怜的澳大利亚，那里四周是浩瀚无垠的大海，可以天马行空，独往独来，但没有伙伴，也没法从别人那里得到新的知识。英国所处的地理位置，就如蜘蛛网里的蜘蛛，之所以这么说，是因为从这到地球上任何地方其距离几乎都相等，但是它不像蜘蛛。它有一个方便的盐水壕堑保卫，不怕别人进攻。

当然，只要地中海仍然是人类文明的中心，这个蜘蛛网似的特殊地理位置就没有什么特殊的章义。一直到15世纪末，它只是个相当偏远的小岛，在人们心目中也就和今天的冰岛一样。"你去过冰岛吗？""还没有，我有个叔叔曾去过那里，是个好地方——很有趣的海岛——可惜太遥远了点，乘船要五天才能到达。"

公元1000年前，英国的实际情况是，十天总有三四天要在海上漂泊——请记住，坐那时的罗马大帆船要比现在坐从雷司到雷克亚未克的700吨的汽船难受多了。

然而，他们对外部文明的了解渐渐多了，当时他们住在嵌进地下几尺，被矮土墙包围的小圆茅屋里，仅在地上挖个坑，四周是低矮的泥巴墙。他们被罗马人征服了，被管教得服服帖帖。罗马人断定他们就像北部高卢地区的凯尔特人一样，同属于非常原始、相当老实的种族，因为他们对应享有的"权利"从不讨价还价。何况，那些人对自己所占有的土地是否有所有权也成问题，因为几乎可以肯定他们也是刚来不久，他们那土地也是从更老的入侵民族那里接手来的，这种野蛮人对外部知之甚少，在世界东西部最偏僻的地区都能看到。

据估算，罗马人占领英国的时间不少于400年，几乎与白人占领美洲并统治美洲的时间一样长。突然，几乎是突然间，罗马人完蛋了。几乎有500年，罗马人一直在抵挡饥饿的条顿民族进入他们的欧洲领地，一场洪水突然来袭，席卷了欧洲南部，摧毁了罗马人的防御工事，罗马人急忙召回驻外军队，直到多年后，罗马帝国才承认当年自己在这件事上失败了，并且流亡国外。当时，野蛮人住在苏格兰的山岭之中，因此罗马只有少数的几个军团留下，保卫被野蛮人侵略的英国平原东部高墙，另外还有些碉堡是保卫威尔士边界的。

但是，有一天，定期供应船没有跨海到来，这说明高卢人被敌人打败了。从那时起，住在英格兰的罗马人就断绝了和祖国的联系，再也没有恢复。不久之后沿岸城市又传来消息：在亨伯河和泰晤士河入海口可看到外国船只，在达勒姆、约克、诺福克、萨福罗克和埃塞克斯附近的村庄遭到攻击和抢劫，罗马人想都未曾想过在其东部沿海设防，因为没有必要。但是，现在出现了一种神秘的压力（不知道是饥饿还是闯荡天下的打算，或者因为后方出现了敌人，目前我们已无法知道），条顿人长驱直入，他们越过多瑙河，跨过阿尔卑斯山，而萨克逊海盗也从丹麦和霍尔斯坦径直来到了不列颠海岸。

罗马的执政官、卫戍部队、妇女和儿童都住在漂亮舒适的小别墅里，我们现在仍能看见它们的遗址，但别墅的原貌已经消失了——声不响地神秘地消失了，就跟当年在弗吉尼亚州和缅因州海岸定居的白人一样。他们消失得无影无踪，有些是被他们的仆人们杀掉了，至少有一群人没有乘上最后一趟船回家的"殖民地居民"受到突然袭击。他们的女人与当地心地善良的人结了婚——这对一个骄傲的种族征服者来说，其结局是很可悲的。

于是骚乱发生了——苏格兰和卡里东尼亚来的一群群砍柴人卖命地砍杀着他们的凯尔特邻居。然而，在这样悲痛的气氛里他们犯了一个大错误——寻找替他们杀人的人，最终结束了这次大屠杀："我们到什么地方去找些大力士，雇他们来给我们打仗吧。"强人们来自艾德和易北河之间的平原和沼泽地里，他们属于一个叫萨克逊的部族，对其祖先我们一无所知，因为德国北部到处都是萨克逊人。

他们是怎么跟盎格鲁人混为一谈的，很可能又是一个我们永远无法回答的问题。盎格鲁—萨克逊这个词首次出现是在他们进入英国舞台数百年后。盎格鲁—萨克逊这个词现在成了一个口号，有唤起人的斗志的意思：盎格鲁—萨克逊血统，盎格鲁—萨克逊传统。行了，下个故事还要动人，因此只要让人高兴，让他们觉得自己高人一等就好，能有什么不好呢？但是，历史必须遗憾地声明，盎格鲁作为一个种族是古代以色列王国一个失散部落的支族——他们经常在编辑的历史记事中提及此事，但谁也无法考证。至于萨克逊人，他们的票面价值跟北欧部落的移民差不多——30年前搭远洋轮船还坐统舱。他们是强壮的，他们干活、打架、游戏和抢杀时都精力充沛。在500年里，他们把自己的语言强加给了当地的凯尔特人，他们迫使可怜的凯尔特民族学习他们的语言，凯尔特人很快就将学来的几个拉丁字母忘记得一干二净，然后在条顿人形成另一次移民潮中，轮到他们被赶出家园了。

1066年，英格兰成了诺尔曼人的附属国，这是英伦群岛在不长时间内第三次易主。然而，这是小人得志，很快就被证明在英国这块殖民地上比他们自己的祖国法国更容易获得利润，于是诺尔曼人离开了大陆，在英格兰永远住下了。

英格兰人在法国的最终失败和财产损失对他们是另一种形式的幸福，他们终止了与大陆的联系，开始意识到大西洋的存在。虽然如此，如果亨利八世没有爱上一个叫作安妮·布琳的姑娘的话，英格兰也未必会在那时开始他们的海洋事业。安妮对亨利八世说，在通往她新的路上必须经过一座漂亮的教堂。那就意味着亨利八世必须与他法律上的妻子、布拉蒂·玛利的母亲离婚，这引起了英格兰和罗马之间在罗马对基督教世界的最高权力问题上的断然决裂。英国人必须学会统治及保卫自己，否则就要失去独立国家的地位，只能落到是西班牙一个省的地位。让人感到不可思议的是，这次离婚之争是迫使英国学会如何成为一个航海国家的真正原因，虽然这是阴差阳错造成的，但他们从此掌握了新的贸易方法，而得天独厚的地理位置又让他们完成了其他事项。

封建主们竭力制止国家放弃农业转向商业是很自然的，因为在他们被罗马人征服之前，已经被诺尔曼人统治了，封建思想根深蒂固。封建主义与资本主义之间从来就是不共戴天的仇人。中世纪的骑士是瞧不起商业的，认为那不值得自由人从事。在他们眼里，商人就跟小贩一样地位低下，因此可以使用，但是不许从大门进出。因此，生意大体是留给外国人去做的，主要是日耳曼人，是从北海和波罗的海来的人。著名的伊斯特利斯首次教给英国人一个概念：一个硬币所具有的绝对不容置疑的价值，那就是"伊斯特利斯镑"，即今天的英镑。犹太人被赶出了英格兰，而且竭力不让其进入，所以连莎士比亚对他笔下的犹太人夏洛克也是道听途说。沿海的小镇有时也有几个以外出捕鱼为生的，但在数个世纪中，整个国家主要是以农业为主。这个地方的自然条件也非常适合农业，特别是畜牧业，因为土地上的石头往往太多，不好种粮食，为牛羊提供饲料却还不错。

那时，一年的三分之二的时间在刮风（其余时间风也不少），大西洋的暖流使英国成天阴雨连绵，正如某人在一个冬天的部分时间因雨而被迫在伦敦度过，他会对此终生不忘一样。就如我在讲北欧国家时说的那样，今天的农业跟 1000 年前甚至 100 年前的农业都已经不同，不再绝对依靠大自然了。虽然现在我们不能呼风唤雨，但同时代的化学家乔叟和奎因·贝斯都认为，除了那些不可抗拒的自然灾难外，其他许多灾难都能克服。另外，这个岛的地质学结构对于东部的土地所有人是一种巨大的恩赐——英伦群岛的横断面像个汤盆，西高东低，正如前文提到的，这正好证明英国以前曾是一个非常古老的大陆的一部分，其东部是古老的群山，被水和风腐蚀掉了，而西部形成时间不长的山还在上升，这种增长在未来1000到1500万年内不会停止。这座新形成的山叫威尔士，这是原来凯尔特人坚守的最后几个要塞之一。那山在大西洋风暴到达东部低地之前，起着屏障的作用，减弱了它的威力。它们的作用非常有效，使暴风雨得到缓冲，从而使东部平原一直处于最理想的适宜种植谷物和畜牧饲养的地方。

汽船发明之后，我们已经可以向阿根廷或芝加哥订购粮食。为了便于从地球这一端把冻肉运送到那一端，采用了冷藏技术。没有一个能支付硬通货的国家仅依靠自己的农场和农田，就能养活自己的国民。但直到100年前，谁有粮食谁就仍然是世界的主人。任何时候，只要他们决定把贮藏粮食的大门关闭，数百万人将慢慢地饿死——因此，由南部的英吉利海峡、西部的塞文河（该河是威尔士和英格兰的分界线，流入英吉利海峡）、北部的哈姆伯河与莫塞河和东部的北海所环绕的辽阔平原，就成了古代英格兰最重要的地区，因为它生产的食物最多。

当然，我们现在所讲的平原，并非我们通常指的平原的概念，因为英格兰的中央大平原不像是美国的堪萨斯州那种平坦的大地，而是由起伏的土地构成。泰晤士河（215英里，几乎与315英里长的哈德逊河相差无几）流经平原的中部，发源于科特斯华德山地，以产牛羊著名，也以其中的巴斯城著名。甚至早在罗马人时代，那些征服英国的美食家就时常聚集到这里，一边洗钠、钙温泉，一边品尝厚厚的煮得嫩嫩的牛排和时鲜蔬菜，一边讨论修改统治国家的章程。

那时泰晤士河从奇尔顿山和白马山之间流过，给牛津大学的划艇实验提供了方便的流水，然后进入泰晤士下游河谷。那里一面是英吉利山的低矮丘陵，一面是北部的开阔高地。如果不是那个把北海和大西洋连接起来，由白垩石构成的多佛海峡把它吞噬了，说不定泰晤士河会一直流到法国。

世界上最大的城市伦敦就坐落在这条河上。与罗马和可以追溯到遥远古代的好些城市一样，伦敦城不是偶然出现的，也非统治者或某些个人的意志。它从出现并不断扩展到现在，纯粹是经济发展的结果。为了不使当时南来北往的英国人必须依靠那些臭名昭著的摆渡人，修建一座桥是必要的。伦敦就是在泰晤士河那无法通航又不太宽的地段上成长起来的，这是一座20世纪以前的工程师建起的让商人们从这边走到那边而不湿鞋的建筑。

罗马人离开后，英国发生过许多重要的变化，但是伦敦迟迟不变。而现在，它有了800万人口，比纽约多了足足100万。它的面积比古代最大的城市巴比伦要大5倍，比现在的巴黎大出4倍，这是因为伦敦的建筑物都很低的缘故。英国人坚持强调隐私，强调容许自己干自己的事，拒绝住在蜂窝里，于是，伦敦人都在水平线上来回活动，相反，我们美国公民有上下活动的倾向。

伦敦的心脏，即"伦敦城"，现在仅仅是个工作场所。1800年还有13万居民，以后已经减少到了不足1.4万。但是，英国有庞大的资金投在国外的企业，每天有近50万人来到这处理数十亿英镑的流动资产，监督管理那些从各殖民地运来的多得惊人的产品。那些产品就堆放在从塔桥直到伦敦桥外20英里的无数的仓库里。

由于泰晤士河必须永远通航，处理运输的唯一办法就是在沿河两岸建造码头和仓库。那些想知道国际商业真正含义是什么的人，只要到伦敦这些码头上看看就明白了。这会让那些美国人自叹弗如，因为纽约不过是个距离商业大道很远的一个乡下小城市，并不特别重要。但是，纽约的主要公路干线到码头货场是离得太远了点，不做点改革是不可能的。商业中心还应该再往西挪一挪。另外，伦敦在进行外贸技术知识上是最优秀的，而纽约仅仅刚开始学习贸易的基本知识。

我说的离题了，我们还得回到1500年的英格兰平原上。英格兰平原的整个南部边缘都是由山脉形成的。西面最远处是康沃尔，地质上给出的说法是法国不列坦尼的一部分，只是被英吉利海峡切断了。康沃尔山是个稀奇古怪的地方，直到200年前，那里的凯尔特人仍然保留着他们自己的语言，山上还有许多奇怪的石刻纪念碑，记载着有关布列塔尼人的故事，这证实如下一个事实：很久以前，这里整个地区的居民属于同一个种族。顺便说一句，康沃尔是一个从地中海来的水手首次发现英国的地方，当时地中海沿岸的腓尼基人为了寻找铅、锌、铜，曾往北航海走到锡利群岛（请记住，在铁器时代初期，这个民族曾相当活跃），在那里和大雾弥漫的陆地的野蛮人做生意。

这一地区最有名的城市是朴次茅斯，它是个军事基地，除了偶然来几艘大西洋轮船，运输吨位不大。康沃尔的对面是布里斯托海峡，这个多余的海湾在17世纪曾备受关注，因为从美洲返回的船长很容易把它错认为就是英吉利海峡，那里的逆流常常掀起40英尺高的恶浪把船弄翻。

布里斯托海湾的北部是威尔士山。那地方对谁都不重要，可是，当在它附近的盎格赛岛上发现了蕴藏的煤矿、铁矿和铜矿之后，那地区就变成了整个王国最富裕的工业区之一。卡迪夫，古罗马的一个碉堡，现在已经是全世界最大的煤炭中心之一。那有铁路通过塞文河与伦敦相连，铁路有个地下运道，在工程学上得到盛誉，就像威尔士本土与安格尔西岛上霍利赫德连在一起的大桥一样名震四海，人们是通过那座桥去爱尔兰首府都柏林的海港金斯顿的。

古代的英格兰呈四边形，时至今日，提到这些总会触动地主阶级们的中枢。英国的每个城市和乡村都历史悠久，我几乎不敢提起它们的名字，怕的是把这部分的英国地理讲成了世界地理。在法国，拥有房地产的小地主比英国多10倍，但大量的小地主们明明知道他们的地产在那里，可极少人去索要。丹麦小地主的数量比例比英国更高。当这些地主失去了他们大部分最重要的、赖以生存的土地，并成为社会机构里的一个附属人员时，有时会被很滑稽地称为"多余的人"。让女人在家里当家而自己消遣时光，这并非由于他们自己无德无能，而是因为詹姆斯·瓦特发明了蒸汽机，突然改变了我们的经济生活所带来的结果。当时哥拉斯堡大学的这位对数学情有独钟的器械制造者，开始捉弄他祖母的茶壶，蒸汽只是能使几个气泵缓慢吃力地旋转的玩具。可在他死后，蒸汽却成了霸主，土地再也不能当作唯一的生财之路了。

在20世纪前40年代，有史以来经济发达的中心都在英国南部地区，现在向北转移，来到兰开夏郡。蒸汽使那里的曼彻斯特的棉纺厂运转，蒸汽机曾使利兹和布雷德福成了全世界的羊毛加工中心，现在又来到所谓的黑色世界。为了开足马力生产数百万吨钢板和钢梁，伯明翰因此成了黑色家园，这些钢板和钢梁是为了造更多的船，以便把英国制造的产品运送到天涯海角。

由蒸汽机代替人力所引起的经济生产剧变，是人类所遇见的最可怕的革命。当然机器本身不会思考，需要一定的人去操作，给它喂食，给它收拾，告诉它什么时候启动，什么时候停止。作为对这种简单指令的回报，农民似乎只要简单地动动手就可以富裕起来。于是，乡下人听见了城市的召唤。城市在飞跃地前进，修建经济公寓住宅的承包商大发其财。在非常短的时期内，80%的农村人口流入城市。英格兰就是在那段时间里聚集了庞大的剩余财富的。如果长期这样继续下去，英国其他方面的资源财富将被消耗殆尽。许多人至今仍不停地自我反问：自然资源是否已用得差不多了。这问题只有时间才能回答，所谓时间，就是今后的一二十年。静观未来的变化是很有趣的。从大英帝国兴起至今，虽有一系列偶然性，但在这点它的经历与罗马帝国相似。罗马帝国是地中海文明的中心，为了不致丧失独立，它只好征服自己的邻居。等到英格兰成了大西洋文明的中心时，它也只能追随同样的政策。现在，结束全球剥削的时代似乎已经到来。商业和文明正在漂洋过海。仅在几年前还是这个庞大帝国的中心，很快就成了人口过剩的一个岛国，人居比例有的地方比荷兰还多。

苏格兰

罗马人对苏格兰的了解，也就跟我们的祖先知道印第安五大部落联盟的存在差不多，非常朦胧。他们认为在北方的某个地方，在英帝国堡垒封锁线的那边及诺恩伯兰最远处的陋室，有一个不好客的山区，那里住着粗野的牧羊人。羊群的主人，过着几乎传奇般的简单生活。他们按照母系决定血统，而不像世界各地一样，按照父系决定。除了几条几乎连马也嫌太陡的山径外，完全没有路。由于那里的人性格暴戾恣肆，行事胡作非为，对传递给他们的文明知识全力抵抗，所以与他们相处的最好政策就是敬而远之。此外，他们还是难以对付的盗羊贼，似乎能突然从天而降，偷走谢维奥特的羊和坎伯兰的牛。防护这些地区最好的办法就是从泰恩河到索尔威湾一线筑起一道高墙，而且给他们捎信，让他们别进来，否则就会被刀子捅死，或被钉上十字架。

在罗马人统治英国的 400 年里，除了进行过少有的几次大规模的讨伐外，平时只要一抓到苏格兰人，就是这样处理他们的，很少把文明和知识传给他们。苏格兰人同与爱尔兰人同族的凯尔特人继续保持着商业交换关系，但他们需求不多，很少接触世上的其他部分。现在，古老的罗马城墙已经消失，但即使到了今天，苏格兰人仍然过着十足的自我的生活，发展着自己的文化。天生就是一块穷地方的苏格兰的这一现实或许也有助于他们保留自己民族的特性——大部分地区是崇山峻岭。在人类出现前，这些山曾和阿尔卑斯山一样高。后来经过无数年的风吹雨打，高山渐渐地被腐蚀掉了，地壳变动时产生的巨大的压力使它们又矮了一截，曾覆盖过斯堪的纳维亚半岛的那场冰雪，也把苏格兰盖得无影无踪。几经沧桑，经过多少年才积累在山谷里的少得可怜的泥土被这场冰雪冲得一干二净。无怪乎在苏格兰山区只能勉强维持10%的人口的生存，那90%都集中到了"低地"上。低地是一条狭长的土地，大体只有50英里宽，这个在两座山脊上的曾是火山口的峡谷，建有苏格兰最大的两个城市：爱丁堡和原来的古都，现在的铜铁、煤炭、造船和机械制造厂的中心格拉斯哥（以前多数城堡都建在死火山口）；还有一条从林合湖到默瑞峡湾的运河，可以容许小型船舶从大西洋直接到达北海——可避开从奥克尼和设得兰及那个古老的大陆，还有从爱尔兰到挪威的北角之间水域里的各种逆流。

但是，格拉斯哥出现的那种繁荣并非是能让一个国家真正富裕的那种繁荣，苏格兰农民投入劳力后所得到的仅仅是不被饿死，但绝对不能让人感到自己是真正地活着，这或许使人们对辛辛苦苦挣来的少有的几个先令视若珍宝，然而这也迫使他们事事完全依靠自己的努力，依靠自己的聪明才智，而对其他民族的说三道四充耳不闻。

历史上的一次偶然事件，使伊丽莎白女王把英格兰的王位非常爽快地就让给了她的苏格兰表弟，斯图加特王朝的詹姆斯，苏格兰就成了英国联合王国的一部分，这样苏格兰人才得以随时随地进入英格兰，在这个长而宽的帝国中任意漫游。

自由王国——爱尔兰

现在是另一个不同的故事，一个人类命运难以解释的悲剧。本是一个智力超群的种族，在历史上因没有经过深思熟虑，就偏离了自己的目标，却在一项已经失败的事业上浪费精力。与此同时，一个不可能和解的敌人却时刻在窥视他们，时刻准备对那些没有学会生存的基本方法，对自己的收益缺乏判断的民族，毫不留情地进行野蛮的掠夺。

谁应该受到谴责？我不知道，也没有人知道。是地质学家？很难说。爱尔兰也是史前时期北极大陆的一部分。如果在远古大陆重新调整的时期再下沉一点，比海底的山脊再高一点的话，其地质结构本应好一些。现在，它的地形活像一个大盘子，河流几乎流不进大海，也就没有形成任何可供航行的海湾。

是气候？不，因为它的气候和英格兰的气候没有多大差异，只是更加湿润，更多雾而已。

是地理位置？回答再次是否定的，因为自从美洲被发现后，爱尔兰在欧洲各国距离美洲最近，也最适宜和新世界进行贸易。

那么，该怪谁呢？恐怕还是难以预测的人的因素在起作用。是因为有了人的参与，自然界的一切优势才变得苍白无力，胜利才变成了失败，勇敢的人们才变得郁郁寡欢。

周围气氛起了什么作用？我们都听到过爱尔兰人对深受他们喜爱的童话故事如何高谈阔论。每一个爱尔兰人都能说上几段，每一个爱尔兰乡下人都知道动听的妖精、狼人的故事，知道变化多端和拥有无上神力的神仙。说句实在话，在那种平淡的日子里，我们还能听到他们大侃他们之间荒诞不经的故事。

你会说我又离题万里了，你会说，对不起，这和地理有什么关系？但是，大量出口的煤炭和无度地进口木材的事实，证明对高山、河流、城市造成影响的例子是数不胜数的，是无处不在的。但人寻找食物并非是为了填饱肚子，还需要得到精神上的满足和享受。在这个叫爱尔兰的国家有些东西是不正常的，当你从另一个遥远的国家眺望它时，你会自言自语地说："那是一小块土地，那里有一片土地。是陡，是平，是棕黄，是黑色，是绿色；那里有人正在吃吃喝喝，有人悠闲自在，有人心急如焚，有人欢愉，有人痛苦。

但是对爱尔兰来说，情况就不同了。爱尔兰人有属于另一个世俗的传统，他们可不随波逐流，在他们的天空中弥漫着与世隔绝的气氛，这种孤独的气氛是根深蒂固的，也是实实在在的。不管过去历史上的事实如何，直到现在仍疑心重重，短短几小时前还似乎很简单的东西，突然会复杂起来。它的西面就躺着一片沉默的无底深渊：海洋，其某种神秘感并不比你脚下站的土地少多少。

饱经沧桑的爱尔兰为争得他们民族的独立属性，在历史上受到悲惨折腾的时间比任何国家都要长。因此，在他们的心灵结构里，也必定有某种坚毅的品质，以及某种缺陷。当英格兰的诺曼征服者们把刚刚占领的土地秩序整顿好，又把贪婪的目光投向了爱尔兰海的对面。爱尔兰海和北海一样，事实上也是个被淹没的峡谷，这个富饶的海岛非常适合实现他们的野心。当地的头领之间从来就是吵闹不休，所有企图把全岛统一起来的努力都失败了。对征服者威廉说来，爱尔兰就是一块"战战兢兢的土地"，整个国家都在牧师的监督之下，他们迫不及待地希望把全世界的异教徒都召集到基督教的门下。但是，爱尔兰没有路、没有桥，也没有交流的手段。而能使日常生活舒适和谐的种种非常重要的细节，全都那样被忽略了。用常规的眼光看，所有这些不利因素，却是使老百姓的日常生活更安宁、更和谐的重要因素。

英国合法的统治者们都是些主权至上的人，他们春秋正旺，正值鼎盛时期。教皇因诺森特三世不是跑来帮助过他那宠爱的儿子约翰吗？他宣布《马格拉·查特条约》"无效"，并谴责贵族迫使他们的国王签订如此丧权辱国的条约。在爱尔兰一个战争中的酋长向亨利二世求援，希望他打击他那占了上风的对手（我记不清当时他们究竟有多少派别），于是爱尔兰与罗马之间就有了一条无形的联系线，教皇艾德里安被迫在一揽子和平协议上签字，承认英王是爱尔兰的世袭君主。一支由 20 位武士和不足 1000 人的诺曼人组成的军队于是占领了爱尔兰，把封建制度强加给了一个还生活在部落制的拥有朴素的道德与幸福的民族，而爱尔兰人仍然习惯于过着某种在世界其他地方早就不要了的原始生活，留恋于小部族体制，那就是争吵的根源。这种争吵直到数年前在官方之间还未停止。时至今日，报纸头版上还不时出现因这种争吵而突然像火山爆发一样的事件。

对于爱尔兰的地理环境，就如它的灵魂一样，在杀戮与伏击式的战争里使用最理想。在这场战争中，他们经历了叛乱，崇高的理想却反倒把他们带入了绝望之地。当时他们以为，用武力镇压就能解决一切问题。我好像没有表达清楚。有几次，征服者们为了国王和他的亲信们的利益进行了斩尽杀绝的行动，并采用大规模的流放政策，紧接着没收了他们的全部财产。例如，克伦威尔在镇压了 1650 年的叛乱之后，就干过这样的事，这一血腥罪行虽然经过了数个世纪，但至今人们仍对其记忆犹新。当时那些爱尔兰人站到了不值一文的国王查尔士的一边，凭着他们不现实的感观及一时的冲动，在错误的时刻做了错误的事情，用镇压的办法解决爱尔兰问题，其结果显然是暂时的。此后，直到第一次世界大战，他们才得以解脱。

从地质上讲，爱尔兰常被看成是北欧的一部分；从精神上讲，爱尔兰一直到最近还在地中海中心的某处。就是今天，这个岛如同加拿大、澳大利亚和南非一样获得自我管辖的地位，享受广泛的半自治权，它继续成为这个世界的一部分。人们不是在为建立一个联合的祖国而努力，而是把自己分成了两个对立的部分，两个对立的集团。南部的居民半数以上信奉天主教，约占总人口的75%，以都柏林为首都，享有"自由王国"的地位。而北部，正如通常称的阿尔斯特，共有六个郡，居民几乎绝对是新教徒移民的后裔，他们仍然是英国的一部分，并继续向伦敦的英国议会派遣自己的代表。

这就是本章行将结束的情况。从现在起的 1 年或 10 年后情况会怎么样，无人知晓。但是，当 1000 年刚过去时，爱尔兰的命运是掌握在爱尔兰人自己手中的。现在，他们已有了自由，可以发展自己通向海洋的港口，可以把科尔克、里美利克和果尔威变成真正的港口了。他们可以借鉴在丹麦证明行之有效的那种与农业相结合的经验，它的日用产品可以与世界其他地方的各种产品进行平等竞争。作为自由独立的公民，他们终于可以在世界各国之间扮演自己的角色，发挥着他们自己的作用了。

但是，他们能否彻底忘记过去的痛苦，做好准备投入到未来中去呢？

第二十章

俄罗斯

　　就美国人而言，俄罗斯并不存在，它的统治者已被宣布为非法，它的外交代表在国界上被拒之门外。美国公民们得到过警告，如果他们自冒风险前往俄国，一旦陷入困境，是不能指望华盛顿的帮助的。但是，从地理上来说，俄国占了地球陆地面积的七分之一，比整个欧洲大两倍，比我们美国大三倍，其居民比欧洲几个最大的国家的总和还多。可是，我们在蒙罗维亚和阿底斯阿贝巴都派有公使，在莫斯科却没有。

　　所有这一切，必须有一个能说得通的理由。从广义上来说，这个理由就是政治。在我头脑里就从未搞清过它究竟是亚洲的一部分还是欧洲的一部分。这种复杂的情绪产生出一种文明上的冲突，从而造成了它目前的状态。我所有的希望就是想借助于一张简单的地图把它解释清楚。

　　首先我们要回答的问题是，俄国究竟是个欧洲国家还是个亚洲国家？为了便于理解，假定你自己属于楚克赤的某个部落，住在白令海峡岸边，而且不喜欢自己的生活（为你在西伯利亚寒冷的角落安排一个住处，给你挑选这样一个非常穷的地方，这并非对你有偏见）。假设你能遵循霍勒斯·格里利的忠告，一直向西，如果一路没有遇到什么高山险阻，于是决定在一块平坦的平原上暂住下来，度过先期的生活。行呀，你可以继续向西走几年，除了不得不游过十几条广阔的大河外，不会遇到任何其他的障碍了。最后，你就会发现自己面对着乌拉尔山了。只是在所有的地图上都标记为亚洲和欧洲分界线的乌拉尔山，也不算障碍了。对那些首次扛着小木船越过乌拉尔山进入西伯利亚的俄国探险家来说，此山并非真正的障碍。不过你可以扛一艘类似的小船去爬爬洛基山或阿尔卑斯山，体会一下感受。

离开乌拉尔山，只要再乘牛车走半年左右，就到了波罗的海了。你会惊奇地发现，你还没有离开那个宽广的大平原就已经从太平洋到了大西洋（因为波罗的海归根到底不过是大西洋的一个分支）。俄国实际上只是这个覆盖了亚洲的三分之一、欧洲的一半的大平原的一部分（日耳曼平原一直延伸到北海，它连接着日耳曼平原），这也就使俄国在地理上来说，碰到了巨大的不利因素，即临北冰洋。

与那些小得可怜的法国和英国相比，你可能习惯地认为我们美国是个硕大无比的国家。然而，当你看到从俄罗斯大平原这边到那边都飘着俄国国旗时，你就会感到它的力量了，它是法国的40倍，英国的160倍，欧洲的3倍，占我们整个地球陆地面积的七分之一。它的主要河流鄂毕河，有亚马孙河那么长。它的第二大河勒拿河，其长度与密西西比河相等。它的内海和湖泊，如西边的里海就与苏必略湖、休伦湖、密执安湖和伊利湖加到一起一样大，中部的咸海比休伦湖大4000平方英里，而在东部的贝加尔湖几乎比安大略湖大出两倍。

南部挺拔的山峰，把俄国大平原与亚洲其他地区分隔开来，其高度与美国大陆的最高峰所差无几。因为阿拉斯加的麦金利山是20300英尺，而高加索的厄尔布鲁士山是18200英尺，西伯利亚仅仅是这个平原的一部分，并多半是在北极圈内，但它的面积有法国、英国、德国和西班牙的总面积大，在它的东北部还发现了地表层最古老的遗址。

罗马人肯定没听过俄国这个名字，希腊人和我们一样，当初是到黑海边上寻找粮食（还记得《黄金羊毛》的故事吗），在那里他们遇见了某些野蛮人的部落，把他们叫作"挤马奶者"。根据当时流传下来描绘在花瓶上的图画判断，希腊人遇见的很可能是哥萨克人的祖先。然而，当俄罗斯明显地出现在历史的地平线上时，他们是居住在一块四边形的土地上的，其南部是喀尔巴阡山山脉和德涅斯特河，西面是维斯杜拉河，北面和东面是朴莱佩特沼泽地和第聂伯河。他们的北部，即波罗的海平原，住着他们的近亲爱沙尼亚人、立陶宛人和普鲁士人；对于后者，他们的名字在德国的近代史上起着非常重要的作用，但其祖先却是斯拉夫的一个部族；东部住着芬兰人，现在的芬兰人只住在北极、北海和波罗的海之间的一小块土地上；西边生活着凯尔特人和日耳曼人或两者之间的混合部族。

那以后不久，当中欧的日耳曼部族开始向外扩张时，他们发现如果需要得到一些仆人的话，最好袭击北方邻居的宿营地，因为他们最温和，无论命运给了他们什么，他们都只默默地耸耸肩："唉，生活就这样！"

这些东方部族自己似乎也有个称谓，希腊有人叫他们"斯拉维尼人"。在人类活动初期，有些带商业性质的人偷袭喀尔巴阡山地区，把抢夺来的人作为商品囤积起来。他们常说自己抓到了多少个奴隶或"斯拉夫"，以至于慢慢地，"斯拉夫"成了贸易中的一个名称，这样，那些不幸成为奴隶的人通过买卖成了别人的合法财产。正是这些斯拉夫人或奴隶慢慢地发展成了一个当今世界最强大的中央集权国家，这倒是历史所开的最大的玩笑之一。然而不幸的是，这个玩笑是我们不得不面对的现实。如果我们的祖先当初哪怕稍微有点远见的话，我们现在绝对不会处于如此尴尬的境地，在此我想略述几句，以便有个交代。斯拉夫人在他们那小三角里平静地生活着，可是子孙急剧繁衍起来，很快，就需要更多的土地才能养活大家，通往西边的路被强大的日耳曼人所阻，罗马人和拜占庭人封锁了他们通往地中海的大门，留下的唯一出路在东方。他们开始成群结队地向东方寻找新的谋生之地。他们越过德涅特河和第聂伯河，直到伏尔加河才停下来。时至今日，俄罗斯农民还称伏尔加河为母亲河，那是因为它向他们提供了取之不尽的各种鱼类，养育了无数的俄罗斯人。

伏尔加河，这条欧洲最大的河流，发源于北方俄罗斯中部平原上的丘陵地带。那些丘陵为建筑城堡提供了极佳的生存条件——可方便建造木结构住房，正因为这个原因，俄罗斯多数城市都建于此地。为汇流入海，伏尔加河只好沿着山边流淌，绕了很大的一个圈。它顺着山陵的外缘细心地流淌——它的右岸高，左岸低而平。正是这些山的阻挠，使它七拐八弯，如果从其发源地特维尔到伏尔加市的里海入海口，直线距离才 1000 英里，可是伏尔加河事实上流了 2300 英里。这条欧洲最大的河流的流域要比密苏里河多 40000 平方英里（伏尔加河流域是 56.3 万平方英里，密苏里河是 52.7 万平方英里），它的流域面积跟德国、法国和英国加起来的面积一样大。然而，正如俄罗斯人的所作所为那样，该河也有许多让人不可思议之处。它非常适合于航运（大战之前，它有 40000 多条小船），当它流到萨拉托夫城附近，就下降到跟海平面一样高，因此最后的几百英里就是在海平面以下流淌的。这并没有听起来那么不可能。因为它注入的里海，处于下沉的中心地带，地质下沉非常严重，现在已经比地中海低 85 英尺。按此比例计算，再过数百万年，它就可以跟死海争个高低了。死海保持了低于海平面 1290 英尺的记录。

顺便提一句，据说正是这条伏尔加河，为我们提供了可供大家品尝的鱼子酱。虽然伏尔加河时常被认为是唯一能生产鱼子酱的地方，但我还是用了"据说"这个词，因为那种远近驰名的俄罗斯美味更多的是来自金枪鱼，而不是鲟鱼。

直到铁路被广泛使用前，内河和海洋是人类的主要自然通道，人们通过它们进行交换贸易或侵犯掠夺。俄罗斯通向大海的路在西面被条顿民族切断了，在南面又被拜占庭切断了，他们为了寻找更多的自由土地，不得不依靠内河。从公元 600 年到现在，俄罗斯的历史就一直与两条大河紧密相连。一条就是我才谈到的伏尔加河，另一条就是第聂伯河。就这两条河而言，第聂伯河更重要，因为它是从波罗的海通往黑海的主要通道。毫无疑问，它同时也是通往德国大平原的最古老的贸易之路。

从北面开始，我们发现芬兰湾是通过涅瓦河与拉多加湖（拉多加湖的面积与我们美国的安大略湖差不多），列宁格勒市就坐落在涅瓦河畔。然后再让我们乘小汽船从拉多加湖一路向南，就到了拉多加湖与伊尔门湖的连接地诺夫哥罗德，我们在依尔门湖南面找到了罗瓦特河。罗瓦特河距离都纳河不远，地势非常平坦，很方便人们在两条水路之间进行搬运，只要渡过都纳河，旅行者从北边就能很从容地乘船顺着第聂伯河而下，直达里海入口处，里海入海口距离克里米亚以西只有几英里。

但是，当这一地区慢慢地被移居过来的斯拉夫人挤满时，情况起了变化，原来的大商人成了政治上的发号施令者。他们已不再进行漫无边际的奔波，而是定居下来成为一个王朝的首创者。思路敏捷、智慧超群的俄罗斯人也许不是一个好的管理者，因为他们的头脑里总是想着其他事。他们善于高谈阔论，喜欢低头沉思，这种性格对需要集中精力快速做出决定的竞赛是非常有用的。因此，他们相对来说比较容易就能找个地方定居下来，并很快成为当地的首领。当然，他们起初的野心并不大，但是，他们需要一个安身之地，在他们为自己建起了一个半君主制的居住地后，还要为他们的仆人建些房子，那就是多数古老俄罗斯城市出现的经过。

不过，是城市就可能引起外部世界的注意，尤其在它们年富力强的时候。君士坦丁堡的牧师们听到那儿的情况后，认为这是拯救他们灵魂的好机会。他们划着小船沿着第聂伯河一路北上，就如数百年前北欧人沿着第聂伯河南下一样。他们与当地力量结合为一体，修道院成了宫廷的附属地，俄罗斯的传奇故事上了新建的舞台。南面的基辅和富裕的商业城市大诺佛哥罗德大发其财，大出其名，连西欧都知道了它们的存在。

与此同时，耐心的农民跟几千年来一样大量繁衍，又发现自己需要更多的土地，就撕毁了原来的契约，离开了全欧洲最富裕的粮仓乌克兰肥沃的峡谷，进入了俄罗斯的中央高原。当到达最高点后，再沿河顺流而下向东而去。他们缓慢地、一步步地来到奥卡河谷，最终抵达伏尔加河，建立了另一座新城，这儿可以鸟瞰整个大平原，他们就世世代代生活于此。

但是，一万年在历史的长河中绝不是一个很长的时期。因为在13世纪的初期，一场巨大的灾难几乎把他们所有的野心毁于一旦。数万黄种人骑着马翻过乌拉山与里海之间的广阔平原，越过乌拉尔河的盐碱荒滩，滚滚向西，最终，似乎要将所有的亚洲人全部移居到欧洲的中心。西部诺尔曼人和斯拉夫人的小城市都遭到突如其来的袭击。不到三年，俄罗斯的所有平原、河流、山丘都落入了鞑靼人之手，仅仅是一次偶然的大幸运（鞑靼人的座骑出现了流行病）才使得德国、法国和西欧其他部分免受类似的灾难。

在鞑靼人饲养出新的马群以后，他们又来试运气了。但日耳曼人和波希米亚人的城堡阻止了他们的快速前进，鞑靼人最后在俄罗斯的东南部定居下来。

欧洲人听到了这个消息，却无动于衷，视而不见。因为斯拉夫人是按希腊人的习俗祈求上帝的，而西欧人是按罗马人的方式崇拜上帝的。最终，这种漠不关心的态度让欧洲付出了沉重的代价。

把这些留给他们自己吧，他们从未摆脱头上可怕的枷锁。斯拉夫人在东部边界的一个哨所小城莫斯科的统治者成了解放他们国家的力量。在 1480 年，约翰三世（即大俄罗斯历史上的伊凡）拒绝给那些金色的游牧民族的领袖支付年贡，这就是公然反叛的开始。50 年后，那些外国移民完蛋了。鞑靼人虽然不见了，但他们的制度还在继续。

新统治者对"现实"生活中的事感觉良好。因为在 30 年前，君士坦丁堡被土耳其人攻占了，东罗马帝国最后一个皇帝被杀死在圣索菲亚教堂的台阶上。但他有个远亲，即那位叫佐·帕拉欧罗嘎的女人，她正好是位天主教徒。教皇在这里见到了把希腊教会这只迷失的羊带回羊栏的机会，便提出建议，让伊凡和佐结为夫妻。婚礼顺利进行了，佐也改名为索菲亚。但是，教皇的老谋深算并没有什么具体结果，相反，伊凡变得更加无法无天。他意识到这是他扮演一个以前只能由拜占庭扮演的角色的机会，便使用了君士坦丁堡皇室的纹章，代表了东西两个罗马帝国的有名的双头鹰，让自己不容亵渎。为了充实仆人队伍，他削减了贵族人数。他把古老的拜占庭礼仪搬进他莫斯科小小的庭院中，他提出他自己是世界唯一的"恺撒"，他竭力鼓励他的孙子将来继承他的地位。

1598 年，原来北欧入侵者的最后一代人，即鲁雷克家族的最后一个遗民死掉了。经过 15 年的内战，罗曼诺夫家族的一个成员——莫斯科家族中的一个无足轻重的人，宣布自己为沙皇。从那时候起，俄罗斯地理所反映的就只有罗曼诺夫家族的人的政治野心了。那些人有许多明显的毛病，可优点也很多，因此，对于他们的缺点我们可以忽略不计。

　　首先，他们所有的人都固执地认为，为了解决获得直接通往"辽阔水域"的问题，再大的牺牲也在所不惜。他们在南方试过，一路砍杀，杀到了黑海、亚速海，杀到了塞瓦斯托波尔，却发现通向地中海的路被土耳其人切断了。不过，在这些行动使他们得到了十个哥萨克部族对他们的忠诚。这些老哈萨克人的后裔，在过去的500年里，为了逃避波兰人或者鞑靼人，躲进茫茫草原里。他们参加了俄罗斯人与瑞典人的战争，瑞典人是在参加了30年战争取得胜利之后才在事实上占领了波罗的海周围的土地的。后来，经过近半个世纪的战争，沙皇彼得终于命令他数万臣民开进了涅瓦河畔的沼泽地，为他建造了新首都圣彼得堡。但是，芬兰湾每年封冻4个月以上，离"辽阔水域"的目标还差得远。他们又沿着奥涅加河和德维纳河穿过了大苔原的中心地区——也就是北极的苔藓平原，在白海边上建了一座新城，后来称之为阿尔汗格尔—明彻尔。但卡宁半岛太荒凉，它到欧洲中心的距离与到哈德逊湾封冻港口的距离差不多，而摩尔曼斯克沿海是所有的荷兰人和英国人的船长都竭力回避的地方。出海的目标似乎遥遥无期，除了继续向东试试外，别无他选。

　　1581年，一批从六七个欧洲国家来的逃亡奴隶、亡命徒和战俘，总数大约1600人，带着日常装备，越过了乌拉尔山。在向东的道路上首次向鞑靼人发起了进攻，当地的统治者称这个地方为西伯尔或西伯利亚，他们击败了鞑靼人，并瓜分了所抢夺到的一切财产。但他们知道莫斯科的手伸得很长，于是把这片土地奉献给了沙皇，希望他因他们做出的贡献，把他们当作忠心的爱国者，给予赏赐，而不用担心"小天父"某一天会兴师问罪，把他们作为逃亡者和叛徒处以绞刑。

　　这种奇特的殖民方式保持了将近150年。在这个广袤无垠的大平原里，在这些"恶人"到来之前，几乎荒无人烟，但土地肥沃，北半部树木稀少，南半部森林成片。他们很快就把鄂毕河扔到了身后，来到了叶尼塞河。1628年春，这伙声名狼藉的入侵者的前哨到了勒拿河。1639年，他们站在鄂霍次克海岸边，并继续向南。1640年后不久，在贝加尔湖建立起了最早的一个堡垒。1648年，他们来到黑龙江畔。也就是这一年，一个名叫德基涅夫的哥萨克人从西伯利亚沿科雷马河顺流而下，进入北冰洋，随后到了亚洲与美洲分界处的海峡就往回返。回家后他讲述了情况，可是，引起的注意太少。因此，80年后，一个受俄罗斯雇佣的丹麦航海家维图斯·白令第二次发现了那海峡后，就被允许用自己的名字做了海峡的名字。

从1581年到1648年的67年间，当你觉得我们的祖辈大约要花230年的时间才能走完从阿勒格尼到太平洋沿岸的广袤领土，而俄国人并不在我们想象那样慢的时间里就完成了。但是，俄国人并没有以把西伯利亚整个纳入版图为满足，他们又从亚洲跨到了美洲。在乔治·华盛顿被抬进坟墓前很久，在一个堡垒周围就已有了一个俄罗斯殖民点。1867年美国人从俄罗斯人手里买下阿拉斯加时的仪式就是在这儿举办的。

如果就人的精力、勇气及不顾一切的冒险精神来说，俄国这些早期开拓者与我们自己的先锋相比毫不逊色，但是亚洲人那种帝王观念在莫斯科和圣彼得堡人的头脑中仍占主导地位，这就阻碍了该地区的正常发展。那里有各种各样的财富等待着慧眼识珠的人，可是俄罗斯并没有去开发草原、森林和矿山，而是把西伯利亚变成了一个辽阔的大监狱。

17世纪中叶，第一批犯人来到了这里。50年后，约迈克等人越过了乌拉尔山脉，他们之中有因拒绝希腊教会教徒布道的牧师，于是这些牧师就被发配到黑龙江边，饱受饥寒，直到死亡。从那以后就不断有人被送来，那是个没有尽头的行列——男人、女人，往往还有孩子。因为欧洲人讲究独立思考的观念与亚洲人习惯成一统的思想发生了冲突，而这种成一统的思想正好与俄国的统治者的基本政策相吻合。这种流放形式在1863年达到了高峰。那是在波兰最后一次大革命后不久，约50.7万个波兰爱国者从维斯杜拉河被送到了汤姆斯克和依尔库茨克附近的地区。没有确切的数字表明这种强迫性的移民总数究竟有多少，但在1800—1900年，当外国的巨大压力使此种流放速度稍稍放缓一点时，每年流亡的总数大约是2万人。然而这并没有把平常的普通罪犯计算在内，如那些杀人越货的强盗、溜门撬锁的小偷。对这些在思想上与他们一致的男男女女，是经常不带镣铐的。

服刑时间结束，活下来的人就在流放地村庄附近得到一点土地，成为独立农民。报纸吹嘘说，在这个地区由白种人居住，这是一个了不起的蓝图，它还能让帝国政府向欧洲的持股人显示说，情况确实没有描写的那么恶劣——在西伯利亚的某些部门全发疯了。实际情况是，"罪犯"在这儿被教育成一个在社会中有用的生产者。然而，真实的情况是，这里对"罪犯"的管理如此严密，以至于大多数"自由定居者"都从地球上消失了，并没有留下任何痕迹。说不定是告别了基督教文明，住进了当地的部落；说不定是想跑掉，却被狼吃了。是否如此，我们不得而知。俄国警察的统计数字表明，大概有3到5万罪犯逃亡，他们可能躲藏在森林和高山之中，宁愿过一种非人的生活，也不愿待在那个卑鄙的白人暴君的监狱里。

当俄国旧式的以物易物和农奴制的生产体系崩溃并被资本主义的工业化所代替后，俄国的情况如何，这是一个被人关注的问题。在林肯总统签署解放黑奴法案几年前，俄国的农奴已获得自由。为了让农奴活下去，也给了他们一点土地。可那土地从来就不太够。

而分给农奴的土地又是从农奴主那里拿来的。其结果是，农奴主和原农奴都得不到足够养活他们的收入。与此同时，外国资本家对俄国地下埋藏的宝藏一直垂涎三尺。铁路在修建，轮船航线在规划。欧洲的工程师在半亚细亚式的村庄的烂泥里走来走去——那烂泥围绕着一个巴黎大剧院的复制品。他们问自己，这种东西能行吗？

俄罗斯王朝的继承者们企图依靠原始野蛮的生产方式维持其开支，那实在是太天真了。一个周围都是教士和女人的软弱角色现在坐上了彼得大帝的宝座。当他以自己的宝座为代价，典押给伦敦和巴黎的贷款者，接受他们的条件，被迫参加他多数臣民都讨厌的那场战争时，实际等于自己在自己的死刑判决书上画了押。

一个小个子、从西伯利亚的学校逃亡的学生，把这个行将崩溃的国家掌握在手里，开始了重建工作。他打碎了旧王朝的模式，也抛弃了亚洲方式，把一切旧的制度扔到九霄云外，用未来的眼光着手建设，但仍是鞑靼人的眼光。

这个国家未来的情况会怎样？我们或许会知道它100年以后的情景，而假如我们能为你画出一个轮廓，那也将是非常模糊的，因为这个国家总是在不停地变动。

第二十一章

波 兰

波兰有两大不利的自然因素，其中最不利的要数它的地理位置了。地理上离他们最近的是斯拉夫同胞俄罗斯人，如果从手足之情来说，那应是件好事，不过现实总是残酷的，两个国家之间很少对待对方如亲兄弟。我们无法考证波兰人的祖先最早来自何方，就如爱尔兰人一样永远是个谜。他们之间有许多相同之处，波兰人特别热爱自己的祖国，为了祖国宁死不屈。他们的祖先真是英雄辈出，据他们自己的历史学家们考证，最早的要算是隐藏在诺亚方舟的英雄，他们就是波兰人。但是在沙勒曼及族人死后200年，波兰才在可靠的史料文献中首次出现。黑斯廷斯战争后约50年，波兰这个词以一个模糊不清的地名出现，有人猜测它可能跑到远东某个荒野的角落去了。

现在我们可以确定的是，波兰人的祖先最早生活在多瑙河口附近，在东方来的入侵者的逼迫下向西流亡，一路逃到喀尔巴阡山脚下，这个地方正好是斯拉夫的一个支族——俄罗斯人不用的地方，他们终于在奥德河与维斯林拉河之间那个欧洲大平原中的森林和平原中找到了一个安身之地。

选中的这块地很是不错，如果坐在正中入口处的一把躺椅上，就可以看到隐藏在这块土地上的农民的祥和生活。这是欧洲的前沿阵地，是向西可以征服与北海接壤的欧洲，向东能够掠夺俄罗斯的唯一通道。夹缝中求生存，经常处于两线作战的波兰人，渐渐把所有的国民都训练成了职业战士，于是，军事方面的生活高于一切，商业事务从未在这个国家占有一席之地，战争状态就是生活的状态。

波兰的城镇不多，并且都集中在国家的中心地带维茨杜拉河沿岸。南部的克拉科夫建在一直延伸到了加利西亚平原的喀尔巴阡山脉。中部平原的华沙，以及位于河口的格坦斯克，是与外国商人主要交往的地方。然而，再往里，整个国家几乎就是一片空白，除了一条河可与流经俄罗斯土地上的第聂伯河相通外，再无其他像样的河流，而爱沙尼亚的古都，也从来未成为一个像样的城市。

绝对不可缺少的买卖活动掌握在犹太人手里。在十字军由于他们那神圣的热情而把莱茵河沿岸几个比较有名的犹太人居住区的居民杀死之后，犹太人就跑到了欧洲的边缘地带。少数能吃苦的斯堪的纳维亚人，也就是发现俄罗斯的那波人，或许给波兰做出过许多贡献，但绝对没有把波兰拉入世界范围。为什么会出现这种后果呢？这里既没有通向东、南、西、北的方便的商路，也没有君士坦丁堡对他们长途跋涉的疲劳与辛苦做出的报偿。

于是波兰人处于夹缝之中，德国人恨他们，因为他们虽信奉罗马天主教，但却是斯拉夫人。俄国人恨他们，虽然他们也是斯拉夫同胞，但不是希腊天主教。而土耳其人也厌恶他们，因为他们既是基督徒又是斯拉夫人。

如果在中世纪时期为这个国家做出过巨大贡献的立陶宛王朝还存在的话，事情的发展可能会好得多，但是，贾吉兰斯王族却在1572年垮掉了。最后一个国王逝世时，在多年的边疆战争里大发横财的贵族们胜利了。他们一直在自己巨大却孤立的庄园上享受着近似暴君的特权，现在他们又把国家变成了选举的君主国家，并从 1572 年一直延续到 1791 年。这个政权长期存在着腐败，当它垮台时，成了历史上一个非常痛苦的笑柄。

很简单，谁出的价最高，波兰的王位就卖给谁，完全不讨价。法国、匈牙利和瑞典依次成了这里的统治者，它们除了把波兰当成一个收取税金和索取不义之财的地方，其他一切事都不管了。当波兰的崇尚君主制的贵族们感到大权旁落时，他们正如爱尔兰人 1000 多年前就做过的那样，请来了邻居帮助他们"维权"。这些邻居即普鲁士人、俄罗斯人和奥地利人。他们高兴得有点过头，还没等他们采取行动，波兰作为一个独立国家已经不复存在。

1795 年，在三次大瓜分中的最后一次，俄罗斯抢到 18 万平方英里土地和 600 万人口，奥地利分得 4.5 万平方英里土地和 370 万人口；普鲁士得到 5.7 万平方英里土地和 250 万人口。这种骇人听闻的瓜分活动一直延续了 125 年才停止。而那时的协约国因为畏惧俄罗斯，又走到了另一个极端，建立了一个比以往任何时候都要强大的波兰共和国，并给了它一个直接的出海口，还划出了一个所谓的"波兰走廊"：一个从坡森省到波罗的海的狭长地带。这走廊把奥地利一分为二，两半之间不能再直接联系。

如果预计这条不幸的走廊的未来，并不需要高深的地理或历史知识。它在波兰和德国之间埋下了互不信任的种子。总有一天，一个强大到足以把另一个摧毁。那时候可怜的波兰又将回到当年的处境：俄罗斯与欧洲之间的缓冲地带。

首次胜利的光芒似乎是光辉的成就，但在跨越互相之间的领土上建起一座敌对的栅栏，绝不会对我们的时代所引起的社会和经济问题的最终解决带来好处。

第二十二章

捷克斯洛伐克与南斯拉夫

从经济角度以及大部分城市的一般文化状态看,捷克斯洛伐克在所有的现代斯拉夫国家中的位置极为优越。但是,它是人为划出来的国家。在第一次世界大战中,它退出奥匈帝国,奥匈帝国因此让其享受自治权,但它现在仍然是三分天下:波希米亚、摩拉维亚、斯洛伐克。

首先,它是一个内陆国家;其次,信天主教的捷克人与新教徒的斯洛伐克人之间互不相容。前者是讲德语的原奥地利帝国的一部分,与外部世界一直保持着广泛的联系;而后者,在他们原匈牙利主人的严厉管理之下,其地位从来就没有超出过可怜的小农状态。

至于摩拉维亚,他们的地域处于波希米亚和斯洛伐克之间,占据的却是整个捷克斯洛伐克联邦的肥沃农业区的绝大部分。摩拉维亚在政治上无足轻重,因此,不参加两边之间长期的无休止的争斗。900万捷克人对待400万斯洛伐克人的做法,就跟以前匈牙利人对待捷克人的做法如出一辙,他们对少数民族的尊重只是最近的事。

谁要是想研究民族问题的最恶劣的情况,我建议他不要去欧洲，因为那里的情况实在让人失去信心。与其他一些国家相比，捷克斯洛伐克还不是最坏的。但是，它也是由三个不同的相互敌视的斯拉夫人群组成，再加上约有300万的日耳曼人参与其中，因此使事情变得更加错综复杂。这些日耳曼人是某些条顿民族移民的后裔，是在中世纪后期为发展艾尔茨和伯曼奥德的矿山资源而来到波希米亚的。

1526年，波希米亚最终失去了在中欧的全部不动产，被哈布斯堡皇室抢走了。在随后的388年中，波希米亚成了奥地利的殖民地，但它得到的待遇还不错——德国的学校和完善的教学设施，使这个完全是斯拉夫民族的每一个人都能有一份收入稳定的工作。可是，下属民族是从来不会因为领主比较宽和、圣诞节还偶然送点礼物就喜欢领主的。然而，报复似乎完全是人的一种本能，因此，捷克人在获得自由之后对当年的领主以牙还牙，我们并不吃惊。捷克语成了国家的官方语言，德语屈尊到一种方言的地位，就如匈牙利语和斯拉夫语一样。新一代的捷克孩子完全是在一种捷克化了的气氛中长大的，从爱国的观点看，这是无可指责的。可是，现在成年的波西米亚人中，至少有1亿人在幼时接受的是德国的教育，现在却要受讲捷克语的人管辖，甚至还强迫他们去学习一种既没有什么商业价值也没有什么文学意义的语言，这与把头伸出国门之外，再让别人砍掉有什么两样呢？管理捷克的政治家们，其水平还在中欧其他国家的政治家们之上，也渐渐接受回到老路上去，同时使用两种语言的办法。但要坚持这个计划，说服那些仇恨通用语主张的语言教授可是大费周章。那些教授简直就和厌恶多党联合远景的政治煽动家一样。

波希米亚不仅是旧哈布斯堡王朝最富裕的农业区，而且是一个高度工业化的省份。它产铁、产煤，而且在苛刻的玻璃生产工艺的技术上驰名全球。更有甚者，工业化了的捷克农民在家庭工业方面也干得非常出色（他们通常在地里干完 12 小时的活儿后，回到家的空闲还要做些其他事）。于是，波希米亚的纺织品、小地毯和皮鞋都闻名于世。但是，这些产品在原来的区域内可以免税，畅通无阻——虽然这仅是少有的好处之一，但在哈布斯堡时期却是实实在在的——现在已经分成六个小公国，每个公国的边界都关卡林立，为的是便于挖其他人的墙脚。以前，一车啤酒可以从比尔森一直运送到阜姆，既不会遭到税收检查，也不用上税。现在却必须在五六个边境上换车，交五六次税。由于路上要耽误一个星期，到达后啤酒因放得太久已变酸！

从理想主义的观点看来，弱小民族自决似乎是极好的事，但在它和自然环境、经济生活的残酷冲突时，实行起来就不那么容易了。如果 1932 年的人们仍按 1432 年时的规矩办事，我并不认为我们可以对此做些什么。

为了那些到捷克斯洛伐克旅行者的利益，布拉格已经不再流入易北河的莫尔塔瓦河河畔；你曾经去喝啤酒的地方比尔森现在叫比尔逊；那些不想喝酒只想多吃一点的地方不叫卡尔斯巴德，叫卡罗维发利；那些以前去马里安洗温泉的地方，现在称为马里安斯克。当你乘火车从布鲁诺到普雷斯堡，请别忘了看清楚从布尔诺到布拉边萨发的列车，否则最好去找一个从布达佩斯统治斯洛伐克时代活过来的匈牙利乘警问一问。除非你讲清楚了你真正的意思是要到波兹索尼，否则他会死死地盯着你。如果把所有的因素都考虑进去，这个位于西半球的荷兰、瑞典和法国的共同殖民地，现在的生命力是否比以前强一些？

南斯拉夫

这个国家的正式名称是塞尔维亚、克罗地亚、斯洛文尼亚联合王国。这三个种族集团中最重要的塞尔维亚人生活在萨瓦河东边，首都贝尔格莱德就坐落在这条河与多瑙河的交汇处；克罗地亚人住在多瑙河的另一支流德拉夫河和亚德里亚海的正中；斯洛文尼亚则处于德拉夫河、依斯特利亚半岛和克罗地亚之间的三角带上。现代的塞尔维亚人还包括其他几个小种族，如它接纳了黑山，这个风景如画的山地国，以它与土耳其进行过长达400年的战争而闻名于世，每当我们跳《风流寡妇》华尔兹舞时就会对它铭记在心。它还把原奥地利的一块附属地，即波斯尼亚和黑塞哥维那省吸收进去——这里本是塞尔维亚的领土，后来土耳其从奥地利手里抢走了，塞尔维亚人和奥地利人之间的对立情绪就从这里开始。这情绪终于导致了1914年那场刺杀，成了世界大战的直接导火线。

塞尔维亚（旧观念中它太强大，因为我写到它时，我的真实本意是指塞尔维亚、克罗地亚和斯洛文尼亚联合王国）实际上是一个巴尔干国家，由于战争的结果，它在亚德里亚海上有了出路，可它那出路仍然受到自己的第那里克阿尔卑斯山的阻挡。当然可以建造铁路跨越它，除拉古萨（现在叫杜布罗夫尼克）外，就没有像样一点的出海港了。拉古萨是一个中世纪殖民地商品的巨大集散中心。当欧洲通往美洲和印度的新航线被发现之后，它是地中海沿岸唯一拒绝投降的城市，反而继续派遣著名的大商船队（从阿拉古西亚出发的船队）直航卡利卡特和古巴，最后，它愚蠢地参加了"无敌舰队"那次倒霉的远征，连最后一艘船都灰飞烟灭了。

不幸的是，杜布罗夫尼克并没有为现代的轮船提供条件。至于塞尔维亚另外两个自然出海口，阜姆和的里亚斯特，被凡尔赛的几个老头子把一个给了意大利，另一个自己拿走了，虽然他事实上并不需要。他们想要的只是跟威尼斯竞争，希望能重新获得古代亚得里亚海主人的那种标杆般的荣誉地位。其结果是，的里亚特斯和阜姆的码头上野草丛生，而塞尔维亚，仍如古代时一样，它的农产品必须通过三条通道之一才能送出去。一条是送到多瑙河，再去黑海。那差不多就像把货物从纽约送到依利湖和圣劳伦斯河，再运到伦敦一样"实际"。另一条是从多瑙河到维也纳，再从那里翻过一座山到不来梅、汉堡或阿姆斯特丹，这一折腾，其产品就非常昂贵了。还有一条道就是用火车运到阜姆，而意大利当然会竭尽全力与其竞争，打败塞尔维亚竞争者。

第一次世界大战前，在奥地利帝国的策划与煽动下，塞尔维亚一直保持着内陆国的地位。但是，有一件事想起来就很痛苦——那场惊人的大灾难原来是因为猪而爆发的。从这点上说，实在很伤感，因为塞尔维亚唯一能大宗出口的就是猪——在猪身上再课重税是不可能接受的，因此奥地利和匈牙利都能使塞尔维亚唯一获取利润的外贸事业毁于一旦。奥地利大公之死只是动员欧洲全部武装力量的借口而已。酝酿出了巴尔干半岛东北角一切仇恨的根源就是对猪收的税。

说起猪我们就想到，猪是吃橡子繁衍的。那就是猪在亚得里亚海、多瑙河和马其顿山之间的三角地区繁衍的那么兴旺的原因。因为那里有许多茂密的橡树林。如果罗马人和威尼斯人当年不是为了造船而那么不负责任地砍光的话，今天那里还可能有更多的树林。

除了猪以外，塞尔维亚还有什么资源能供养它1200万人的吃穿呢？还有少量的煤和铁。或许是我们这个世界上的煤和铁太多了的原因，把它们送到任何一个德国港口去都得花很多钱。正如我在前面说过的那样，塞尔维亚没有自己直接的出海口。

第一次世界大战后，塞尔维亚得到了匈牙利大平原即平时称伏俄蒂卡平原的一部分，这里特别适于发展农业，德拉瓦和萨瓦谷地可以向它的人民提供足够的谷物和玉米。与瓦尔达瓦河相连的摩拉瓦谷地是一条理想的贸易通道，它把爱琴海与东北欧联在一起，同时还是希尼通向君士坦丁堡和小亚细亚相连的主要通道（这儿也是康斯坦丁的出生地，是弗雷德里克·巴巴雷萨的主要活动地。他为了争夺圣地，暂时获得了著名的塞尔维亚斯特芬王子的支持，从这儿出发，进行他注定要失败的征战）。

但是大体说来，塞尔维亚很难成为一个发达的工业国家，就像保加利亚一样，充其量是斯拉夫民族中比较发达的农业国。谁要是把来自斯科普里和米特罗维察 6 英尺高的农民与曼彻斯特和谢菲尔德被宠坏了的工人进行比较，就会发现，命运对塞尔维亚的这种安排真是太残忍了。贝尔格莱德不妨永远保持一个像奥斯陆或伯尔尼那样的可亲的乡下城市的地位。可是，它真想跟伯明翰或芝加哥比比大小吗？说不定还真想呢！现代灵魂是奇怪的，塞尔维亚农民或许会在历史上首次违背祖传的价值观，就如好莱坞的宣扬者们的假冒文化观念一样。

第二十三章

亚洲的发现

2000 年前，希腊地理学家为"亚洲"一词的原始含义相互间争斗不已。有一种理论认为，Ereb 或者"黑暗"一词是来自小亚细亚的水手给西方的一块土地所取的名字，在这块土地上太阳下山了；"AUG"是指太阳在东方升起来的地方。

通常，马可·波罗被说成是第一个访问亚洲的欧洲人。但是，在他之前还有其他人，尽管我们不能很确切地知道他们的情况。在地理学领域常常发生这样的事情，那就是，是战争而不是和平扩大了我们对亚洲地图的了解。有机会能和海外的人做生意使得希腊人增强了对小亚细亚的了解。特洛伊战争并不是没有教育作用的。实际上，罗马人对"外国"土地非常感兴趣，而且他们也为自己有这种喜好而感到非常高兴。作为一种能让他们在国内过上更加奢侈生活的收入来源，所有的外国都成为了他们磨坊里的谷物。

十字军东征教会了欧洲一些关于小亚细亚、巴勒斯坦和埃及的事情，但是，他们眼中的世界到死海东岸就终止了。

最终使欧洲人具有"亚洲意识"的原因不是由于认真的"科学"探索，而是由于一个雇佣文人的工作，这个文人从来没有去过他所写的那些国家，他是一个贫穷的低级文人，正在寻找一个可能会让大众喜欢的题目来写。

马可·波罗的父亲和叔叔都是威尼斯商人，是他们所从事的生意使他们接触到了成吉思汗的孙子忽必烈。忽必烈碰巧是一个具有大智慧的人，他认为他的人民可以通过从西方引进一定数量的物品来获取好处。他听说有两个威尼斯人有时候会来到布哈拉，布哈拉这个国家在阿尔泰山脚下，位于阿姆河和锡尔河之间的土耳其斯坦。他邀请他们来北京，他们去了，并受到隆重的礼遇。几年以后，他们决定回家，可汗吩咐他们回家待一段时间，然后返回，并把他们经常谈到的聪明年轻的儿子和侄子马可带过来。

1275 年，经过三年半的长途跋涉之后，马可·波罗一家回到了北京。年轻的马可和他们所说的完全一样。于是，他成了北京宫廷里讨人喜欢的人，并且被提拔为一个省的长官，被授予头衔和荣誉。但是，24 年之后，他想家了，于是，他就取道印度（他走印度的一部分路程是坐船通过的）、波斯和叙利亚，回到了威尼斯。

他的邻居对他的夸大其词的故事一点都不感兴趣，还给他取了个绰号叫"马可百万"，因为他总是告诉他们说，可汗多么有钱，在这个或者那个庙宇里又有多少个金雕像，某某宰相的小妾有多少件丝袍。众所周知，当时即使君士坦丁堡的皇帝的妻子也只有一双丝袜，那么他们为什么要相信这些奇闻呢？

如果威尼斯和热那亚之间当时没有发生一点小争吵，如果马可作为一条军舰上的指挥官，没有被胜利的热那亚人俘获的话，那么"马可百万"可能会死，他的故事也许会随他一同消亡。他被关押了一年，和一个来自比萨的名叫拉斯廷罗斯的公民共住一个牢房。这个拉斯廷罗斯曾经当过作家，他曾经使很多亚瑟王的故事和廉价的法国小说，以及中世纪尼克·卡特的那些东西非常流行。他很快就认识到了伟大的马可·波罗的故事的宣传价值。在他们坐牢期间，他让马可把所有知道的事情都说出来，并把马可所说的一切事情都记了下来。他给世界写出了一本书，今天我们所读到的这本书的内容和它在 14 世纪首次出版时的内容是一样的。

这本书的成功之处也许就在于它不断地提及各种黄金和财富。罗马人和希腊人曾经模模糊糊地提到东方统治者的财富，但是，马可却去过现场，目睹了所有这一切东西。寻找去往印度的捷径的努力实际上就是从那个时候开始的，但是，这个任务是艰难的。

最后，在 1486 年，葡萄牙人到达了远至好望角的地方；10 年之后，他们去了印度；40 年之后，他们去了日本。同时，麦哲伦从东方回来的过程中，到达过菲律宾群岛。当时，对南亚的开发已经全面展开。

如果说欧洲带给我们文明，那么亚洲则带给我们宗教。

但是，亚洲不仅仅给予我们宗教的信仰，还给了我们建筑整个文明结构的基本原则。在我们最近的技术发明的全盛时期，我们会大声夸耀"我们西方伟大的进步"（我们有时候这样说）。但是，这种自我吹嘘的西方进步只是开始于东方的进步的延续而已。毫无疑问，如果西方不是从东方这座学校里学到了各种事情的基本原理，它是否能够有所成就，还是一个大大的问号。

古希腊的智慧不是在大脑中自发形成的，数学、天文学、建筑学及医学，不会像女神雅典娜一样，披坚执锐地从宙斯裂开的头颅中跳出来，准备好与人类的愚昧作战。它们是缓慢的、痛苦的、深思熟虑的积累过程，真正的先行工作是在幼发拉底河和底格里斯河沿岸完成的。

艺术和科学从巴比伦传到非洲，黑皮肤的埃及人掌握了它们；直到希腊人发明了几何图形，提出了完美的平衡原理，西方文明才达到一个足够的高度。从这一刻开始，我们才可以说出现了真正的"欧洲"科学。即便如此,"欧洲"科学还是有个在 2000 多年前就已存在并取得成功的亚洲祖先。

亚洲还把更多的福音赠予了我们。家畜、狗、猫及许多有用的四足动物,驯服的母牛和忠诚的马,还有羊和猪,这些都起源于亚洲。我们想一下,在蒸汽机发明以前这些动物所起到的作用,就会意识到我们欠了亚洲很多债。还要补充的是,我们菜单中的很大一部分菜,实际上几乎所有蔬菜和水果,大部分的鲜花及所有的家禽都来源于亚洲,它们多是由希腊人、罗马人或东征的十字军带到欧洲的。

然而,亚洲并非总是一个慷慨的东方主妇,将丰富的物产源源不断地从恒河和黄河边,带给西方贫穷的野蛮人。亚洲也曾经是一个可怕的工头。在 5 世纪时,曾经蹂躏过整个中欧的匈奴人就是亚洲血统。鞑靼人在 7 个世纪以后步其后尘,使俄国成了亚洲的属国,对欧洲其他国家也造成了长期的伤害,他们就是来自中亚的草原。土耳其人在长达 5 个世纪的时间里,导致那么多的流血和悲剧,并把东欧变成今天这副模样,他们也是亚洲的一个部落。

第二十四章

亚洲的高原

亚洲由 5 块面积不等的陆地组成，总面积有 1700 万平方英里。

首先，最靠近北极的地方坐落着一块大平原，然后是中部高地，接下来是西南高原，再往南是南部半岛，最后是东部半岛。

中亚高地起始部分地势比较平缓，是一系列低矮的群山，这些群山或多或少呈平行状，平等的山脉总是由东向西或由东南向西北延伸，但绝不会由北向南延伸。在许多地方，由于火山的猛烈喷发，地壳已经严重破裂、弯曲、起皱，这样，就形成了贝加尔湖东边的雅布洛诺山脉，西边的杭爱山和阿尔泰山及巴尔喀什湖正东的天山这样不规则的轮廓。这些山的西边是平原，东边坐落着蒙古高原，那里有草原、戈壁和沙漠，成吉思汗的祖先的故乡就在这块草原、戈壁、沙漠上。

草原、戈壁、沙漠的西边，还有一个稍微低点的塔里木盆地。塔里木河谷在罗布泊附近消失得无影无踪了。罗布泊是因为瑞典旅行者斯文·赫定的发现而出了名的。在地图上，塔里木河看起来像是沙漠里的一条小溪。但事实上，它的长度是莱茵河的 1.5 倍。别忘了，亚洲所占陆地的比例是非常大的。

塔里木盆地的正北面，在阿尔泰山脉和天山山脉之间有一个缺口。这片土地在我们的地图集中提到过，这就是准噶尔盆地，它直接与吉尔吉斯大草原相连。它由一个巨大的谷地构成，这个谷地就是一个通道，所有的沙漠部落，匈奴人、鞑靼人、土耳其人通过这里开始远征，展开对欧洲的掠夺。

塔里木盆地以南，更精确地说是西南方，地形变得很复杂。帕米尔高原是一个高大的高原，它也被称为世界的屋脊，是它将塔里木盆地与阿姆河河谷隔开。希腊人早就知道，帕米尔山脉是从小亚细亚和美索不达米亚通往中国的直接通道。这中间有许多障碍，但可以穿越许多山口而通过。这些山口的平均高度在海拔15000英尺至16000英尺之间。记住，雷尼尔山的高度是14000英尺多一点，勃朗峰为15000英尺多一点，这样你就对这些山区有所了解了，这里的山口比美洲和欧洲的最高峰都高许多。

但帕米尔高原仅仅也只是个开始。它是大的山脊由此向四面八方辐射的一个端口。向北有天山山脉；有将塔里木盆地与西藏分开的昆仑山脉；有尽管不长，但是十分陡峭的喀喇昆仑山脉；最后还有喜马拉雅山脉，它从南部将中国与印度分开，它以海拔超过19000英尺或者说超过5.5英里的高度打破了所有的"海平面最高"的纪录，它的珠穆朗玛峰和干城章嘉峰都达到了这个高度。

关于青藏高原，它的平均高度在15000英尺以上，这的确是世界上最高的地方。南美洲玻利维亚高原的高度在11000英尺至13000英尺之间，但那里实际上是无人居住区。

中国西藏的事实证明了人体所能适应的空气压力的极限。那些跨越里奥格朗德山，已经在墨西哥首都愉快地小住过几天的美国人，还是会觉得不舒服，而那里的高度才7400英尺。事先就有人警告他们说，每当他们走半个街区的距离时，就不要像在家里时那么急，而要放松，直到心脏不再像大锤那样猛烈跳动时为止。西藏人一天不仅要走100个街区，而且还要背着这个地区所需的各种物资去穿越各个山口。这些山口对于骡马来说，通常显得太陡峭了，而这些山口是他们与外部世界联系的唯一通道。

尽管西藏比处于亚热带的西西里岛还要靠南约 60 英里，但是，此地每年至少有 6 个月时间是冰雪覆盖，温度常常是在 −30℃ 以下。然而，这个高原上尽管可怕的风暴猛烈地刮过南部荒凉的盐沼泽，扬起的灰尘与雪给人们的生活带来极大的不便，但是它还是成为令人感到非常新奇的宗教场所。

在 7 世纪，佛教开始在西藏繁荣，拉萨对于佛教教徒，就有如罗马对于天主教徒，又有如麦加对于伊斯兰教徒——是最神圣的地方。

藏传佛教所信奉的并非是由那个文雅的印度王子所创立的纯粹的原始教义，那个印度王子生活和逝世于公元前 6 世纪。西藏一直是佛教的堡垒，在抵制从西边来的穆斯林和从印度南方来的异教宗派的冲击中起了很大的作用。它不断取得成功的原因可能部分地由于它的非常特殊的制度。

佛教徒相信灵魂可以转世。因而，乔达摩本人的灵魂也一定在世界上的某个地方延续着。教徒们所需做的就是找到他，使之成为忠诚信徒的首领。现在，我们不妨记住，比佛教晚出现很多年的基督教，其许多观点与制度，与它的老邻居和老对手是相同的。早在施洗者约翰隐退荒野之前，虔诚的佛教徒就有了避开魔鬼和肉欲的习惯。在圣西门爬上尼罗河河谷上他的柱子顶端之前，佛教的僧侣们早就过着独身、贫穷和纯洁的生活了。佛教的僧侣们还插手高级政治。成吉思汗的孙子忽必烈，也是一个虔诚的佛教徒，在他统治期间，指定了西藏一个重要的寺院的住持为全西藏的政治领导人。为了感恩，新的活佛以整个佛教世界精神领袖的身份，正式加冕这位鞑靼人可汗为蒙古皇帝，就如教皇利奥三世为查理曼大帝加冕一样。为了保持喇嘛在同一家族中的尊严（或者说至高无上的精神领袖），第一批达赖打破了过独身生活的规则，结婚并生了儿子以继承他们的地位。但到了 14 世纪，在西藏的僧人中出现了一位伟大的改革家，他是那种佛教中的马丁·路德式的人物。在他死后，古老的寺院秩序同以前一样得到了严格的恢复。他们的领袖，也就是那个被称作"如海洋一样大的喇嘛"的达赖喇嘛，又一次被全世界四分之一的人承认为他们精神的看护人。达赖喇嘛由班禅喇嘛或者说光荣的老师协助其工作，而班禅喇嘛就相当于副教皇。当时所施行的这种继承制度从来没有改变过。

不管是达赖还是班禅去世后，活着的那一个达赖或者班禅在其同事死后立即派人列出在西藏所出生的所有男孩的名单。因为他们相信，逝者的灵魂已经附在某一个男婴身上。经过长时间的祷告后，选了 3 个男孩的名字，并把他们的名字分别写在纸条上，放入小金瓶中。这个瓶子是几个世纪以前，由一个中国皇帝给的，它专门用于这种场合。然后，西藏所有的大寺院住持聚集到达赖喇嘛的大殿里。在西藏，有 3000 多个这样的寺庙，但只有少数几个大的寺庙可以派遣代表到这个最重要的佛教寺院。经过一个星期的禁食与祈祷后，他们从金瓶中抽取一个名字，叫这个名字的小孩儿就被认为是活佛的转世化身，并且交给僧侣们，让他们为他准备履行他的职责的事宜。

他的人生并不十分快乐。这种制度便于那些有权势的主持在幕后操纵他，使他成为一个懦弱的人，以便于他听从他们的命令，并使他们生活得舒服，而不顾及其他的六分之五的民众。这些民众不是僧侣，而是那些从事生产劳动并且要支持他们的精神导师的人。万一那个可怜的年轻人难以对付的话，那么还有几种聪明的办法和措施让他"回归天堂"。

尽管如此，这个制度一直延续了下来。不管是在 12000 英尺的高空中还是海平面上，这样的制度总是十分奏效。那些保护着西藏免受南面邻居的袭击的山脉给西藏提供了非常好的保护，以至于直到数年前，还没有任何外国人涉足过这块延续了 700 多年的活佛的圣地。这些山脉经常被刊登在公共出版物上，以至于它们的知名度比弗蒙特山还要大。在我们这个喜欢创造纪录的时代中，人们用羡慕的眼光盯着最后的那个没人攀登的重要的山峰。埃佛勒斯峰是以一个工程队长的名字命名的。在 19 世纪中期，这位工程队长把喜马拉雅山脉的这个地区用地图画出来，以供英国人进行测量调查之用。这个山峰的高度为 29000 英尺，差不多是雷尼尔山的两倍。人们想尽一切办法去登上珠穆朗玛峰都未成功。1924 年发起的伟大的珠穆朗玛峰远征到达了离顶峰数百码的地方，两名队员自愿进行最后的冲刺，他们装备了氧气瓶，与其他队友告别。最后看见他们，是在离顶峰 600 英尺的地方，从那以后他们就失踪了。珠穆朗玛峰仍然没有被征服。

但是，对于有抱负的登山者来说，这是一个理想中的区域。这个面积巨大的地区位于亚洲的心脏地带，这儿的山脉与瑞士的阿尔卑斯山相比较，后者当然就像小孩子在海边垒起的沙堆一般。首先，正如印度人所说的那样，这些终年积雪的山脉，差不多有阿尔卑斯山的两倍宽，面积是阿尔卑斯山的 13 倍多。这里的一些冰川是瑞士最重要的冰川的 4 倍长，40 座独立山峰的海拔超过 22000 英尺，其中的几个山口的高度是阿尔卑斯山山口的两倍多。

正如从西班牙延伸到新西兰巨大的地质褶皱的其他地区一样，喜马拉雅山相对年轻（甚至比阿尔卑斯山还年轻），其年龄在数百万年之内，还不是几亿年。需要很多霜冻和雨水才能摧毁它，并使之变平。但大自然的力量不利于岩石的形成，这种力量正在进行这种破坏活动。喜马拉雅山已经被 50 条小溪和河流造成的深谷切割成了不规则的碎块。印度的三大主要河流——印度河、恒河、布拉马普特拉河也在加速山体的解体。

从政治上说，喜马拉雅山非常宽广，把好几个独立的国家囊括其中。它们中的一些国家，比如说尼泊尔这个著名的廓尔喀族人之乡，他们享有一定的独立性，其面积是瑞士共和国的4倍，居民差不多有600万，它的廓尔喀族人保持着一定程度的独立性。

最后，如果你再翻阅一下地图，将会看到关于印度河和布拉马普特拉河的一点奇怪的事情。莱茵河是从阿尔卑斯山流下来的，密苏里河是从落基山脉流下来的。与它们不同的是，印度河和布拉马普特拉河不是从喜马拉雅山流下来的，而是从喜马拉雅山主山脉的背后流出来的。印度河发源于喜马拉雅山与喀喇昆仑山之间；布拉马普特拉河则先是自西向东横穿西藏高原，然后转个急弯，开始自东向西流与恒河汇合；恒河从喜马拉雅山与德干高原之间宽阔的谷地的中部穿过，而德干高原位于印度半岛的中部。

当然，流水有很强的侵蚀性作用，但是如果这两条河流在山脉形成以后才开始流动的话，那么它们自己开辟河道的可能性似乎不大。在地壳开始上升、挤压并慢慢形成那些巨大的褶皱之前，印度河和布拉马普特拉河就已经在那儿了，而那些巨大的褶皱将会成为现代世界最高的山脉。但是，山脉的升高非常缓慢（毕竟时间只是人类的一种发明，是永远没有时间限制的），以至于可以说，河流是借助它们的侵蚀力量，设法留在地面上的。

由于我们生活在其上的这层薄薄的凝固的外壳会像我们身体上的皮肤一样收缩和扩张，所以，地质学家的观点可能是正确的。我们肯定知道，瑞士的阿尔卑斯山正在自西向东缓慢地移动，而喜马拉雅山像南美的安第斯山脉一样，可能正在往上升。在大自然的实验室里，只有一种对所有的创造物都适用的法则——事物必须不断地变动，对那些违背者的惩罚就是死亡。

有一个宽大的山脉从帕米尔高原中部向正西方向延伸，最后到达黑海和爱琴海，实际上这个山脉只是由一系列高大的高原构成的。

这些高原都有为我们所熟悉的名字，因为它们在人类进步的历史上曾发挥过最重要的作用。我不妨更深入一点，说说这个最重要的作用。除非我们现在所有的人种学家所做出的推断是错误的，否则，印度河与东地中海沿岸之间的那些高地和河谷就不仅是孵化人类种族中的一个支脉的温床，而我们自己碰巧就属于这个支脉，而且还起到了一种文法学校的作用，在这种文法学校里，我们学到了初步的科学知识以及那些道德宗旨的首要原则，这些原则最终将人类与其他动物分开。

按照它们的顺序，这些高地中，第一个是伊朗高原。这是一片被高山环抱，海拔约 3000 英尺高的巨大的盐碱沙漠。它北靠里海和都兰沙漠，南临波斯湾和阿拉伯海，在它的北部和南部都没有充足的雨水，也无法在这个地区形成一条名副其实的河流。吉尔特尔山脉正好把俾路支与印度分开，它从 1887 年起就成为英国领土的一部分。在这里，有几条不太重要的小溪，这些小溪最后汇入了印度河。但是，当年亚历山大大帝的军队在从印度返回的途中，大部分军队就覆没于此。自从那时起，这里的沙漠便让人闻风丧胆了。几年前，当阿富汗落入新任统治者手中时，阿富汗这个国家曾非常引人注目。这个新任统治者曾试图通过一次场面壮观的欧洲旅行来为他自己和他的国家做宣传。这个国家有条河流叫赫尔曼德河，这条河发源于兴都库什山脉，最后消失在伊朗与阿富汗边境上的锡斯坦盐湖之中，是兴都库什山脉从帕米尔高原向南延伸的高大山脉之一。然而，阿富汗的气候比俾路支地区要好得多，而且，在许多其他的方面，阿富汗都显得重要得多。连接印度、北亚以及欧洲的原始商道正是穿过了阿富汗中部。这条贸易走廊是从西北边疆省的首府白沙瓦到阿富汗首都喀布尔，通过著名的开伯尔山口，然后再穿越高大的阿富汗高原，最后到达西边的赫拉特。

　　大约 50 年前，俄罗斯与英国开始争夺对这个缓冲国的最终控制权。由于阿富汗人恰好人人都是杰出的战士，因此，这种由南至北的和平式的渗透必须特别小心慎重才能完成。第一次阿富汗战争在 1838—1842 年爆发，这场灾难让人难以忘记。当时只有少数几个英国人回来报告其他的人，在试图将不受欢迎的统治者强加给不愿接受该统治者的阿富汗人时，是如何被屠杀的；此后，英国人继续小心谨慎地穿过开伯尔山口。当 1873 年俄罗斯人占领了希瓦并向塔什干和撒马尔罕挺进时，英国人被迫转移，以免某一天清晨他们一觉醒来，听到沙皇军队在苏莱曼山那一边搞小规模的射击演习。因此，皇帝陛下的代表在伦敦，女王陛下的代表在圣彼得堡，向各自的帝国和王室政府保证，他们在阿富汗的行为毫无半点私欲；相反，是一个应该受到尊重和颂扬的善举。英俄双方政府的工程师正在制订周密的计划，给可怜的阿富汗人带来福音，这些阿富汗人"因残酷的大自然的阻隔而失去直接通向海洋的机会"。由于有了铁路系统，从此以后，陷入黑暗中的阿富汗就可以直接分享西方文明所带来的福音了。不幸的是，这些宏伟的计划因第一次世界大战而受到了影响。俄国人的势力深入赫拉特，现在你能从赫拉特出发坐火车，经过土库曼社会主义苏维埃共和国（今土库曼斯坦）的梅尔夫，直达里海之滨的港口城市克拉斯诺沃茨克，然后转乘船只可抵达巴库和西欧。另一条路线是从梅尔夫出发，经过布哈拉到达乌兹别克共和国（今乌兹别克斯坦）的浩罕，而后从那里继续走，就抵达了巴尔克。巴尔克目前只能算得上是一个三流的村庄，它建立在古代的贝克特里亚的废墟上，而在 3000 年前贝克特里亚的地位就如今天的巴黎一样重要。它是由索罗亚斯德（或者查拉图斯特拉）发起的那场高度民族化的宗教运动的原始中心，索罗亚斯德不仅征服了波斯，并将其势力渗入远至地中海的地区，而且他的宗教经过一定形式的改革以后，深受罗马人的欢迎，以至于在很长的一段时期内，它成为基督教最强劲的竞争对手之一。

同时，英国人将他的铁路从海德拉巴推进到俾路支的吉达，再从吉达通到坎大哈。1880年，英国人在坎大哈为自己在第一次阿富汗战争的失败复了仇。

而伊朗高原还有一个地区值得我们去关注。今天，它仅仅存在于过去伟大的影子中，但是当波斯这个名字代表着在绘画、文学领域以及生活的高难艺术中的精华时，它一定是一片非常令人感兴趣的土地。波斯的第一个光辉时代，可以追溯到公元前6世纪。当时，波斯是一个帝国的中心，这个帝国从马其顿一直延伸到印度。这个帝国被亚历山大大帝破坏了。然而，500年以后，在萨珊王朝的统治下，波斯又光复了古代的薛西斯与冈比西斯时代的领土。他们恢复了以前纯洁的索罗亚斯德教信仰，收集经文并编辑成册，这就是大名鼎鼎的《阿维斯陀经注解》（Zend-Avesta）；并把沙漠变成了开满伊斯帕罕玫瑰的地方。

早在7世纪的时候，阿拉伯人征服了波斯。但是，如果人们果真可以通过一个国家的文学来了解这个国家的话，那么来自尼沙布尔帐篷制作商（tent-maker）之子奥玛尔的作品，就见证了从前曾盛行于库尔德斯坦和呼罗珊之间的沙漠的高雅品位。一个数学教授将毕生的精力用在代数学和四行诗上，他的四行诗歌颂了爱情的欢愉和陈年红酒的甜美。这是一种罕见的现象，只有一种既智慧又成熟的文明才能允许他出现在教育的圣殿里。

然而，今天的人更多的是出于更实际的原因，才对波斯产生了兴趣。这个国度拥有石油，而对于一个国家而言，最糟糕的事，莫过于其羸弱的国力无法保卫自己的国家利益。从理论上讲，任何地方的本地居民，应该是埋藏在其祖先坟墓下面的宝藏的主要受益人，但是，现实的情况却并不是这样的。苏丹的几个亲密朋友虽然远在德黑兰，却因为拥有特许经营权而发了财，而居住在油井附近的几千人，却只能在那里找到临时的工作获取微薄的收入，其余的财富都落入了外国投资者的口袋，而这些人只把波斯看成是一个地毯的名称而已。不幸的是，波斯似乎总是处于贫困和管理不善的状态之中。它所在的地理位置不但未能带来半点好处，反而给其带来了厄运。这儿就是一片沙漠，然而，当这片沙漠位于主干道，而这个主干道又是先后连接世界上最重要的两个地区的陆桥的一部分时，那么沙漠将永远成为一个战场，成为敌对双方争夺的目标。我刚才说到的波斯就适用于整个西亚地区。在从帕米尔到地中海方向的一连串高原中，最后的高地就是亚美尼亚和小亚细亚。亚美尼亚是伊朗大高原向西部的延续，它是一块很古老的土地，这儿的火山土壤的形成时期很古老，人们受苦的历史也很古老。它是另一个起桥梁作用的地区。任何人想从欧洲抵达印度，都需要穿过高大的库尔德斯坦山脉的谷地。在这些旅行者中，总会混杂着一些臭名昭著、杀人不眨眼的人。它的历史可以追溯到大洪水时期。阿勒山是整个地区最高的山，其高度为海拔 17000 英尺，比埃里温平原差不多高出 10000 英尺，当大洪水退去之后，"挪亚方舟"靠岸之地就是阿勒山的顶部。对于这件事情，我们知道得很清楚，因为当时是在 14 世纪初，比利时物理学家约翰·德·曼德维尔爵士曾考察过这个地方，他还发现了山顶附近有古老的船只的部分残骸。亚美尼亚属于地中海种群，因而是我们的近亲。但是，他们是什么时候来到这些山区的，仍然不能确定。然而，按照最新的死亡速率，亚美尼亚人很快就会灭绝了。仅仅在 1895—1896 年，当时统治这一地区的土耳其人就屠杀了数以万计的亚美尼亚人。

接着，我们将注意力从一贯受土耳其人的愤怒所伤害的受害者，转向土耳其人本身。我们再向西走一点，进入小亚细亚高原。

小亚细亚，曾经只是过去的苏丹帝国的一个行省，如今却成了土耳其人称霸世界的残存的梦。小亚细亚北靠黑海，西边是马尔马拉海、博斯普鲁斯海峡和达达尼尔海峡。这些水域将小亚细亚与欧洲隔开，南面是地中海，托罗斯山脉将内地与地中海隔开。小亚细亚这一地区比伊朗、波斯或者亚美尼亚的地势要低得多，横贯这一地区的是一条很著名的铁路，即所谓的巴格达铁路。在过去的 30 年中，这条铁路起了非常重要的作用。英国和德国都想拥有这条铁路的特许经营权，因为它将连接君士坦丁堡和底格里斯河畔的巴格达以及士麦那，士麦那是亚洲西岸的重要港口，亚洲西岸还有叙利亚的大马士革和阿拉伯的圣城麦地那。

英、德两国刚就此事达成协议，法国又站了出来，坚持要在铁路收益中分配到利益。法国因此获得了小亚细亚北部铁路的控制权。在这里，特拉布宗与西方的交通线还有待于适当地建设。于是，外国工程师就开始在这块古老的土地上进行道路的勘测工作。就在这片古老的大地上，雅典殖民地的希腊哲学家们首次对人和宇宙的本性进行了思考；也同样在这块古老的土地上，神圣的教会委员会给世界带来了一种铁一般坚固的信仰，欧洲人在这种信仰中生活了 1000 多年；这块古老的土地也是塔尔苏斯的保罗出生和布道的地方；这块古老的土地还是土耳其人和基督徒争夺地中海的世界霸权的地方。

按计划，这条铁路要远离海岸线，绕过了那些在古代和中世纪历史上几乎是具有传奇色彩的港口——阿达纳、亚历山大勒达、安蒂奥克、特里波利、贝鲁特、蒂尔、西顿以及巴勒斯坦多岩石领土上唯一的港口——雅法，此港为山区最主要的港口。

如德国人期望的那样，战争一旦爆发，新铁路线就扮演了极其重要的角色。由于这条新铁路使用的都是德国最好的设备，加上在君士坦丁堡停泊着两艘大型德国军舰，基于这两个非常实际因素的"考虑"，土耳其人最后还是加入了同盟国而不是加入协约国。从战略的角度来说，这条铁路设计的合理性在其后的 4 年中得到了显现。因为这场战争的胜负最终取决于海上和西线战场。当西线全面崩溃很久之后，东线才败退下来。让全世界感到惊奇的是，土耳其人在 1918 年战争中的表现，与他们的祖先在 1288 年时的表现同样出色。1288 年时，他们的祖先塞尔柱土耳其人征服了整个亚洲，并首次把渴望的目光投向了博斯普鲁斯海峡对岸的君士坦丁堡帝国那坚不可摧的城墙。

那时，山地高原已经非常富裕，因为小亚细亚尽管是欧亚之间的陆桥的一部分，但是，它从来未曾有过亚美尼亚和波斯伊朗高原那样的遭遇。这是因为，小亚细亚不仅是商业大道的一部分，而且还是印度及中国通往希腊与罗马的所有商道的终点站。因为在早期，地中海地区最具活力的学术活动和商业活动不是在希腊本土进行的，而是活跃于西亚诸城市，希腊本土的城市已经将这些西亚城市变成了希腊的殖民地。在这些殖民地上，古老的亚洲血统与新的种族相融合，最后就产生了一种无与伦比的绝顶睿智和敏锐的混合体。即使在现代地中海东部的诸民族中，他们也臭名昭著，商业上不守信誉，品行不够忠厚老实。这样看来，我们可以察觉到这个古老种族的一些特性。在长达 500 年的时间里，这个种族打败了许多敌人，存留了下来。

塞尔柱人统治到最后的分崩离析是不可避免的。尽管土耳其人是一股处于退化变质中的力量，但他们常常所向披靡。不过，今天的这个小半岛实际上是古代奥斯曼帝国辉煌的残余。苏丹们已经销声匿迹。亚得里安堡是除君士坦丁堡之外的另一座留在欧洲的土耳其城市，土耳其人的祖先在这座城市居住了近百年之后，在 1453 年迁到了君士坦丁堡，在这个地方他们统治了整个巴尔干半岛、全部匈牙利和俄国南部的大部分地区。

在长达 400 年的时间里，难以形容的管理混乱使帝国遭到毁灭性的打击，并铸成了今天这样的局面。君士坦丁堡是商业垄断的最古老、最重要的范例。在几千年的时间里，它是俄罗斯南部的粮食贸易的基地；同样是这个君士坦丁堡，曾经受到大自然的恩宠，其港口逐渐成为著名的"金角""富角"，港口丰富的渔业资源可以使人们都不用挨饿。如今，却已沦落为一个三流的省会城市。土耳其新主人们在宣布和平之后收拾残局，他们明智地认为，君士坦丁堡已经处于堕落变质之中，城市里杂居着希腊人、亚美尼亚人、地中海东部地区的人、斯拉夫人等，这座城市几乎不可能承担起恢复土耳其人的活力，将土耳其变成一个现代国家的任务。于是，这些土耳其的新国家领导人就为他们自己挑选了一个新首都，即位于安纳托利亚山脉中部的安卡拉，该城就在君士坦丁堡以东 200 英里的地方。

安卡拉也是个古老的城市，非常古老。公元前 400 年，有个叫作高卢的部落曾居住在这儿。就是同样的高卢人，后来占领了法兰西平原。同位于这个主要商道上的所有其他城市一样，安卡拉也曾历经变迁的兴衰。它曾被十字军占据过，被鞑靼人践踏过，甚至晚至 1832 年时，连同整个周边地区都被一支埃及军队摧毁过。但是，凯末尔·帕夏在那里建立了他的新国家的首都。他清除了一切不能被融合的因素，用居住在土耳其的希腊人和亚美尼亚人换回了在其他国家居住的土耳其人。他用同样卓越的才华建立了他的军队和信誉。他使新土耳其得到了世界不断的关注。尽管上天都知道，在经过长达 1500 年的战争和被忽视之后，安纳托利亚山脉已经生产不出什么足以让西方银行家认为有价值的东西了。

与此同时，小亚细亚仍然被认为是亚欧之间未来贸易往来最为重要的地区。士麦那正在恢复它以前的地位。古代时期的亚马孙族女战士们曾统治过亚洲这个地区并建立了奇特的国家，在这个国家里所有的男孩都要被杀死，男人们每年只允许进来一次，其唯一的目的就是延续这一种族的香火。

再往北一点，穿过帕加马废墟（古代最大的文学艺术中心，为我们奉献了羊皮书资料），铁路线绕过特洛伊平原，与马尔马拉海边的班德尔马连在一起。从班德尔马乘船到斯库台湖，只需花费一天时间。在斯库台湖地区，著名的东方快车（伦敦—加莱—巴黎—维也纳—贝尔格莱德—索菲亚—君士坦丁堡）与开往安卡拉和麦地那的火车连在一起，同时也与另外一些火车相连，这些火车经过阿勒颇—大马士革—拿撒勒—卢德（去耶路撒冷和迦法，可以改乘汽车前往）—加沙—伊斯梅利亚—坎塔拉，与苏伊士运河连接，并从苏伊士运河出发沿尼罗河远达苏丹。

如果不是第一次世界大战的爆发，通过这条道路可以获得巨大的商业利润，通过铁路可以从西欧把货物和乘客运送到印度、中国和日本去，最远可达苏伊士运河，再从这些地区坐船走完其余的旅程。但是，4年的战火造成的巨大破坏需要时间来修复，在这之前，飞机可能会成为运送旅客的通用交通工具。

小亚细亚的东部居住着库尔德人，他们是亚美尼亚人自古以来的敌人。同苏格兰人和大部分山区人一样，库尔德人分成诸多部落，他们具有强烈的自尊心，不喜欢商业文明或者工业文明。他们是十分古老的种族，在古巴比伦楔形文字的铭文中就有所提及，而根据色诺芬的作品《万人撤退》，库尔德人和我们原本同属一个血统，但后来他们皈依了其他宗教。正因为如此，他们从来就不信任那些信仰基督的邻邦。他们这样做是有原因的，我们这些曾经在那个时期生活过的人都知道，当"官方谎言"成为一种国家战略时，人们就有理由对此记忆犹新。

当和平的时刻到来，没有人对这一结果表示满意，旧恨未决，新仇又接踵而至。对于昔日土耳其帝国的部分地区，几个欧洲大国现在更是以"委托统治者"的身份指手画脚。而结果却证明，在对待土著人方面，这些委托统治者的所作所为同当年的土耳其人相比，其残酷程度一点也不少。

在叙利亚投入了大量钱财的法国人控制了叙利亚，他们组成了一个法国高级委员会，配备有大量的资金和军队，开始统治300多万叙利亚人。毫无疑问，这些叙利亚人没有被纳入欧洲的"托管地"。对他们而言，这就意味着成了殖民地，只是名字稍稍不那么难听而已。很快，前叙利亚的几个大民族就把他们之前的矛盾放在了一边，而有了共同的憎恨目标——法国人。为了维持自己的统治，法国人不得不竖起了许多绞刑架。但是很显然，社会秩序被重构，叙利亚不久就沦落成了第二个阿尔及利亚。但这不意味着叙利亚人比以前更喜欢他们的委任统治者了，而是他们的领导人被绞死了，其他的叙利亚人缺乏继续斗争的勇气。

在底格里斯河和幼发拉底河流域，出现了一个君主国，巴比伦和尼尼微的废墟现在成了伊拉克王国的一部分。但是，新的当权者并不能享有汉谟拉比或亚述巴尼拔那样自由行动的权利，因为，他们已成为英国的附庸，费萨尔国王如果需要做出某个比重新挖掘几条古巴比伦排水渠更重要的决定，就需要得到伦敦的准许。

至于巴勒斯坦，也是这个地区的一部分。这是一个很奇异的国度，我将不得不只对它做简短描述，以免对一个小国的描述会挤占本书其余的空间。这个小国像石勒苏益格—荷尔施泰因一样，只不过是一个九流的欧洲公国。但是，不知什么原因，它在人类历史上所起的作用比许多一流帝国的作用还要大。

犹太人的原始祖先在离开了美索不达米亚东部荒凉的村庄后，穿过了阿拉伯沙漠的北部地区，跨过了西奈山与地中海之间的平原以后，先在埃及生活了几个世纪，最后又沿路返回。当他们来到朱迪亚山脉和地中海之间那一小片狭长的沃土上时，他们停下了脚步，与当地的原始土著人展开了激战。他们占领了原始土著人大量的村庄和城市，从而建立了自己独立的犹太国家。

他们在这里生活得并不十分舒适。在西侧，腓力斯人和来自克里特岛的非闪米特人移民完全控制了沿海地带，完全切断了犹太人通向公海的路；在东侧，有我们之前提到过的最奇特的自然现象，即在岩石中有一条自北笔直向南的、其深度低于海平面1300英尺的大裂谷，这条裂谷将他们的国家与亚洲其他地区隔开。这条大裂谷北起黎巴嫩和前黎巴嫩山脉之间，沿着约旦河河谷、提比利亚湖或者加利利海（低于海平面526英尺）、死海（低于海平面1292英尺，而加利福尼亚的死亡谷只低于海平面276英尺，它是美洲大陆的最低点），从那里（约旦河最终注入死海，死海由于不断地蒸发，含盐量达25%），经过这片古老的土地，到达红海之角亚喀巴湾。

这条大裂谷的南面是世界上最炎热最荒凉的地区，充斥着沥青、硫磺、磷酸盐和其他可怕的成分。现代化学已经使这些东西成为非常值钱的东西（在第一次世界大战之前，德国人就建立了一个庞大的死海沥青公司），但是这些东西一定使从前的人们感到恐怖和害怕，使他们将所多玛和哥摩拉这两座城市在一次普通的地震中的毁灭，归结于上帝表现出来的报复行为。

当最早的一批来自东方的移民翻越了与这条大裂谷平行的朱迪亚山的山岭后，这儿的不同气候和景象一定给他们留下了深刻的印象，他们可能会因为找到了一块"流淌着牛奶与蜂蜜的土地"而欢呼雀跃。现在到巴勒斯坦去的人，会发现那里几乎没有什么牛奶，蜜蜂也显然因为没有足够的鲜花而早就死了。然而，这并非人们常说的气候变化的结果，现在的气候与当年耶稣的信徒从达恩去贝尔谢巴时的气候相差不大。当年，他们没有费多大的劲就弄到了每天要吃的面包和黄油，因为一路上椰枣和本地佳酿到处都是，旅行者的简单需求都能在此得到满足。然后，整个面貌因为土耳其人和东征十字军而改变。独立时期和后来罗马人统治时期留下的古老的灌溉设施都被十字军破坏了，后来的土耳其人又把余下的部分摧毁了。这个只需要水就能够丰产的土地就这样彻底荒芜了。最后，十分之九的农民，或是坐以待毙，或是背井离乡。耶路撒冷沦落成了贝都因人的村庄。

阿拉伯人征服耶路撒冷以后，他们就在那块岩石上建起了一座清真寺。根据传说，他们的远亲所罗门是亚伯拉罕的另一支嫡系后裔，所罗门在这一地方也曾建造过一座著名的寺庙。只有天知道这是发生在多少世纪以前的事。可是，为了争夺这块圣石以及建在它周围的那道墙的所有权（此墙有部分是正统犹太人传统上的"哭墙"），两个种族之间展开了持续不断的争斗，这两个种族就构成现在巴勒斯坦托管地的人口。

人们对未来还能指望什么呢？当英国人占领了耶路撒冷以后，他们发现这个地区80%的人为穆斯林（叙利亚人和阿拉伯人），20%是犹太人和基督教徒。英国作为现代世界最大的穆斯林帝国的统治者，不能去伤害他们那如此众多的忠实臣民的感情，也不敢将50万巴勒斯坦穆斯林交到20万犹太人手中任由其处置，而这些犹太人如果要对穆斯林大开杀戒的话，其理由实在是太多了。

这件事的结果就是，出现了凡尔赛和会之后的妥协方案。而这些方案让所有人都不满意。巴勒斯坦现为英国的托管地，英国军队在不同的民族之间维持秩序，总督从英国最知名的犹太人中选举而生，但是巴勒斯坦仍然是一个殖民地，并不能享受到完全的政治独立。在巴勒斯坦战争初期，贝尔福先生在谈到要把这些地区建成犹太种族未来的家园时，曾经口若悬河地讲到这种完全的政治独立，但是却讲得非常含糊。

如果犹太人清楚要在古老的祖国做什么，那么事情就会简单得多。东欧的正统犹太人，特别是俄国犹太人希望这里可以维持原样，建成一所规模宏大的神学院，里面建一个小型的希伯来人古迹博物馆，青年一代记住了先知的至理名言："死者应该埋葬死者。"他们感到，过多地哀叹往昔的荣耀与辉煌只会对明日的辉煌与荣耀产生不良的影响，他们希望把巴勒斯坦建设成为一个正常的现代化国家，就如同瑞士或丹麦那样的国家一样，这才是那些摆脱了对犹太隔离区生活的记忆的男男女女正在关心的事情，他们将兴趣更多地投向建设好的道路和灌溉渠，而不是和阿拉伯邻居争夺几块旧的石头，而这些旧石头可能是，也可能不是利百加用于取水的井里的石头，但是这种石头却成了进步的绊脚石。

由于巴勒斯坦的大部分地区是自东向西呈明显坡度的起伏地形，因此，实际上有可能对这些荒芜了的、地力耗尽了的土地进行开垦以用于农业生产。海风每天都吹拂着大部分地区，给整个地区带来了浓厚的露水，使之成为种植橄榄的理想场所，而杰里科这个建在可怕的死海地区的唯一重要城市，可能会再一次变成椰枣贸易的中心。

由于巴勒斯坦的土地上既无煤矿也无石油，因此这里不会引起外国企业家的注意。

第二十五章

阿拉伯半岛

　　根据在我们普通地图册上的地图，或者根据地理手册，阿拉伯半岛是亚洲的一部分。但是，对一个不了解我们星球历史的来自火星的访客来说，就有可能得出不同的结论，因为著名的阿拉伯沙漠——内夫特沙漠——只不过是撒哈拉沙漠的延伸，只是那条被称为红海的无关紧要的印度洋浅湾将它与撒哈拉沙漠分隔开来了。

　　红海里布满了暗礁，其长度是宽度的 6 倍，平均深度约为 300 英寻（1 英寻 = 6 英尺 = 1.8288 米），但在它与亚丁湾（实际上是印度洋的一部分）的相连处，其深度只有 2—16 英寻。这片处处是小火山岛的红海，在波斯湾形成之前，很有可能原本是一个内陆湖泊，这个内陆湖泊直到波斯湾形成之后，才具有了海的地位，就如北海直到英吉利海峡出现之后才能称之为真正的海一样。

　　阿拉伯人对他们自己究竟属于亚洲人还是非洲人，一点兴趣也没有，因为他们称自己的国家为"阿拉伯人的岛屿"。这对一块面积是德国 6 倍大的土地来说，是一个勉为其难的称呼。这个地区的居民数量却与面积大小一点都不成正比，其人口还没有超过大伦敦区的人口。但这 700 万现代阿拉伯人的原始祖先，一定拥有超凡的体魄和顽强的精神，因为他们的原始祖先在没有得到大自然母亲一点帮助的情况下，以非同寻常的方式给整个世界留下了不可磨灭的印象。

首先，他们所居住的这片地区，气候条件不宜于人类生存。这个撒哈拉沙漠的延伸区不仅完全没有河流，而且还是地球上最热的地区之一，只有最南端和最东端的沿海地区潮湿多雨，这里实际上不适于欧洲人居住。但是，在半岛的中部和山脉高达6000英尺以上的西南部地区，气温的突然变化使人和动物都难以忍受。天一变黑，气温的变化就马上开始，在半小时内，温度计就会从华氏80度降到华氏20度。如此巨大的温差，导致人和动物都很难适应。

如果没有地下水，那么内陆地区都会变为无人区。而除了紧靠英国的亚丁居民区以北的地区外，沿海地区也好不了多少。

而且，从商业角度来看，整个神圣的半岛还敌不过曼哈顿岛的低洼地区。

足以让人感到奇怪的是，阿拉伯半岛从来没有出现一个像法国和瑞典那样的国家。第一次世界大战期间，协约国急需外界的帮助，就到处不负责任地乱许诺。结果，冒出了13个所谓的独立国家，这些国家从波斯湾一直延伸到亚喀巴湾之间，甚至延伸到更北的地区。在这个北部地区，由一个听命于耶路撒冷的埃米尔统治的外约旦，将巴勒斯坦和叙利亚沙漠隔开。但是这些国家中的大多数只不过是名义上的。

第二十六章

印 度

是伟大的亚历山大大帝发现了印度，那正好是耶稣出生前 300 年。但是亚历山大并没有深入印度多远，他只是去了锡克人的老家——旁遮普，绝对没有进入这个国家的中心地区。当时印度人和现在一样，主要居住在恒河流域，恒河的北面是喜马拉雅山，南面是德干高原。18 世纪时，葡萄牙人瓦斯科·达·甘米到了马拉巴尔海岸的果拉，欧洲人这才对马可·波罗传说中的神秘土地有了一些了解。

从欧洲到这块盛产香料、大象和金殿的国度的水上通道一旦建立起来，地理学家们就会迅速地搜集到许多信息，阿姆斯特丹的地图制造商就不得不加班干活。从那以后，该半岛上的每个角落都被踏遍了，下面是我尽可能地为这片土地做出的描述。

印度西北部与世界其他地方的联系被兴都库什山脉——库莱曼山脉一线所切断，北部则是喜马拉雅山。喜马拉雅山呈半圆形，从兴都库什山直到孟加拉湾。

别忘了，印度地图的比例尺很大，比欧洲地图的比例尺大得多，因此显得欧洲的一切都很小，看起来让人觉得滑稽可笑。首先在地图上，如果不计算俄国，印度的面积与欧洲相差不多，如果把喜马拉雅山放到欧洲，它就会从法国的加莱一直延伸到黑海，喜马拉雅山上至少有 40 座山峰和欧洲的最高峰一样高，甚至更高，山上冰川的平均长度是阿尔卑斯山的 4 倍。

印度是世界上最热的地区之一，有好几个地方的年平均降雨量也居世界首位（年平均降水 1270 毫升），人口是 3.5 亿，有 150 种地方方言。如果天随人愿，十分之九的人可以依靠自然自给自足；如果天不遂人愿，每年因饥荒而死亡的人数会超过 200 万（我提供的数据是 1890 到 1900 年的）。现在英国人已经控制住了印度瘟疫的传播，平息了种族之间的混战，并在当地建立了许多水利灌溉设施，引进了一些基本卫生设备（这些当然是由印度人自己出钱），但印度人的生育速度也更快了。如果瘟疫、饥荒再次来临，重蹈覆辙是必然的，贝拿勒斯山又将会有 24 小时的繁忙，他们很快就会变得和以前一样穷。

印度的主要河流都与山脉平行，西边的印度河，首先流经旁遮普全境，然后冲过北部山区，它为后来亚洲北部的征服者们进入印度斯坦的腹地提供了一条方便之路。至于恒河，是印度人的圣河，开始时几乎往正东方向流淌。在流入孟加拉湾前，也发源于喜马拉雅山群峰之中的布拉马普特拉河汇入其中，也完全向东流淌，只是遇到卡西山，才改为从东向西流，不久汇入恒河。

恒河与布拉马普特拉河流域的平原地带是印度人口最稠密的地方。两条大河相汇处是印度最主要的机械制造中心——加尔各答市，四周有很多阴暗潮湿的沼泽。

恒河流域，也被称为印度斯坦（寓意：真正印度人的土地），物产丰富，如果不是世界范围内都出现了人口过剩的话，虽然这儿人口众多，也还是有利可图的。首先，该地出产大米。印度、日本、爪哇人民都吃大米，并不是因为他们多喜欢大米。他们吃大米，因为每平方英里、每平方英尺甚至每平方英寸生产的大米都要比同一块地上生产的其他种类的粮食作物的产量高。

稻米的耕种既困难又费劲，"费劲"不是一个令人愉快的词，但却是描绘这种过程唯一的词，因为它迫使数亿的男男女女把他们的大部分时间用在泥浆之中踩来踩去。水稻最先播种于泥里，当秧苗长成 9 英寸高时，用手拔出来，转种到水田里。秧苗必须要用水来养。最后，这些令人讨厌的泥水通过一些复杂的排水系统放入恒河，对，就是那个供印度人洗漱和饮用的恒河。因此，恒河对贝拿勒斯来讲起到了给排水的作用。贝拿勒斯是印度的罗马，或许也是世界上最古老的城市之一。到此时，那些脏水已经完全融入到了印度人的生活中，洗涤一切罪恶，有着神圣的意义。

恒河流域的另一种农产品是黄麻。麻黄是一种纤维植物，一个半世纪以前才被首次送到欧洲，可以用作棉花和亚麻的替代物。黄麻是植物的内皮，它的生长就如水稻一样需要大量的水。收割的黄麻先要在水里浸泡数周，再取出来送到加尔各答工厂里，加工成麻绳、麻袋，还有当地人穿的粗布衣裳。

那里还生产一种木蓝，人们可以从中提炼出蓝色。最近人们才发现，与从煤焦油中提取相比，从木蓝中提取要便宜得多。

最后，他们还生产鸦片。鸦片最初是用来缓解风湿病人的痛苦的。在这个国家，为了种植所需的水稻，大多数人的大部分时间都要在齐膝的泥里耕作，所以风湿病很常见，需要鸦片。

恒河流域平原外边的山上，原来的森林改成茶园。因为茶的生长需要湿热的环境，生长的地方最好是在山坡上，因为流水伤害不了植物细嫩的根。

恒河平原的南部是三角形的德干高原。德干高原上有三种各不相同的作物，北部山区和西部，是出产柚木的主要地区。柚木木质坚硬，不变形不弯曲，也不会像铁一样生锈。在铁船发明之前，这种木料大量使用在造船业上，现在还在其他制造业中广泛使用。

德干高原中部降雨量极少，是另外一个经常发生饥荒的地方。那里适合种植棉花以及少量的小麦。

至于西至马拉巴尔，东至科罗曼德尔的沿海地区盛产大米、小米，供给着众多人口。小米是我们进口用来当鸡饲料的那种粮食，印度人却用它当粮食吃，像我们吃面包那样。德干高原仅是印度的一部分，这儿发现了煤、铁和金矿，只是这些矿藏从来就没有认真开采过，部分原因是德干河水流湍急，不便航行。另外，此地也还没有发现任何其他有价值的东西，老百姓也从未走出过他们的村庄多远。那里的人民没有财产，在那样的地方修路根本得不到什么回报。

科摩林角东部的锡兰岛，实际上是印度半岛的一部分，把它与德干分开的是保克海峡。那里布满了各种暗礁，挖泥船必须不停地工作，才能保证通航。在锡兰和大陆之间由暗礁和沙滩搭起的一种天然桥梁，被当地人称为"亚当桥"，因为亚当与夏娃没有服从上帝的旨意而使上帝生气了，他们在恐惧之下从这种桥逃离伊甸园。根据当地人的传说，锡兰就是原来的伊甸园。如果与印度其他地区相比，说这儿是伊甸园一点也不夸张。该岛不仅气候宜人，雨量适中，土地肥沃，物产丰富，而且是躲避印度罪恶世界的庇护所。由于印度人拒绝信仰佛教，认为它的精神要求太高，而锡兰人却无比信奉，并用它躲避了等级森严的种姓制度。甚至直到今日，佛教中的种姓制还是印度宗教中不可分割的一部分。

地理与宗教的关系比我们通常所想象的要密切得多。在印度的任何事中，宗教都会处于最高地位，这是因为数千年来，宗教一直在人的思想中处于绝对的统治作用，甚至可以主宰一个人日常生活中的一切，包括所说、所想、所做、所吃、所喝，当然也能指导你什么不能说，什么不能做，什么不能吃，什么不能喝。

为了了解宗教如何对印度产生影响的，我们有必要追溯到史前时代，回到 1300 年前，也就是希腊人首次到达爱琴海的时候。

那时印度岛上居住着一个黑色皮肤种族，即达罗毗荼亚人，他们或许就是德干地区的原住民。雅利安种族的人（我们就是这个神族的后裔）后来分成两大支族，他们离开在亚洲的家，以便寻找更适合生活的地方。他们一部分向西走，在欧洲住了下来，后来还漂洋过海到了美洲；另一部分穿越了兴都库什山脉和喜马拉雅山，在布拉马普特拉河、印度河和恒河流域定居下来，并从那里进入德干高原，再沿海岸线到了西部的格哈茨和阿拉伯海，终于到了印度南部——锡兰。

这些新来者与土著居民相比，不仅人数众多，而且武器强得不是一星半点。他们对土著人就像所有的强大民族对弱小民族一样，嘲笑他们是黑人，把他们从稻田里赶走，自己的女人不够分配时，就强占他们的女人（穿过开伯尔山口是那么困难，不可能让他们从亚洲携带那么多女人同行），当地人只要露出一点点反抗的表现都会被杀死，幸存者被强行送到半岛最荒凉的地方，让他们自生自灭。

但是，当地的达罗毗荼亚人在总人数上要比雅利安人多得多，结果出现低级文明影响高级文明的现象，防止此类事情继续发生的唯一方法，就是把黑人们严格地圈在他们原来居住的地方，限制出入。

现在的雅利安人，也像我们人种中所有的人一样，一直有一种把社会划分成差异鲜明的阶层或种姓的倾向。"社会等级制"的概念和含义，全世界都知道。美国甚至在启蒙时期就已经有了。他们对犹太人的一贯而终的歧视就产生于不成文法的社会偏见，在美国南部甚至有正式的法律规定，黑人只能乘坐专门的火车或电车。纽约市可以说是个著名的文明包容的城市，但要了我的命我也不敢带深色皮肤的朋友（黑人、印度人或爪哇人）去餐馆一起吃晚餐。

但是，我们之中的种族制度还绝对没有演变成社会经济行为的固定模式。从这个阶层通往另一个阶层的门被认为是非常谨慎地关闭着的。然而，我们都知道，推门力气够大的人，有小金钥匙的人，或是窗户敲得够响亮的人最终还是会被接纳的。另一方面，征服了印度的那些雅利安人，又用石头把等级间相通的房门堵死了。从那时起，社会的每一个阶级都把自己关在一个小房间里，他们被迫停留在原来的位置上，直到今日。

出现这样一种制度绝对不是偶然现象，人们不会突发奇想创造出一个让自己高兴而让邻居们发火的制度。它是因为恐惧而出现的。雅利安的征服者最初被划分为宗教人士、武士、农民、长工几个阶级，他们对刚刚失去了国家，但人数众多的达罗毗蒂亚人没什么管制能力，就铤而走险，采取某些极端手段，如把所有的黑人圈在"他们原来的土地上"安分守己。当他们这么做时，并没有觉得这样有什么不对。世界上当时还没有任何一个种族敢采取这样的步骤去对待其他种族。他们还将这个人为的"等级制度"往宗教方向曲解，印度的宗教只被三个等级的人所独占，所有地位卑微的人都被排除于宗教大门之外，让他们自谋出路。为了清除自己与其他卑贱的人接触后带来的肮脏影响，每一个等级的人都用一个完全属于宗教仪式或宗教习惯的栅栏，把自己与外界隔离开来，最后的结果是，除了他们自己外，没有人能闯出那没有意义的禁区。

种种迹象表明，印度正处在社会变革和精神苏醒的前夜，但是，直到最近，印度各阶层的统治阶级，如婆罗门、各种高级世袭家族、各级僧侣是在有意阻挠此类变革的发生。那些被认为是理所当然的领导人所坚持的正统宗教的名称本来就有些含糊不清。比如"婆罗门"这个人在印度教中的地位相当于我们的宙斯和朱庇特，他在生时建立起来的这个宗教，寓意万物之始，众生之终。但是，只要一涉及到具体事，意义就变得含糊不清，非常抽象。当他尽了自己的义务，创造出这个世界，成为一位令人肃然起敬的神而被普世膜拜，而他却放弃了作为一个神的责任，将这个世界的管理工作交给了婆罗门的某些代表，他们虽然只是亲戚，但却能享受到最受尊重的地位。

如果敞开大门，再放进一些超自然的东西，那么破坏之神——湿婆以及毗瑟挐也涌入了进来，他们把那些让人毛骨悚然的传说都扯进了婆罗门教的教义中——众人行善并非因为行善是人应有的追求，而是因为行善是逃避魔鬼愤怒的唯一希望。

释加牟尼，这个伟大的宗教改革者，比耶稣早出生 600 年，他希望佛教崇高又纯粹，他努力把佛教推广成一种流行的大众教义，成为人们的精神支柱。虽然起初他取得了巨大成功，但他的思想脱离实际，太高贵，对多数地位低下的老百姓来说太过于玄妙。所以，一旦最初的热情一过，原来的印度教教义又卷土重来。只有在过去的 50 年里，印度的领导人才认识到，对街头的一般人而言，一种几乎完全建立在仪式和空洞礼拜行为上的宗教，就像不能从活生生的泥土里汲取养分的中空的树，最终会走向枯萎。印度教不再是数世纪以前那样，一直是恐怖的精神折磨。旧庙宇的门窗正在逐渐打开，印度的青年男女已经意识到，如果他们内部彼此对垒，不能团结一致，对付从外国来的主人，灾难就有可能毁灭了他们。但印度人一直不能组成一个联合阵线反对外国主人，恒河沿岸一些奇怪的事正在发生，当这种奇怪的事在 3.5 亿人中出现时，他们会在世界历史上写下新的一章。

印度虽然也有几个大城镇，却基本上还是个乡村国家，因为有 71% 的人口继续住在乡下。其他的人口分散在城市里，如加尔各答，坐落在恒河和布拉马普特拉河。它开始时是个不起眼的渔村，但在 18 世纪时，它成了反对法国的克莱弗行动中心，并发展成印度的主要港口。当苏伊士运河开通以后，它所起的作用就不像以前那样重要了，因为载有去印度河地区或旁遮普省的货物的轮船发现直接开向孟买或卡拉奇更加方便。建在一个小岛上的孟买市也是东印度公司的一个创造，它开始主要是用作海军基地并用来出口德干地区的棉花。这个港口很适合这件事，因此吸引了来自亚洲各地的人，也成了波斯的预言者索罗斯特最后一批信徒的定居点。这些波斯人于是成了当地最富有最有知识的一群。他们崇拜火，把火看成是神圣的东西，他们也不火化自己波斯的死者，以免被火烧死。因此，当孟买的波斯人发展成一种劫掠成性的组织时，引起了许多走投无路者的注意，这个极端组织发展如此迅速，解决它的最好办法是用一种迅速灭绝的方式。

德干半岛的东部是马德拉斯，是科罗曼德尔海岸最主要的港口城市，稍南一点的是法国的一个本土城，这实际是让人不要忘记，当时法国是英国最主要的对手，杜普莱和克利弗为了谁控制整个印度进行过激烈战斗，那次战争最终导致了加尔各答阴森的黑洞事件。

印度最重要的城市都在恒河流域。西面首先是德里，莫卧儿历代皇帝的宫殿所在之处，莫卧儿王朝之所以选中它做首都，是因为它彻底扼住了中亚进入恒河地区的主要门户，谁只要控制这里谁就是德里的主人，也就是整个印度的主人。沿河再下一点，是阿拉哈巴德，与它靠近的是卢克诺维和坎普尔，之所以出名是与 1857 年发生的大叛乱有关。再往南是亚格拉，莫卧儿王朝曾有四位成员住在这，其中之一为了他最爱的女人修建了泰姬陵。

沿河顺流而下所及之处是贝拿勒斯，这是全体印度人的罗马和麦加。印度人不仅来此到河中圣水处沐浴，而且就是死了也希望埋在这里沿岸的山上，渴望把骨灰撒进河流中。

在尼瑟亚和君士坦丁堡召开的圣职人员教法会议概括出的教义，后来征服了西方世界。印度人的祖先在其教义和信念中建立了很难懂的观点，那些日子把我的邻居弄得一个头两个大。也许在未来的 12 个或更长的世纪内还得把他们搞糊涂，对于自己陌生的东西加以斥责倒很容易，太容易了。就我所知的印度的事情中，多数是奇怪的，给我一个不舒服的感觉，那是一种迷惑不安的紧张。

然而我记得，我也曾以同样的方式看待过我的祖父和曾祖父。

现在，我终于开始认识到他们是正确的；即使他们不总是正确的话，也不会像我原来以为的那样，全是错的。这一课对我不轻松，但我认为很有必要，因为它教给了我一些谦虚的精神，上帝知道，我正需要它！

第二十七章

中 国

中国是个非常大的国家，它的边界长达 8000 英里，约与地球直径相等，差不多与地球直径一样长。它的面积比整个欧洲都大。

中国人口约占世界人口的五分之一，当我们的祖先还往脸上涂着灰蓝色、用石斧打野猪时，他们已经知道使用火药和书写文字了。要用几页篇幅适度地介绍这样一个国家是办不到的。我只能给你们一个轮廓、一个骨架，至于说细节，请自己慢慢去了解，因为关于中国的文学作品，数量多到足以装满两三个图书馆。

中国和印度一样，也是个半岛，只不过它是个半圆形半岛，而不是三角形半岛罢了。它与印度还有一个重要的不同点，它没有明显的能把它和世界隔开的山脉，相反，中国的山脉就如张开的手指一般，由西延伸，其结果是，中国那宽阔的大平原一直延伸到黄海边，为来自亚洲中部的野蛮先锋敞开了大门。

为了克服这个没有天然屏障的不利条件，中国的皇帝在公元前 3 世纪（那时罗马为了争夺地中海的控制权正和迦太基人打仗），建成了一座长 1500 英里、宽 20 英尺、高 30 英尺的巨大长城，从辽东一直蜿蜒到嘉峪关，即甘肃西边的戈壁沙漠边上。

这座花岗岩障碍尽职尽责，直到 17 世纪，它才陷落。

中国的国土是一个巨大的圆圈，在这个巨大的圆圈中，长江和黄河几乎把它平均分成三部分。第一部分是华北，北京所在的华北，冬天寒冷，夏季炎热，这种天气使当地人吃小米而非大米。第二部分是华中，华中地区的气候就暖和多了，这儿人口稠密，老百姓喜吃大米，不吃也很少种植其他作物；第三部分是华南，冬暖夏热且潮湿，一切热带作物都能种植。

华北又分两部分：东部的平原和西部的山区。山区是著名的黄土高原，土壤的土质稀松，看上去黄里带灰，多孔，水非常容易渗透，天一下雨，雨滴一接触地面就消失了，而黄土地也被大河与小溪冲击出了一道道的沟壑。如果想从这个地方到对面一个地方非常困难，因为这的地质面貌和西班牙差不多。

渤海湾边上的华北平原，受到黄河夹带的泥沙迅速淤塞，几乎不能通航，也没有好的港口。黄河的北边还有一条河，比黄河小得多，从航运的角度看，也没什么用。但它特殊在可以当作北京的排水系统使用，就像芝加哥河那样。

北京是个非常古老的城市，在历史上经历过无数次兴衰。公元 986 年它被鞑靼人征服，鞑靼人把它改名为南京。12 世纪时，汉人收复了它，但并没有把它定为首都的意思，只把它变作了一个省级的二等城市，故称之为"燕京府"。又过了半个世纪，它又被另一支鞑靼人占领，改称为"中都"，也就是"中部的首都"的意思。再一个世纪后，它又被成吉思汗占领，但他却拒绝进入城内，宁愿回到蒙古沙漠中部的帐篷里过日子。他的后裔忽必烈大汗，与成吉思汗截然相反，他在北京的废墟上重新修建了城市，改名为"燕京"，或称"大都"。当时它的蒙古名称"汗庭"也很出名，意为"大汗之都"。

最后，这些鞑靼人也被驱逐了，汉人自己当皇帝，明朝第一个皇帝登上宝座，不叫燕京，于是"燕京"或"大都"变成了"北京"，意为"北方之都"。从那时起，北京就成了中国的统治中心，但却与世界上其他地区距离较远，直到1860年，那一年，欧洲诸国的大使被允许去皇帝的宫殿访问，在经过各种盛大欢迎和豪华隆重的气氛中，他们见到了当时的皇帝，他的父皇曾经给大英博物馆捐赠过雕刻作品。

北京城的鼎盛时期，强大非凡，仅城墙就厚60英尺，高50英尺，附有防御性的塔墙和入口，它们本身也是要塞，墙里面就如一个中国迷宫，还有许多小城。它是一个包罗万象的帝王城、中国城。19世纪中期，又出现了一些外国小城。

在1900年义和团起义之前，各国的外交使节都住在紫禁城和中国城之间的一小块地上，在经历了长期围困后，各国都增派来了相当数量的警卫部队，以防止此类事件再次发生。另外，北京的宫殿和庙宇很多，但在这里我想请大家注意到中国与印度之间的一个非常有趣的不同点，这个不同点可以说明为何两个国家除了人口大量增加外，其他方面各不相同。

印度人对他们所敬的神看得非常重，为神建庙时，必定是最宏大、最阔气、最华丽的，要求贫苦农民倾尽所有继续，"搞公共设施不能花一分钱，但求神拜佛一掷千金"就是婆罗门提出的口号。而中国人是正常的佛教徒，他们从地位较低的洗衣工到最显赫的高官，一律受到精明的圣人孔夫子的影响。孔子，这位生于公元前6世纪后半期的人，提出一条普遍真理：不要把时间过多地浪费在讨论那些虚无缥缈的事上。因此，中国的统治者把大部分钱花在改善公共设施，如修运河、建筑城墙、疏浚河道。至于他们的庙宇和神殿的建设，点到即止，适度即可。

至于古代中国，是个具有出色的艺术天赋的民族，他们用比恒河流域国家少得多的代价取得如此令人满意的成就。在中国旅行，不管哪个城市，都不可能看到像印度那样巨大的神殿建筑群。

只有在北京以北约 60 英里的几尊守卫明代皇帝花园的巨大动物石雕例外。其他的都是现代建筑物,虽然所占比例不大,但也足够了。西方人更欣赏在中国所看到的艺术,而不是印度的艺术,中国的绘画、雕塑、陶瓷、真漆放在欧洲和美国的家庭里,也十分和谐。

中国现代所取得的成就也是引人注目的,它已探明的煤的蕴藏是世界第一,铁矿是第二,如果有朝一日英国、德国和美国的矿藏枯竭时,我们仍可能从山西省那里得到温暖。

直隶省的东南部是山东省,那个半岛也叫山东半岛,它把直隶省和黄海分开。这一地区除了最终流入黄海的黄河平原以外,其他多是山峦起伏。黄河在 1852 年突然改道,这次使黄河改道的洪水才使我们知道什么是真正的洪水。由于 17 世纪末以来黄河改道已经 10 次,我们决不能认为这次入海后,河道就已经稳定了。在世界其他地区,河的堤坝很容易把河水控制到堤坝以内,但对黄河与长江来说,堤坝对它们无效,因为 1852 年黄河冲毁的河堤是 50 英尺高,却被黄河水像撕纸片一样冲毁。

为了让臣民能安全地从华北直接到达华中和华南,13 世纪的一位皇帝下令修建一条连接黄河与长江的运河——京杭大运河,它有 1000 多英里长。该河一直在履行它的义务,直到 1852 年,黄河把它的入海口从黄海移到了渤海湾,运河与原来的河床就一起被摧毁了。但是,这条世界上最长的大运河的出现,表明了中国古代的统治者具有很开明的观点。

现在还是回到山东半岛来吧。由于海岸线上有坚硬的花岗岩,使得这儿出现几个非常重要的港口,其中之一叫威海卫,直到前不久该港还在由英国人控制。在俄国人占领了直隶湾另一边的旅顺港作为军事港口和通往西伯利亚铁路的起点站后,英国人从中国人那里"租借"了威海卫,"租借合同"上规定俄罗斯人一离开辽东半岛,英国人就立即撤离。但是,当 1905 年日本人打败俄国人占领了旅顺港后，英国人可没有撤走。德国人也不肯吃亏，随后侵占了胶州湾，这儿再南一点就是青岛市，它们都是山东半岛的一部分。这意味着世界大战在远东也引起了震动。英国和德国为了占领某些并不属于他们的东西而战斗，结果呢，第三方日本却抢先一步偷走了他们想要的东西。后来，日本还是把威海卫和胶州湾都归还给了中国。

华中、华东都是广阔肥沃的平原，实际上是华北平原的延伸，但中部还有山，长江就是在众山之间蜿蜒穿行终于到达东海的。那条江的上游是四川省。四川几乎跟法国同样大小，但由于此地的红土地出奇地肥沃，养活了大量的人口。它四周好几条山脉把它与外界的联络都隔断了，结果是这里鲜有白种人涉足，这儿的人口明显比中国其他地方的人更多。

长江从四川继续往下流，经过了湖北省。著名的汉口市就在那里。这里是 1911 年推翻最后一个皇帝时的革命中心。现在，排水量在 1000 吨以下的海轮可以直接抵达汉口市，汉口以下的长江则是华中地区的主动脉，直接与中国外贸中心上海相连。上海是中国的第一大港口，它在 1840—1842 年的中英"鸦片战争"结束时才对外国商人开放。

长江三角洲的南边是杭州，东边是苏州。这个地方很容易使人联想到茶。这种联想是对的，因为长江平原低地处是一块膏腴之地，或许就是因此，长江平原开始处的江边上的南京，很长时期内不仅是华中最重要的城市，而且还是皇帝们居住的地方。

可能是因为历史因素，可能是因为它是广州到北京的中点站，也可能是因为它不直接受到海上外国军舰上的大炮的威胁，正当我在写此书时（1932 年 1 月 2 日零时 7 分），南京被选为中国官方政府所在地。

至于华南，山区居多，虽然也出产茶叶、丝绸和棉花，却都是相对贫瘠的地区，以前曾经覆盖着大面积的森林，后来也被砍伐掉了，水土流失严重，只留下光秃秃的岩石。因此，此地区出现向世界大规模移民的现象，而各国到现在为止还没有制定出限制中国移民数量的法律。

华南最重要的城市是广州，广州是中国重要的进口城市，正如上海是往欧洲出口的最重要的中心一样。在广州的河口处（广州市本身离出海口仅几英里），有两块外国的占领地，右岸是澳门，葡萄牙在中国占领过的土地就只剩下它了，现在它是东方的蒙特卡洛；左岸是香港，一个自从鸦片战争后就被英国人占领的城市。

90%的中国人要靠自己的生产劳动养活自己，收成不好就可能挨饿。但有48个港口城市对外国商人开放，主要出口茶叶、棉花和丝绸。但是他们不出口鸦片，中国皇帝始终想保护他的人民，不让他们染上吸毒这种恶习。慢慢地，原来那些罂粟种植地改成了棉花种植地。

至于铁路，中国人反对它比任何其他国家都早，理由是为了尊重他们的前辈祖宗，他们担心火车那轰隆的喧嚣会干扰去世先人的宁静的长眠。1875年从上海到吴淞口建了几公里长的铁路，结果引起强烈反对，只好立即停止了修建。直至今日，中国在修建铁路时，遇到祖坟都要绕得远远的。实际上，中国建成投入使用的铁路已超过1000英里，济南附近的黄河大铁桥已是世界上最大的铁路桥。

中国的外贸几乎有60%还掌握在英国和他的殖民地手里，或许这也可以解释为什么英国终止对中国人采取残酷政策的原因，因为如果中国人一旦开始抵制英国货，英国每天就要损失数百万美元。中国人代表着世界五分之一的人的利益，与这个顾客保持友好关系才是上策。

中国人最早的祖先，在朦胧的远古出现，一直活动在黄河沿岸的黄土地上（目前中国的西北地带）。对从事农业的人来说，肥沃的土地是最称心如意的了，更让人开心的是，还为他们解决了住房问题。因为黄土地容许人在方便的小山崖边为自己挖出舒适的窑，不用担心墙透风，也不用担心房顶漏雨。

由于他们占据的西部是高山，所以在人口增多后就开始向东扩展，湍急的黄河流水把数亿吨泥土带到下游的平原，平原的土地变得肥沃起来，又可以再养活几百万人。中国人随着黄河的变迁而越来越活跃，从公元前2000年（罗马是公元前1500年发现的），中国人开始向长江流域移民，他们那帝国的中心已从黄河流域转移到了中部大平原上。

在耶稣出生前500—400年间，中国出现了三个伟大的思想大师：孔子、孟子和老子。当时中国具有什么样的宗教思想，得以出现这么伟大的三位先知，我们不知道。大自然作为一种力量总是被人崇拜的，特别是那些完全依靠自然而生存的人来说更是五体投地。孔子、孟子、老子都不是宗教的创造者，也就不会被人当作神来崇拜。

他们提出的精神教义仅仅是基于平民百姓而言的，而非对统治阶级。从我们基督教的观点来看，这三个人所宣扬的是一种具有广泛现实意义的唯物主义的观点，他们对谦卑与温顺谈得不多，也不宣扬以德报怨，他们知道，并非每一个人都具有如此高贵的品质，他们甚至怀疑这样的行为规范是否真正是社会中最好的，于是他们提出，对罪恶这种行为最好用正义来回答，凡欠债必要归还，凡允诺必须实行，不能辱没对高贵的祖宗的记忆。

这三位中国哲学家就道德问题讲的不多。我并不是在比较他们的观点和我们的观点哪一个更好，只是想说他们确实具有某些非常明显的优点，这使得讲数十种方言（中国北方人与南方人讲话就如一个瑞士人与一个意大利人交谈一样困难）、生活环境完全不同的 4 亿人都具有不同的个性。但有一点绝对相同，他们的思想里包含着对国家兴衰、人生沉浮的殚精竭虑，他们所提倡的也是一种很现实的人生哲学。

自 16 世纪初期以来，中国就允许少数几个"洋鬼子"在太平洋沿海两三个港口城市住下，主要是来自葡萄牙、荷兰、英国的传教士，那是因为跟欧洲做生意能获得利润。但这些外国人的命运一直很不幸，处于社会的最底层。英国人在 1816 年派遣阿默斯特勋爵（杰弗里的侄儿，他曾于 1817 年在圣赫勒拿岛访问过拿破仑）到中国，请求减少英国商人在广州所受的痛苦。他被告知，他能否上朝见到天子，取决于他是否愿意在皇帝的宝座前叩头。以前荷兰一位船长曾这样干过，因为他明白，只要他在接待室外行了叩头礼，他就可以带回大量的茶叶和香料，下半辈子就可以舒舒服服地过了。但阿默斯特作为英国国王的代表，认为这样干有些困难，于是果断拒绝，其结果是他连北京的大门也未让进。

与此同时，由于英国的詹姆斯·瓦特的发明和蒸汽机的应用，英国变富了，叫嚣着要去进行新的征战，中国理所当然地被列为名单里的头一个。高傲的白种人不喜欢找借口来引起战争。1807 年，当马礼逊博士作为首位欧洲传教士到达广州时，就不断地对中国人说，基督教才是世界上最好的教义，中国人应该抓住这个机会。但在那时，即使是那些统治中国的思想腐朽的清朝官员都热衷于用孔子的教义来抵制鸦片的影响。但是，英国东印度公司却造出了数百万磅鸦片，廉价卖给黄河和长江流域的人民，英国东印度公司坚持把鸦片输送到中国，中国当局就拒绝让他们上岸。由于鸦片生意受阻以及受挫的心理，导致出了 1840 年的鸦片战争。在战争中，中国人被惊呆了，这才发现自己完全不是那些被他们看不起的外国人的对手，经过数世纪的闭关自守，与其他人相比，已经落后得太远了，今后能否赶上也都未必。

此种害怕终于成为事实。自从鸦片战争灾难性的日子以来，中国就完全在西方人的掌握之中。那些原来只知道在田里耕种而不管周围有谁在打仗的中国人，通过偶尔目睹到的事实，已经开始认识到，他们这个国家出现了什么问题。他们把在他们这块土地上发生的灾难归咎于清王朝的统治，于是起来造反，首次爆发暴乱大概是几十年前，希望通过战争恢复他们的自由。

此时，清王朝正与英国和法国处于交战状态，中国南部又出现了所谓的"太平天国起义"。他们不再剃光脑袋，而是剪掉了辫子。此时，西方列强组成的军队开始是由一个名叫华尔的美国工程师领导，随后由一个叫查尔斯·乔治·戈登的英国人指挥，戈登是位虔诚而又神秘的基督教徒。而对于中国那些因贫穷而起义的革命者来说，西方列强太厉害了。他们自己选出来准备代替清朝皇帝的"天父"，在南京自己的住宅里，用火自焚，还把所有的后妃都活活烧死，数万人被杀。戈登返回英国后，专心于慈善和宗教事业，当他退伍后，过着休闲的日子。

然后，满清王朝和德国人又在 1875 年有了意见上的出入。德国人派出一个中队的海军，清除沿海的海盗。在 1884—1885 年，中国人与法国人进行了一场战争，法国人把中国南部的安南和东京湾占去了。1894 年，与已经欧洲化了的日本又打了一仗，结果是割让了台湾。

天生就吃苦耐劳的中国人民，开始意识到他们既受政府的压制，又受外国人的欺骗。这一事实，使他们再次把受到的屈辱和苦难归结到当时的统治者，于是在 1901 年发起了义和团运动。他们先是谋杀德国大使（理由是：他是第一个攻击中国人的），随后他们一起到北京围攻外国使团。于是，由俄、日、英、法、奥、德、意、美组成的八国联军去北京解救被包围的外国大使，救出了他们和家属。八国联军沿路进行报复，在北京大肆抢劫，这座富裕的城市遭到了前所未有的厄运。就连皇帝居住的紫禁城也被攻破，所有珍宝无一幸免。德国司令带领他的两万人马到达（到达时射击已经停止，抢掠正在大肆进行），他们按德国皇帝的命令"汉人走到哪里就追到哪里"。在那些日子里，他甚至发出了可以随意杀人的疯狂指令，他的这个不适当的指令十几年后使他遭到了报应，老威廉姆没有好下场，恶有恶报！

中国老百姓对政府不断地赔款、割地感到十分屈辱，他们在1911年再次举行起义，这次成功了，清王朝被推翻，中国从此也进入了共和国时期。

但这一次，中国人吸取了教训，知道西方国家对孔子的教义没什么兴趣，而是更想要中国的煤炭、铁矿和石油的开采权。中国人虽然拥有这些宝贵的资源，但不能开发。于是，要么能很好地保护它们，要么扔进大海也不能让西方人得到。于是，他们意识到应该向日本人学习，在短时间内"西化"，为达此目的，从世界各地请来许多教师来执教，主要是日本人，因为日本距离最近，而且方便。与此同时，一切以马克思理论为指导的俄国，开始实行把地球上六分之一的土地工业化的计划。

这一切思想、计划和情绪的矛盾斗争的结果，是使中国自大战结束以来出现前所未有的混乱。他们被迫参战并站在协约国一边，可战后，在经过一次激烈的争吵后，他们像通常一样，还是什么也没得到，还须遭受巨大的损失。我不是一个预言家，不知道在未来的10—15年中，中国会出现什么情况，可能现状会有所改变，也有可能变化不大，因为贫穷的中国起步太晚。但是，如果他们有朝一日赶上了我们，愿上帝怜悯我们。我们欠债太多，罪孽深重！

第二十八章

朝鲜和蒙古

禁闭在小岛上的日本，就像人口众多的意大利人一样需要更多的土地。世界上所有华美的辞藻、所有的条约、所有心地善良的女士和先生都改变不了这一事实，因为这是自然界一个真正的规律。比如，我很强壮，但是很饿，当我在大海中心的一只小木筏上漂流时，遇见了一个人，他很瘦弱，但口袋里装满了火腿和三明治，于是我就要选择是把他的三明治抢过来还是要饿死。人都有自尊心，要脸面，在父母谨慎教育中长大，我可以压制自己的欲望，一天、两天，甚至三天，但我最终还是选择说："分我一个三明治，要不我就把你扔进海里去！快点！"

当我开始明确表明我的意图，让他能或多或少给我份三明治时，我是在克制欲望的前提下，可挨饿的滋味太难受，我不得不萌生歹意。如果在木筏上的饥饿的人有 100 万或 1000 万，你可能就会对日本人所面临的问题的严重性表示理解了。

日本人生活在一个比加利福尼亚还小的国家里（加利福尼亚的面积是 155652 平方英里，日本是 148756 平方英里），总共只有 1600 公顷的土地可用于农业，还不到美国耕地总数的 2%。如果再找一个比较近的地方比较，那就选纽约吧。即使从世界上任何地方请来最好的农业专家，只要让他到日本看一眼，就会对这个穷岛国所面临的实际问题一目了然。这个弹丸之国四面环海，理所当然以捕鱼为主，然而虽然他们的捕鱼技术已经很娴熟，但无法解决鱼量不够的问题。之所以如此，主要是基于这样一个事实：每年的人口增加超过 65 万。

因此，日本必然要寻找更多的土地。自然而然，他们首先把目光投向中国海对面那块土地，美国其实是最符合日本需求的，但是太远了点，也太强大了点。澳大利亚也不近，而且那块大陆上十分之九的地方是无人居住的沙漠，没什么利用价值。满洲近在眼前，只要抬抬腿就到，朝鲜半岛此时正好起到了桥梁的作用，日本与大陆之间仅有一个狭窄的朝鲜海峡分隔，海峡宽 102 海里。1905 年时，日本舰队就在这个岛屿附近一举摧毁俄国的舰队编队。

至于朝鲜半岛，其纬度与意大利的西西里岛差不多，但大部分时间寒冷，没有能力保卫自己，古时这里也称高丽，之所以叫朝鲜，他们解释说是"平静的清晨的乐土"的意思。国民是在耶稣出生前 1200 年时占领这儿的中国移民的后裔，他们来到这里并轻而易举地打败了住在中部山上地下洞穴和石洞的原始部族。这些人从西边移民过来以后就建立了他们的独立王国，但从来没有获得完全的独立，也时常受到日本海盗的骚扰。

日本是在 1592 年第一次试图占领朝鲜的。日本人在没有完成充分准备之前，绝不敢冒昧地通过战争去实现这样的野心。他们的准备之一是从葡萄牙人那里买来几百支大口径手枪。日本利用武器优势，派出 30 万人的军队，渡过朝鲜海峡，这场战争一打就是五年，日本最后败了，因为支持朝鲜的军队在人数上具有绝对优势。

在这次入侵中，朝鲜的首都汉城被毁灭了，在战争里日本人犯下了各种骇人听闻的罪行。这就是为什么朝鲜人对日本人的一切都恨之入骨的原因之一。朝鲜弱小，而日本强大，在 19 世纪最后 25 年中，在朝鲜人不得不对俄国人做出种种政治和经济的让步时，日本人更找到了发动战争的好借口。

突发事件就能引起一场战争，但人们对战争的直接原因一般都不太感兴趣，感兴趣的是根本原因。日本这次入侵朝鲜的直接原因就如 1592 年一样，就是为了从朝鲜获得粮食以养活它快速增长的人口。

我们再来谈谈蒙古。蒙古地方很大，几乎有 140 万平方英里，比英伦群岛大 11 倍，但人口还不到 100 万。其南部是戈壁沙漠的一部分，人不能居住，其他地方是草原，非常适合于发展畜牧业。另外，蒙古人的成功取决于骑兵，他们已不可能骑着那种小种马，从太平洋到大西洋一路凯旋。

如果北亚这个安全阀门不复存在的话，菲律宾、荷属东印度、澳大利亚、新西兰和美国西海岸将永远暴露在日本侵略者面前，我们就只好在波利尼西亚的每一个海岛前驻扎一条战舰，以免它们在一夜之间被日本巡洋舰拖走了。

从总体看，当前这种安排似乎更妥当。对那些无情无义、自私自利的人，如果眼泪可以用来赎罪的话，那就请他们为印第安人哭泣吧！

第二十九章

日　本

日本在开始对其他邻居进行侵略扩张、征服世界之前，是由500多个岛屿组成的半圆形岛国。北起堪察加半岛，南到中国广东省沿岸，其距离相当于从欧洲的北角到非洲的撒哈拉沙漠中心的距离。

所有这些岛屿其总面积与英格兰、苏格兰和曼哈顿的面积之和差不多，518个海岛上居住了6000万人。根据最新统计，日本总人口已超过9000万，但其中包括了2000万朝鲜人，还有世界大战后归属日本的几个波利尼西亚海岛的人。

为了方便阅读，你只需要记住几个名字。本州，是日本中部的主要岛屿；北海道，北边另一个最大的岛；四国岛和九州岛则与本州南部紧挨着；东京是首都，人口超过200万，坐落在肥沃的本州平原的中部；横滨，是东京的港口。

第二大城市是大阪，在本州的南部，是日本纺织业的重要中心。京都在大阪以北，是帝国的古都。其他一些城市，其名称你可能偶尔在我们报纸上见过，如神户，是大阪的港口，九州岛上的长崎是从欧洲来的所有的船舶最方便的海港。

至于江户这个名称，你可能在历史书上经常见到，它就是幕府时代东京的旧称。1866 年，当幕府将军们大权失落后，天皇从京都迁到江户，把江户重新命名为东京，东京从此进入一个特别的发展时期，很快成了现代世界上最大的城市之一。

然而，所有这些城市都存在着随时被毁灭的危险。处在大亚洲山脉外围边缘的日本列岛（日本海、浅水的黄海与东海的形成都很晚，与把英格兰变成海岛的北海的时间差不多），正好处在萨哈林半岛——爪哇（荷属东印度公司所在地）这条火山带上。它们几乎永远都在发生地震，地震仅观察到的统计数字表明，日本在 1885—1903 年期间，共发生 27485 次地震，平均每年 1447 次，每天 4 次。当然，它们多数不是有震感的——茶杯里的水轻微颤动，靠墙壁的椅子当当作响，仅此而已。但是如果你了解到，日本的古都京都在过去 1000 年里共发生了 1318 次地震，你就会对岛上存在的危险有更具体的认识。当然，在这 1318 次地震中只有 194 次是"强震"，"破坏性"的地震只有 34 次。但是，东京在 1923 年的大地震里几乎完全毁灭，死亡人数达 15 万，某些小岛只剩尖端裸露在水平面以上，其余部分完全沉入海底。由于此事刚发生在不久前，所以我们每个人对此都记忆犹新。

人们经常把地震与火山的分布联系在一起，某些地震无疑是与火山爆发有一定联系，可大部分的地震却产生于我们所生活的土地之下的岩层的突然滑动。因为只要这些石板每移动 2～3 英寸，就可以引起树木或灌木的晃动，如果此类事正好发生在人口稠密处，就会再现 1775 年发生在里斯本的那种灾难，那次死亡人数达 6 万。还有 1920 年的中国广州地震，死亡人数可能高达 20 万。据最权威的地震专家们保守地估计，在过去有记录的 4000 年的人类史上，至少有 1300 万人死于地震，请记住，这仅仅是保守估计。

日本地震多，另一方面日本列岛正处在山脊的顶部，其东部是一直下降到太平洋最深处的海沟，我们的科学家至今仍不能测定出其深浅。已知的太平洋上著名的塔斯卡罗拉海深达 28000 英尺，马里亚纳海沟、菲律宾海沟还不到 6000 英尺，日本的灾难性地震有一大半发生在东海岸，因为东海岸的绝壁陡然下降了大约 6 英里，这绝不是偶然现象。

然而，正如多数生活在地震带的人一样，日本人并没有因为安全老是受到威胁而睡不着觉。与我们一样，他们照常日出而作，在田野耕耘，与儿童游戏，按时进餐，看到查理·卓别林的电影也捧腹大笑。世代的地震经验让他们有了些准备，可以建造一种薄板块的低矮房，这种房子在冬天或许通风差一点，但在他们有生之年可能遇到灾难性的大地震时，危险却最小。当然，他们也在模仿西方，就如东京那里在建造摩天大楼，如果发生大地震，其损失就可能会数以亿计！总的来说，日本人在克服这一不可避免的地理因素方面比任何国家都做得好，正如他们似乎比大部分西方国家更擅长于让生活在和谐中冒险一样。我指的不是那种漂亮的明信片上印着的在樱花树下，美丽的艺伎正在悠然地喝着热茶的场面，或是歌剧《蝴蝶夫人》那玩具似的花园。我只不过想在这里重复一点，所有刚从日本回来的旅游者都告诉我说，日本正在放弃祖传下来的风俗习惯和思维方式（那些生活方式很精致），正因为日本人开始用新的生活习惯代替旧的生活习惯，他们的这种变化可能会对我们产生新的影响，我们应该保持谨慎的态度对待日本人，因为不管我们喜欢与否，只要太平洋不干枯，日本就是我们的邻居。

与中国相比，日本的历史不算长，中国的编年史可追溯到公元前 2673 年，而日本最古老的日历只能够追溯到公元 400 年。那时候，目前所谓的日本民族就已经存在。严格地说，他们并不是"日本民族"，就如英国一样，日本也是一个混合民族，原始居民是东瀛人，他们来自中国南部和马来半岛，受到中国中部、东北和朝鲜被入侵的影响而移民，慢慢地退缩到最北部边远的岛屿上。其结果是，日本的原始文明事实上是中国文明的延伸。而日本所知道的一切都是从中国人那学去的。当日本以中国为榜样，允许佛教传播时，两国关系就更密切了。但是在新信仰取代旧信仰的时候，新信仰也难免在一定程度上受到旧信仰的影响。所有的传教士都应该了解这一教训，无论他们传播的是什么宗教。

约公元 600 年前后，首位传教士到达了日本，他发现日本已经产生了自己的本土宗教，称之为"神道教"，即表示这是"神圣之路"，从这个意思还可以看出我们的宗教在某些方面有相同之处，比在亚洲其他地区广泛流行的鬼神信仰要高雅得多。它的教义认为世界是一种不能摧毁的、永恒不变的力量，当我们做什么事时都要尽自己的义务，负自己的责任。现在日本的宗教就是佛教与神道教的混合体，它很大程度是建立在个人对社会承担的义务上。与英国人一样，实际也是岛民的日本人都有一种根深蒂固的信仰，即为自己的国家承担某种明确的义务。原来的神道教也是基于对祖先的崇拜与尊重，但并没有把这种崇拜提高到荒唐的地步。

当然，中国文明与日本文明直到最近的年代还没有出现什么显著不同。直到 16 世纪后半叶，日本那些独立的诸侯国之间长期无休止地争吵与战争，他们对天皇的尊重还不如神圣罗马帝国时对武士的尊重，政府终于落入一个强有力的人的手里。

此情况与 800 年以前，远在天边的欧洲出现的一个事件相似，法兰克人国王的宫廷总管把国王送进了一个修道院，自己掌权统治了国家。当他感到取而代之的时机已经来临时，没有人敢出来反抗。日本各公国之间的战争持续了 400 年，大家疲倦了，觉得只要谁能让国家获得安宁，谁来统治这个国家都行，所以当帝国的最高统治者受到威胁时，没有谁站出来保护皇权。因此，在皇室宫廷的最高长官，有钱有势的德川家族首领就让自己成了国家的独裁者。日本的间条道明又把皇帝推向神坛，在精神上对其臣民保持一种无形的统治。

这种状况差不多又维持了两个世纪，幕府将军们（就是众所周知的那些独裁者，类似于我们的总司令）统治京都，天皇就在京都寂静的宫廷里那豪华的屏风背后无所事事。正是在幕府时期，日本实行严格的封建制度，对日本人民的性格产生了深刻的影响。直至今日，还能在日本人身上看到封建的影子。经过近80年的工业化建设，日本人在心底还是封建主义，他们对生活问题的看法与他们的竞争者——欧洲和美国完全不同。要使这种新生活的细节更完美，那还得花费相当多的时间。自从1600年以后，日本社会就分成三个截然不同的阶级：高等阶级由"大名"组成，属于贵族大地主阶级；第二等级是"撒木拉易"，世袭的武士，相当于中世纪欧洲的骑士；其余的人就是第三等级，平民阶级，普通老百姓。

这个制度并不理想，但历史事实明确地告诉我们，广大群众对于政府的理论从来就没有多大的兴趣。平民百姓所关心的是：政府工作吗？能保证我的和平与安宁吗？不管在什么情况下能保证我的努力劳动成果都属于我吗？会不会有人不通过法律程序就能把属于我的东西抢走？

这个制度延续了200多年，幕府将军被承认为国家的政治领袖。天皇被尊崇为民族的精神领袖。"大名"和"武士"被迫坚持严格遵守"终于誓言，矢志不渝"的信条，即要他们按宣誓的规定行事，否则就应在最庄严的仪式中切腹自杀。而平民则按照自己不同的信仰和职业干活。

即使是在那个时候，日本的人口也开始过剩。人们不得不节衣缩食，非常简朴，没有过多的需求。大自然似乎也是个可信赖的朋友，发源于荷属印度赤道地区附近的北太平洋暖流（类似我们的墨西哥暖流）流过菲律宾，越过太平洋，把好的气候送到了东海岸。同时，另有一条狭窄的冷水带正好流过日本东海岸，使日本的气温就像加利福尼亚一样清冷。即使如此，日本的天气也比中国大陆要好一些。

所有这些看起来都有利于那些幸运海岛的正常和理性的发展。当一个叫门登斯·品托的航海家因迷失方向，漂泊到日本岛时，改变了日本的整个历史进程。因为这位葡萄牙人不但来到了遥远的地区跟他们做生意，而且把自己宗教体系的开明的祝福也带给了他们。

所有的世界编年史史料都同意这个说法。基督教使团在日本得到极好的礼遇，给他们提供了充分的机会，可以说明他们的教义比日本长期处于至高无上地位的宗教要优越。日本人接触到了新的福音，还有许多日本人开始信仰基督教。此外，还有一些其他地区的传教士，如来自西班牙的、菲律宾群岛的，也受到了日本人的欢迎。但是幕府将军开始对他们的出现感到不安了。但是为什么他们没有阻止？原来是因为这些传教士总被那些穿着铁盔铁甲、手拿一根细长铁棍的人保护着，那个铁棍子可厉害了，打出的沉重的铅弹可以同时穿透三名日本士兵的身体。

在过去的50年中，偶然了解了那里所发生的非常痛苦的事件，我们才开始理解日本的想法。这些事件让人把日本人看成是具有残暴的冷血动物的性格，这与我们平常看到的有关他们的资料大不相同。幕府的将军们决定关闭日本大门，杜绝所有的基督教传教士的所有传教活动。这一决定并非是他们一时心血来潮，不喜欢西方人，而是出于恐惧，害怕整个国家被宗教斗争搞得四分五裂。虽然船长们来时为日本海岸带来了和平和美好的福音，但是同时他们会不会觊觎日本的财富？他们上次可是拿走了货物却没有付钱啊。

耶稣教会的势力在九州最大，那儿离中国最近。起初，教父们还很恭敬地宣讲着耶稣教义的好处。可一旦他们占了上风，就去拆毁日本本土的寺庙，破坏日本人的偶像，甚至用枪强迫成千上万的农民和部分贵族接受基督教。

丰臣秀吉是当时日本的权贵人物，认识到这个问题发展下去将会出现不可挽回的恶果，于是声明："那些传教士说是来我国宣扬福音，可这种福音中却隐藏着一种旨在反对我们帝国发展的阴谋。"

1587 年 7 月 25 日，是日本派出他们的第一个大使觐见教皇和西班牙葡萄牙国王后的第五年，所有的基督教传教士被禁止进入日本领土。他们仍然容许商人跟以前一样来到日本，但是要受到政府的监视。葡萄牙的传教士们被礼貌地送出境，但他们的地位马上被来自菲律宾附近的"圣芳济会"和"多明我会"的教士们所填补。他们冒充被派去见丰臣秀吉的特使，可那诡计被发现了。但也没有受到什么非难，只是被客气地告诫别再前往。他们服从此令，就在江户建了一座教堂，开始为来自四面八方的人施洗礼，然后他们又在大阪建起了另一座教堂，然后又在长崎没收了原来属于耶稣会的一座教堂。这时他们公开反对其竞争对手——基督教会，指责他们在给日本人民传播福音的过程中使用的方法太温和了。简而言之，他们在判断上犯了个错误，专门隐藏那些职业入教者的仓库被发现了。根据秀吉的命令，他们全部被驱逐出境，但他们又以被赶出的速度跑了回来，在经过数年毫无作用的警告后，对这些不受欢迎的西班牙传教士表现了最大耐性和容忍的日本人，得出了结论：除了采取严厉措施，已别无他法了。

他们不愿意眼看 400 年来给国家带来过严重灾难的内战重演，如果是那样，还不如自动关上国门，反对所有的外国侵略者，那些不顾后果的外国基督教徒被宣布处以死刑。

在接下来的一个半世纪里，日本心甘情愿地与世界其他国家处于隔绝状态，情况虽然不完全如此，"隔绝"并不绝对，只有一个小窗口仍对外开着，通过这个小窗口，大量的日本黄金和白银流到西方世界，也是通过这个窗口，有些西方科学的元素流进了那奇怪的国家的内地。在经商方面，荷属东印度公司为了获得日本在商业上的优惠，和葡萄牙人进行了竞争。但荷兰人纯粹是生意人，他们来往比较简单，对日本人民的灵魂没兴趣，英国人也是如此，在很长一段时间里，与日本人做生意都是碰运气的事，不知这两个国家谁会赢利，但是最后由于英国人经营不善，失去了日本市场。

葡萄牙派往日本的最后一名外交使节被处死了。这实际上就是毫无疑问的官方谋杀，荷兰人以前所享受的许多特权也被取消。但只要他们在日本的冒险生意每年有80%的红利可得，就是冒上绞架的危险也心甘情愿。

荷兰人最后被赶到长崎港外一个叫出岛的小岛上，这是个长300英尺、宽80英尺的石头岛，连他们买来做伴的小狗都没地方安置，还不许带老婆，更不许他们踏上日本本岛的土地。

荷兰人不得不极力隐忍着这样的残忍（这确实不是该国人民的特性），只要他们对日本当局做出的数百条法规中任何一条有轻微的违反，就会遭到无情的报复。荷兰东印度公司有一天决定再新建一座仓库，他们按照当时的习惯把日期涂写到了仓库门面上，写的日期是"A.D."，也就是公元。根据基督教徒的直接资料记载，幕府将军们不仅把这些富有挑衅性的荷兰人赶走，还把他们所有的建筑物销毁，夷为平地。现在轮到荷兰人处于葡萄牙人以前的境地了，葡萄牙人被这些可怕的法令驱赶时，留下的临别赠言是："只要太阳尚有余温，基督徒就不得来日本造次，违令者，无论是菲利普国王还是基督徒信奉的上帝，必将处死。"

荷属东印度公司对此毫无办法，荷兰人只得在出岛上待着，一待就是217年。在这217年中，日本的黄金白银一直外流，因为不管是日本从国外订货还是向外国人交货，荷兰都坚持用现金贸易。

在这方面，欧洲偶然也从这些隐士那里得到一点有关他们的消息。所有的消息汇在一起，使人得出结论：帝国的情况远远不能令人满意。日本正迅速成为一个教条僵硬的国家，这个民族完全在自生自灭。到最后，日本的年轻人却变得越来越难以控制，他们依稀听见了西欧的神奇科学的传说，通过这里的荷兰人得到一些科学知识小册子和医学方面的书，他们开始学会了奇怪的荷兰语，他们也了解到，世界上大多数的国家都在进步，只有日本仍留在原地不动。

然后，1847年，荷兰国王送了一柜子科学书籍给江户的朝廷做礼物，并附加一张世界地图，告诫日本千万别自我孤立。与此同时，中国与欧洲和美国的联系正快速增多，从旧金山到广州的船有时会在日本海岸遭到海难，水手们因为没有领事和外交保护，处境非常困难。1849年美国一位军事舰队指挥官威胁说要炮轰长崎，除非日本立即释放被扣留的18名海员。荷兰国王再次警告他的日本同行，要他注意继续他那只能导致灾难的政策的危险性。日本早晚不得不对西方贸易打开大门。如果拒绝和平开放，那么将会在武力强迫下开放。

俄国的侵略范围正沿着阿拉斯加海岸向南一步步推进，计划慢慢控制太平洋沿岸的领土，而美国是这片区域中唯一一个没有扩展领土野心的国家。1853年，美国海军准将佩里带着四艘军舰和560人到了浦贺湾，这第一次造访使日本人感到了从没有感到过的惊慌。天皇正式祷告祈求上天的帮助。但此时，佩里率众离开了（他实际上在那里仅停留了10天，把美国总统的一封信交给了天皇）。日本请求荷兰提供一艘军舰，各要塞的士兵们已做好交战准备，架起了陈旧的葡萄牙大炮，做好了一切对付这些从西方由蒸汽机送来的怪物的准备。

所有日本人民都被动员起来了，大部分人都赞成不惜牺牲一切，闭关自守。但也有人声明赞成开放政策，大权旁落的幕府将军们就属于后者，要求"把外国人当成友好的朋友看待"，但是从佩里将军的拜访中获得最大利益的最终却是天皇。

幕府将军虽然是封建集权制无可争议的首脑，但存在到现在，已经没有用了。只有那些"大名"和"武士"仍坚持携带他们的佩刀，好像1653年那样。他们坚持对国内反对派实行全面镇压，而没有考虑现在是1853年，历史的车轮已滚滚向前。

巧合的是，国家名义上的领袖皇帝，正好也是一位才能出众、知识渊博的年轻人，他说服幕府的将军们自动辞职，重新掌握了国家的统治权。他对那些反对开放的人说，继续闭关锁国等于变相自杀，现在应该真诚地欢迎那些以前被我们驱逐的外国人。这个年轻人就是日本历史上的"明治天皇"，他开创了日本的革新时期，把一个有着1600年封建历史的国家变成了一个现代化工业强国。

有人问，在感情上，这样大规模、彻底地转向对于一个民族来说是否都会出现良好的、有希望的结果呢？这是个没有意义的问题。工厂，庞大的煤矿和钢铁铸造，强大的海军和陆军，都可能造福，也可能未必。我对此没有进行调查，反正是有人赞成有人反对，个人的看法不同罢了。10年前俄国人维护他们的精神支柱，爱护他们的圣徒，可今天，他们把圣徒像塞进炉里烧掉，现在他们的灵魂就生活在引擎的废气管里，出不去了。

在我个人看来，我相信这样的发展是完全不可避免的，但对他们本身来说，谈不上好，也说不上不好，但那些东西是必要的，是发展过程中的一部分。因为这种发展可以在一定程度上把我们自己从饥饿的恐惧中和经济发展的不确切的害怕中解救出来。机器虽是这种变化的父母，却也破坏了许多美好的事物，没人能否定这一点。东京的家庭妇女已经开始喜欢用猛烈的煤气煮饭，而不愿再用木炭火来慢慢地烤，这就是回答。

富士山，历史悠久，白发满头，自 1707 年就开始沉默不语。从前的小孩向那路边的神殿敬献鲜花，现在路边是让人看上去别扭的香烟广告，寺庙园林里的鹿踩到野餐客人扔掉的白铁罐头上伤了脚。但是总有一天，那些愿望太多的人最终将失望，富士山知道。

第三十章

荷属东印度群岛

日本、中国台湾和菲律宾群岛仅仅是古老的亚洲大陆山体的外部边缘，经过数百万年以后，太平洋将它们与大陆分开。

另外，马来群岛（马来西亚、印度尼西亚、印度群岛和荷属东印度群岛——它有许多不同的名称）不仅仅是古老亚洲大陆的外部边缘部分，而且是一个面积相当于中国大的半岛残余物，这些残留物从缅甸、暹罗（今泰国）和交趾支那（今越南）向东延伸到澳大利亚。在地质形成历史的早期，这个半岛或许直接同亚洲大陆相连（当时的亚洲大陆比现在大许多），后来在我们更加熟悉一点的时期里，一条狭窄的水带把此半岛与澳大利亚隔开，这条水带比现在位于昆士兰和新几内亚岛之间的托雷斯海峡宽不了多少。

这种巨大的变化所带来的是使一块巨大的陆地变为一群奇形怪状的岛屿。这些岛屿从大小相当于整个斯堪的纳维亚半岛的婆罗洲向下，一直延伸到几千个小块的岩石，这些岩石碰巧又位于最不方便航行的地方。造成这种巨大变化的原因并不复杂。该地区位于火山活动最为活跃的地带，即使是今天，爪哇岛上仍保留着火山活动所留下的带状物。然而，在过去的300年中，爪哇岛上的 120 多座火山，像稍西一点的苏门答腊岛上的火山一样，表现得还算规规矩矩。

印度古老的宗教——婆罗门教在爪哇人中得到普遍传播。在节日时节，祭司们有时候把活人投入冒着沸腾岩浆的火山口中，为的是讨好地下的神灵——这种办法还真有效果，因为虽然火山继续喷出浓烟并隆隆作响，有时还狂暴地发作，但是，在几百年的时间里，一直都没有引起大的灾难。

但是，喀拉喀托火山的残留却还在那里，它向人们发出可怕的警告，有可能随时再次喷发。1883 年 8 月 26 日上午，位于苏门答腊岛与爪哇岛之间的喀拉喀托火山，就如同它自从史前时代的那次爆发以后所一贯表现的那样，冲开了火山口的顶部，将整个岛屿肢解成了几个小块。这次火山喷发在岛上没有引起多大的灾难，因为喀拉喀托岛上并无居民。但是在海洋上所引发的灾难就大得多，火山喷发引起的高达 50 多英尺的巨浪，席卷了爪哇岛沿岸地区，吞噬了 36000 条人命；这些巨浪还冲毁了港口和村庄，摧毁了大型船只，就好像这些船只是引火用的木柴一样。巨浪还波及了锡兰和毛里求斯，就算是远在 8000 英里以外的合恩角附近，也可以清晰地看到惊天的巨浪，甚至在距离 11000 英里远的英吉利海峡，也能隐约观察到巨浪。

一年以前，喀拉喀托火山的残余再一次有活动的迹象，但没有人能预测到究竟这种地下的闪电在何时、何地再度点燃。那里的居民像生活在类似环境中的其他民族一样，他们没把这当回事，就像是我们一个住宅区里的一个小男孩儿在意大利聚居区那拥挤的街道上打棒球时，所表现出的对穿过其棒球场地来往的卡车漠不关心一样。

28% 的爪哇土地为火山土，这种土壤如果进行适当的耕种，其作物完全可以做到一年三熟。

至于气候，这儿尽管比较炎热，适宜于各种已知的热带植物的生长，但也不酷热，这里山区的气候比纽约或者华盛顿的夏季气候更宜人。爪哇和荷属东印度群岛的其他岛屿，尽管离赤道很近，白天和夜晚几乎一样长，但由于四周环海，所以空气湿度大，气温在华氏 66 度到华氏 96 度之间，年平均气温为华氏 79 度。季节的更替也很有规律。由西部季风所带来的雨季（这是一个阿拉伯词汇，意思是"季节"，是从世界上的这个地区定期吹来的季节风的名字）从 11 月持续到次年的 3 月，在这期间每天下雨的时间是固定的；紧跟其后的季节是所谓的旱季，这个季节根本不会下雨。中间有一个很短的时间称为"斜季"。

　　爪哇岛仅仅 622 英里长、121 英里宽，它就像一种矩形的防波堤一样，保护内部群岛中的岛屿不受南印度洋猛烈的海浪袭击。由于这个岛上有宜人的气候条件，所以它几乎能够养活 4200 万人口。而苏门答腊岛和婆罗洲岛，面积虽然要比爪哇岛大得多，却只有爪哇岛人口的十分之一。因为这里土壤非常肥沃，这个岛从很早的时候起就受到了白人的关注。

　　葡萄牙人最早出现在这一地区，接着，英国人和荷兰人也来了。但英国人逐步将力量集中到去开发英属印度地区，而将爪哇和其他马来西亚岛屿留给了荷兰人。荷兰人知道，无论好坏，总有一天那些土著人会坚决要求自由的，所以，他们尽可能少地干涉土著人的事情，并且逐渐越来越多地吸收土著人参与他们自己国家的管理。

　　在其他的荷属殖民地岛屿中，没有一个地方像爪哇岛这样得到了高度的开发。西里伯斯岛是一个奇形怪状的、像蜘蛛腿一样细长的岛屿，它位于摩鹿加群岛（即原来的香料群岛，英国人、葡萄牙人、西班牙人和荷兰人为了争夺该群岛，在整个 17 世纪里都在互相激烈地厮杀）的西面，荷兰人正在慢慢地把它改造成第二个爪哇岛。望加锡是一个盛产石油的城市，我们维多利亚时代的祖父们用望加锡油来装饰锁具，我们维多利亚时代的祖母们用它来不停地编织椅背套。今天的望加锡已经是爪哇地区最重要的城市之一，与爪哇岛北岸的主要港口苏腊巴亚和三宝垄都有固定的贸易往来，与丹戎不碌也有固定的联系。丹戎不碌是巴达维亚的港口，是首都，就像维尔特雷登是住宅区，茂物是政府所在地一样。

摩鹿加群岛如今已不如以前富裕了，但他们的居民安汶人仍然以他们的航海能力而闻名。400年前，安汶人曾是太平洋上令各地的人们闻风丧胆的贪婪的食人族。今天，他们虽然是虔诚的基督教徒，但令人奇怪的是，荷属东印度军队中最善战的兵团是安汶人。

婆罗洲是淹没在水中的亚洲半岛的主要残留部分。由于该岛有一种奇怪的信仰，那就是用猎取的人头来祭奉神灵，这就使岛上的人口稀少。荷兰人一直都在采取最严厉的惩罚措施去遏制这种流行的娱乐方式。但是，即使到今天，在该岛内部，青年男子想要结婚，也必须获取至少一枚人头才是值得称赞的。这种长期的互相杀戮（婆罗洲人自豪而且满不在乎地展示他们那令人厌恶的战利品，就像一个高尔夫球选手在展示他们的奖杯一样）导致居民人数不足。但是，现在终于开放了，石油、煤炭和钻石开发公司在此修路，野蛮的土著人也渐渐被说服，开始安心地从事农业。因此，随着时间的推移，婆罗洲这个岛屿可以轻易地养活它目前20倍的人口。

婆罗洲的北部属于英国。这个西北角落是一个独立的国家，它叫砂拉越（今属马来西亚，一般指砂拉越州），是由一个著名的英国人布鲁克斯王公的后裔所统治。当年，布鲁克斯王公作为詹姆斯·布鲁克斯爵士来到这个岛屿镇压了当地的一次叛乱并留下来，成为一个独立的君主。

第三十一章

澳大利亚

据说，在谈到大自然挥霍浪费的方式以及造物主造物时的漫不经心时，已故的德国著名科学家、生理光学领域的专家赫尔曼·路德维格·冯·赫尔姆霍茨曾说过这样的话，假如有仪器制造商，敢把像人眼一样笨拙的仪器送给他，他将公开谴责这个一无所知的能力不足的笨蛋。

我很庆幸，赫尔姆霍茨没有将他的研究扩展到生理学和电学以外，因为我讨厌复述他所说的关于神如何对我们的星球进行地理上的安排的事。

以格陵兰岛为例。这个岛几乎都埋在几千英尺深的冰雪之下，如果这个 47000 平方英里的岛屿移到大海的中央，那么，它可以养活数百万人口，而现在它只能勉强养活几千只北极熊和少数的因纽特人。但是还有比格陵兰岛情况更糟的例子，这就是澳大利亚。因为澳大利亚尽管被正式登记为一个大洲，但实际上它根本就不像一个井然有序的大陆。

第一，它的地理位置很不妙，以至于尽管葡萄牙人、西班牙人和荷兰人 100 多年来都对其存在持怀疑态度，并尽了他们最大的努力去发现它。但是，实际上在 1642 年以前，这块差不多 300

万平方英里的土地，都不为白人所知。1642 年时，亚伯·塔斯曼扛着荷属东印度公司的旗帜，绕着这个地区航行一圈后，以荷兰联邦的名义占领了它。

第二，澳大利亚东部沿岸以及南部沿海地区的东部气候还不错，这里拥有阿德莱德、墨尔本、悉尼和布里斯班四座大城市。但是北部沿海地区潮湿得让人感觉不舒适，而西部沿海地区又过于干燥，也让人感觉不舒服，这就意味着最适合人居住的地区，也是离连接亚洲、非洲和欧洲的大商道最远的地区。

第三，整个内陆地区都是沙漠，滴雨不下。地下水补给的情况也十分糟糕，以至于要进行系统的灌溉是极其困难的。

第四，实际上在大陆的外部边缘到处都是高山，因此，整个内陆地区就像一个空碗，而且，由于水是不会往山上流的，所以，这里没有名副其实的河流。发源于昆士兰山脉的达令河是全澳大利亚河流中最大的河流（1160 英里长），它距离太平洋的珊瑚海地区不是很远。但是，达令河向西流进了因康特湾，而不是往东流入太平洋，在一年中的大部分时间里（别忘了，当北半球为夏天时，南半球是冬季，反之亦如此），它只是一个个小水池，对人们毫无用处。

第五，澳大利亚找不到可以被训练成给白人干杂事的土著人。

第六，据说，早在地球长满植物和灌木之前（这些植物和灌木为我们舒适幸福的生活做出了大量的贡献），这块贫瘠的大陆显然发生了漂移。干燥的气候使澳大利亚形成了特殊的植物群落。毫无疑问，这些植物群落引起了专业植物学家极大的兴趣。但是，却使那些想通过在这里种植各种有利可图的农作物而将来发大财的白人移民的前途变得十分渺茫。袋鼠草和滨藜是绵羊的美食，但是，一般的带刺的三齿稃却多得到处都是，硬腭的骆驼怎么吃也吃不完。另外，尽管一些桉树可以长到高达 400 英尺，只有我们加利福尼亚的红杉能与之相比，但种桉树也发不了财。

1868 年时，这里不再是犯人的流放地。这时，农民们匆匆忙忙地跑到这片新的希望之乡，但此时他们面对的是大量无法驯服的活化石。澳大利亚这种与世隔绝的地理位置又一次使所有那些奇特的史前时代的生物得以继续繁衍，而在世界上其他地区，它们早就绝迹了。由于澳大利亚没有像亚洲、非洲和欧洲那样的体型高大智商更高的哺乳动物，所以对于澳大利亚的四足动物们来说，不存在不提高智商就会灭绝的危险。由于完全没有竞争，所以，它们一直都停留在出生时的水平。

我们大家对一种名叫袋鼠的奇怪动物都很熟悉。袋鼠属于袋类动物科，而袋类动物是有一个育儿袋的动物，这些动物把它们出生后未长大的幼崽就放在这个育儿袋里，然后这些幼崽就在这个袋里发育成熟。在第三纪时代，整个地球上到处都是袋类动物。现在，在美国只有袋貂这一种袋类动物，但澳大利亚却还有很多这种动物。

澳大利亚的另外一种史前残余就是所谓的单孔目动物，它也是一种最低级的亚纲哺乳动物，全身只有一个排泄口。其中最著名的单孔目动物就是鸭嘴兽或者叫水鼹鼠。它的形状非常奇怪，颜色呈褐色，大约有 20 英寸长，身上的毛比较短，具有像鸭子那样的喙（幼兽甚至还长着牙齿），脚上有蹼，长着长长的尾巴，在雄性鸭嘴兽的脚后跟长着一根带毒的角状突出物——这是大自然在其数百万年的进步与倒退的演化过程中，曾经创造或者抛弃的各种生物的一种活生生的博物馆。

至于澳大利亚其他的动物群，包含了珍稀动物博物馆里的许多动物：有羽毛像头发一样的鸟、像豺狼一样笑的鸟、不会飞只会走的鸟、同雏鸡那样大的布谷鸟、像小鸡一样大的鸽子；有脚上长着蹼的老鼠、用尾巴爬树的老鼠；有用两条腿走路的蜥蜴；

有兼有鳃和肺的鱼（这种鱼可以追溯到鱼龙时代，它是鱼和两栖动物的混合体）；有既像豺又像狼的野狗，这种野狗可能是从亚洲大陆过来的早期移民带到澳大利亚来的流浪狗的后代；还有一些其他奇怪的动物群。

然而，还不止这些，澳大利亚还独有各种各样的昆虫，它们比老虎和蛇更可怕。这儿有跳跃的蚂蚁，因为澳大利亚是跳跃动物的黄金宝地。哺乳动物、鸟类和昆虫都喜欢跳跃，而不喜欢飞翔和奔跑。有些蚂蚁，它们生活在自己造的"摩天大楼"里面。还有的蚂蚁，除了不能吃掉铁铸的门之外，可以吃掉任何东西，因为它们能够把特殊的酸性物质涂在普通的锡和铅盒子上，这种酸性物质可以使金属氧化，以方便蚂蚁打洞，通过这个洞，它们就可以进入里面，然后一有空闲时间，它们就破坏里面的东西。

这儿还有一些把卵产在牛羊毛皮里的苍蝇；有使人完全无法在澳大利亚南部沼泽地区居住的蚊子；有让人们数年的辛苦劳动顷刻化为乌有的蝗虫；有寄生在畜群身上、吸食畜血的扁虱；还有看上去非常漂亮非常无辜的大冠鹦鹉，但是它们如果集体行动的话，就会给这个地区带来可怕的损失。

在给当地带来的所有灾祸中，最大的灾害还不是来源于澳大利亚本土，而是从欧洲传入的，我这里所指的就是兔子。在一般的环境中，兔子是绝对不会构成危害的，但是兔子这种动物如果放在一个生物可以随意繁殖的多沙且荒芜的大陆上的话，那么就会导致很大的灾难。1862年，第一批兔子从英格兰引进过来，为的是狩猎消遣。殖民者感觉生活乏味，于是打野兔就成了消除丛林中单调生活的娱乐方式。几只兔子跑掉了，然后这几只兔子就以我们所熟知的兔子的方式做窝繁衍开来。习惯于处理大额数字的天文学家们，试图对目前在澳大利亚野外的兔子进行估算，他们的结论是有差不多40亿只兔子。如果按40只兔子可以吃掉一只羊所吃的草量来计算，那么它们就相当于1亿只羊。你自己算一算吧。整个这些地区都被这些啮齿动物给糟蹋了，澳大利亚西部是受这些饥饿的兔子损害非常严重的地区，为了尽力防止灾害的进一步漫延，人们竖起了巨大的铁丝网围栏。这种围栏是一种中国式的兔子围墙，在地上有3尺多高，地下有3尺深，目的是防止兔子挖地洞。但是，这些兔子出于需要，很快就学会了攀爬围栏。于是，灾害丝毫没有减退。后来，人们又尝试投毒，依然是徒劳的。在世界上其他地区可以找到的能够控制兔子数量的野生动物，在澳大利亚不是找不到，就是不能适应这里的陌生环境，因此一旦被引进，很快就死掉了。尽管那些白人做了很多努力，但是兔子仍然像麻雀那样愉快地繁衍着。麻雀是另外一种从欧洲引起的物种，这种物种现在让所有澳大利亚的园艺爱好者感到很头疼。它们的繁殖速度和仙人掌一样快，仙人掌适应贫瘠的澳大利亚土地和海豹适应海水一样容易。

然而，尽管存在这些非常不利的条件，移民们已经成功地把澳大利亚变成了世界上最重要的羊毛生产国。今天的澳大利亚，拥有差不多8000万只绵羊，我们身上所穿的全部羊毛的四分之一产自那里，羊毛出口足足占全国出口量的五分之二。

由于澳大利亚大陆比欧洲古老得多，因此这里显然一定有各类繁多的矿产资源。19世纪50年代早期出现的淘金热将人们的目光吸引到了澳大利亚的采金场。从那以后，这儿又找到了铅、铜、锡、铁和煤矿，但没有发现石油。这儿有钻石，但是产量比较少。另外，像猫眼石和蓝宝石这种次贵重宝石储量就比较大。

同时，澳大利亚被认为是仅次于非洲的最难开发的大陆。19世纪的早期，澳大利亚的三大主要组成部分被弄清楚了。西部是高原，平均海拔高度是2000英尺，个别地方高达3000英尺。这个高原为金矿区，但没有港口，只有一个叫珀斯的城市比较重要。

东部是丘陵地带，拥有一些非常古老的山脉，经过风雨的逐渐侵蚀，最高的科修斯科山海拔仅 7000 英尺。这个地区有澳大利亚优良的港口，也因此吸引了第一批移民的到来。

在两个高地之间，是一块宽广的平原，其海拔从未超过 600 英尺，实际上艾尔湖区域位于海平面之下。两座高山把这个平原分成几部分，西边是弗林德斯岭，东面坐落着格雷岭，该岭向北连着昆士兰山脉。

说到该国的政治发展情况，虽然很平静，但是运作得还是相当成功的。第一批移民是那些根据 18 世纪后半期的英国法律被裁决为"罪犯"的人。但是，通常他们的罪行也仅限于由于贫困或者是不幸遭遇而犯一些像偷一块面包或者拿几个苹果这样的小罪行。第一个流放地为植物学湾，之所以用这个名称，是因为发现这块大陆的库克船长在到达此地时，此地的各种小花都在竞相开放。殖民地本身被称为新南威尔士，悉尼是其首府。塔斯马尼亚岛，当时是新南威尔士的一部分，在 1803 年被改造成一个流放站，所有的因犯都集中在现在的城市霍巴特市附近。1825 年，昆士兰州的首府布里斯班被发现了。在 19 世纪 30 年代，一个名叫飞利浦港的海湾的顶端有一个居民点，这个居民点就以墨尔本勋爵的名字命名，并且这个地方成为维多利亚州的首府。同期，阿德莱德成为南澳大利亚州的首府，但是，珀斯这个西澳大利亚州的首府，在 50 年代早期的淘金热时还是一个无足轻重的村庄。北部地区由澳大利亚联邦管理，就如同我们自己的领土在过去由华盛顿管理一样，尽管北部地区拥有 50 万平方英里的土地，但是其居民仅有 5000 人，其中有不到 2000 人住在帝汶海的达尔文港。达尔文港是世界上最好的天然海港之一，但是，这里却看不到商业气息。

在 1901 年，由 6 个州组成的澳大利亚联邦成立，在它所拥有的 600 万居民中，有四分之三的居民住在东部，7 年之后这些人决定自己建立一个新的首都——堪培拉。这个新首都位于悉尼西南150 英里的地方，离全澳大利亚最高的山科修斯科山不远。

1927 年，自治领政府又有了新的总部。但新的澳大利亚联邦议会要使国家从目前的困境中走出来，还得做一番深思熟虑。首先，自从"一战"以来，一直执掌国家权力的工党政府在其执政期间挥霍过度，使得联邦政府无法从欧洲得到任何贷款。如果最近接替工党政府的新政府不做出一些较大的让步的话，它能否克服财政上的困难，还是一个未知数。其次，是澳大利亚的人口严重不足的问题。在塔斯马尼亚和新南威尔士，每平方英里只有 8 个人，维多利亚每平方英里为 20 人。但是，昆士兰州和澳大利亚南部每平方英里只有 1 个人，澳大利亚西部 2 平方英里才 1 个人。即使工会对这些情况都非常了解，但是他们仍然是世界上最不合格最具惰性的工人，如果没有许多公共假期来从事运动和赛马的话，那么他们就生活不下去。

第三十二章

非洲：一个充满矛盾和差异的大陆

在我们大多人数看来，非洲只是一个"黑色大陆"，而且我们常常将它和热带森林及黑人联系在一起。实际上，这块大陆总共 1130 万平方英里（因此，它是欧洲的 3 倍大）。这儿有 1.4 亿人口，可以分成三类，其中的一类是黑人，其他两类分别是哈米特人和闪米特人。他们的肤色差别较大，从黑巧克力色到光亮的象牙白色都有。

希腊人非常熟悉埃及以及居住在尼罗河谷的哈米特人。哈米特种族很早的时候就占据了北非，将原本居住在此地的肤色更深的居民往南，大致朝着苏丹的方向驱赶，而将地中海北部边缘地带占为己有。在进入非洲时，哈米特人可能还处于游牧民族的发展阶段，这使得他们散布在尼罗河流域，并向南深入到阿比西尼亚，向西到达远至大西洋沿岸的地方。

通常，当我们试图对不同种族进行分类时，会借助语言来进行划分。但是在北非，用口语来区分却不起作用。这里有支说哈米特语的闪米特人部落，也有支说阿拉伯语的哈米特人部落。而科普特人，即古埃及的基督教徒，是唯一保留了古代哈米特语的民族。

关于欧洲人在成功地渡过地中海后所遇到的第一批人——哈米特人，我就说这么多。而关于闪米特人，也几乎没有什么可补充的。

在所有的皇帝中，尼禄是第一个对探索非洲具有浓厚兴趣的国王。显然，他派出的远征队远达法绍达村庄，这个法绍达村庄大约在 30 年前差点引发英国和法国之间的战争。但是，即使是在遥远的当年，向南探索得最远的白人，似乎还不是尼禄的尼罗河探险队。现在看来，在尼禄之前的数百年，迦太基人就已经穿过撒哈拉沙漠，到达了几内亚湾。但是迦太基被摧毁了，所以与非洲中部有关的资料也随着完全消失了。

直到 19 世纪初，我们才对非洲的地理状况有了一定的了解。即使是那个时候，这些信息也只是偶然才得到的。葡萄牙人是首次在非洲西海岸进行探险的人，因为他们的目标是去印度，所以对非洲这块到处是裸体黑人的土地没有丝毫兴趣。因为他们如果不能绕过南部的大障碍的话，他们就不能到达印度和中国，所以，他们像一个试图走出黑暗房间的盲人一样沿着非洲海岸小心地摸索前行。无意中，他们发现了几个岛屿，即亚速尔群岛、加那利群岛、佛得角群岛。最终在 1471 年，他们到达了赤道。后来，在 1488 年，巴尔托洛梅乌·迪亚士又发现了风暴角，即现在的好望角，或者简单地说，就是海角。1498 年，瓦斯科·达·伽马绕过好望角，找到了从欧洲去印度的最短的航线。

此后，非洲再一次从人们的视野里消失了。这里是航行的一个障碍，这里的气候要么太热太干燥，要么就太热太潮湿。这里的人也十分野蛮。16、17 世纪的船长们在去东方的路上，每当坏血病和非常高的死亡率迫使他们去购买一些新鲜蔬菜时，他们就停靠在亚速尔群岛、阿森松岛和圣赫勒拿岛这样一些不同的岛屿。但是对他们来说，非洲是一块很糟糕的土地，他们对其敬而远之。

如果不是由于那第一个来自新世界被任命为神父的人好心的话，那么在这块辽阔大陆上的可怜的异教徒们可能会继续生活在和平的环境之中。

卡萨斯，一个哥伦布式的美洲的追随者的儿子，被任命为墨西哥济阿巴的主教。他从印度占领者手中获取了一块土地，于是成了一名奴隶主。当时每一个在新殖民地的西班牙人都拥有一群印度人来服侍，这是一个很坏的制度，像许多不好的制度一样，它被公认了。因为大家都是如此，所以就不必感到惭愧。然而有一天，卡萨斯忽然意识到这种制度实在是很坏，对土著人太不公平：他们被迫去采矿，做白人的仆役工作，而当他们是自由人的时候，他们根本用不着这样去做。

卡萨斯去西班牙试图做些什么以改变现状，大权在主教卡迪尔·詹姆斯和神秘的阿莎贝拉女王手里，女王认为他的想法有道理，就任命他为"印度人的保护者"，并让他回美洲进行调查。卡萨斯回到墨西哥后发现，他的上司们对此问题非常冷漠。印度为基督徒们所驱使，像田野里的牲口和空中的鸟儿、海中的鱼为他们所用一样（正如《创世纪》第二十八章所说的那样），他为什么会认为基督精神与殖民世界的经济结构和利益原则不相容呢？

后来，对神授的使命非常敬业的卡萨斯想出来一个好办法。印第安人宁愿去死也不愿意当奴隶，这在海地得到了证明。那里的土著人数量在不到 15 年的时间里由 100 万减少到 6 万，而非洲黑人似乎对做奴隶并不在意。在 1516 年，卡萨斯公布了他著名的全部解放印第安人的人道主义方案。住在新西班牙的每一个西班牙人有权进口 12 个非洲黑人奴隶，印第安人可以回到被移民剥夺了所有好东西之后剩下的、属于他们自己的农场里去。

可怜的卡萨斯的寿命很长，后来他逐渐真正认识到自己做了些什么。他对所做的感到很羞愧（因为他是一个诚实的人），退休后隐居在海地的一个修道院里。后来，他又重新回到公众的视野中，想为不幸的异教徒进行抗争，但是无人听他的。到 1566 年他去世时，新计划正在实施当中，这种新计划将印第安人更加牢固地束缚在土地上，而且非洲的奴隶贸易也十分活跃。

奴隶贸易进行了 300 年。事实上，从事奴隶抓捕的不是白种人，而是阿拉伯人。从 1434 年开始，他们偶尔将抓到的黑人整船地卖给葡萄牙人，但是直到 1517 年，他们的这种生意才变成大买卖，这里面有巨大的利润。皇帝查理五世赐给了他的一个佛莱芒人朋友一个特权，就是允许他每年向海地、古巴和波多黎各输送 4000 个非洲黑奴。这个佛莱芒人立即以 25000 个达卡特的价格将这一项皇帝赏赐的专利权卖给了热那亚的一个投机商，热那亚人接着又把这种专利权卖给了一伙葡萄牙人。

关于这种既轻松又可以迅速致富的新办法的传言不胫而走。教皇的正式命令将整个世界一分为二：一半归西班牙人；另一半归葡萄牙人。这使得西班牙无法亲自到"奴隶海岸"去。因此，从事实际购买和运输这种黑色"产品"的生意就落到了葡萄牙人的手上。直到 19 世纪 60 年代早期，当所有的欧美国家宣布彻底废除奴隶制以后，奴隶贸易才真正结束。（阿根廷在 1813 年废除，墨西哥在 1829 年废除，美国在 1863 年废除，巴西是 1888 年废除。）

对欧洲的统治者和政客来说，奴隶贸易是非常重要的。他们为了自己国家的利益而竭力垄断奴隶贸易的行为就可以证明这一点。西班牙拒绝同几个英国商人续签奴隶贸易合同，这甚至导致了英国和西班牙的战争。

关于奴隶贸易这个问题，我们所拥有的统计资料很少，因为奴隶贩子们往往对他们的生意没有任何研究兴趣。但仅以我们所掌握的数据，就足够让人们震惊了。法国的红衣主教拉维热里是迦太基地区的大主教，是著名的白神父会（传教士团体，在北非做了大量好事）的创始人，因而，他对非洲事务也非常熟悉。据他估计，因为奴隶贸易，非洲每年要损失至少 200 万人口。

另外一个非常称职的法官利文斯顿博士认为，每年有 35 万的黑人被掳为奴（不包括那些被遗弃失去保护而死的人），而其中只有 7 万人可以到达大洋彼岸。

在 1700—1786 年期间，至少有 60 万活着的奴隶被运至牙买加；同期，有超过 200 万的奴隶被两个很小的英国奴隶贸易公司从非洲贩卖到西印度群岛。18 世纪末期，在利物浦、伦敦和布里斯托尔，有 200 艘船只定期往返于几内亚湾和新大陆之间，总共可以装载 47000 名黑人。1791 年，当贵格会教徒和普通的反蓄奴主义者发动起来反对这种暴行时，沿着贝宁湾对奴隶贸易据点所做的调查表明：14 个据点是英国人的，15 个据点是荷兰人的，4 个据点是葡萄牙人的，4 个据点是丹麦人的，3 个据点是法国人的。英国人装备精良，控制着 50% 的黑奴贸易市场，另外 4 个国家分享余下的份额。

在此期间，非洲大陆上发生了许多惨无人道的事情。对此我们以前知之甚少，直到后来英国人自己也希望铲除这类商业交易，派人前往非洲沿海巡视并捉拿违抗者时，外界才得知，原来治地的头领多数都参与了此事，他们违背良心将自己的人民出卖，就像 18 世纪德国国王将其招聘来的军队出卖给英国去平息马萨诸塞的叛乱一样。

坏透顶的比利时人利奥波德对刚果的开发，以及经营国王陛下的租界所产生的对大量廉价劳动力的需求，使得奴隶贸易在葡萄牙的殖民地安哥拉和刚果盆地的内部地区得到了暂时复兴。但幸运的是，那个无耻的老东西死的时候，刚果自由邦已经由比利时接管，这就意味着最后终结了靠买卖人口来赚钱的贸易。

因此，白人和黑人的关系从一开始就是一个悲剧，但是，随后所发生的事情也一样糟糕。对于发生这种不幸事态的原因，我现在尽量用几句话来描述。

在亚洲，白人面对的种族要么是和他们一样文明的人，要么就是文明程度甚至比他们还高的人，这就意味着亚洲人有能力还击，白人必须小心行事，否则只能自食其果。

在澳大利亚，白人开始与石器时代早期残存下来的贫穷的野蛮人接触，白人可以任意杀死这些人，就像杀死吃光了他的绵羊的野狗一样，丝毫不会受到良心上的责备。

当白人来到美洲时，这里的大部分地区实际上并无人居住。中美洲高大的高原地区和安第斯山脉的西北部地区（墨西哥和秘鲁）人口稠密，其他地方几乎人迹罕至。少量的游牧民族很容易被消灭，其余的被衰败和疾病击倒了。

但在非洲情况则不同。因为在非洲，尽管有奴隶制，有疾病，有变质了的杜松子酒，有虐待，然而黑人仍然拒绝消亡。上午遭到白人破坏的东西，过了一个晚上又有新的东西来代替。然而，白人坚持要夺走黑人的财产，其结果就是一场史无前例的血腥大屠杀，而且这场屠杀还没有结束。这是一场白人的火药与黑人旺盛的生殖力之间的斗争。

大致来说，非洲可以被划为7个部分，下面我将一个一个来谈。西北部是声名狼藉的巴巴利海岸，我们的祖先从北欧到意大利和莱万特的港口去，都必须经过此地。每当他们经过此地时，他们都会害怕得发抖。因为，这里是可怕的巴巴利海盗的地盘，如果被他们抓住，就意味着要经年累月地成为奴隶，直到家人凑够赎金才能使他们获得自由。

整个区域由非常高的高山组成。这些山脉就说明了为什么这个地区的发展状况仍是老样子，为什么即使到今天白人也没有真正征服这个地区。它们是非常险峻的山脉，凶险四伏，布满了深深的沟壑，这就便于抢劫团伙发动袭击，还没等人弄清是怎么回事，他们就消失得无影无踪了。

飞机和远程大炮在此地也一样发挥不了作用。仅仅几年以前，西班牙人就多次被里夫人打得大败。我们的祖先知道此地的状况，所以他们宁愿每年向统治非洲沿岸这一地区的各个首领进贡，也不会拿自己的海军和他们的名誉去冒险，对那些白人从来没有到过的港口发动危险的远征。他们在阿尔及尔和突尼斯都设了特别领事，他们的任务就是负责赎回他们被抓获的臣民。他们还对一些宗教组织给予帮助，目的就是想方设法去营救那些不幸落入摩尔人手中的水手。

从政治的角度来看，非洲大陆的西北角由4个独立的部分构成。然而，所有这4个地区都听从巴黎的指挥。白人对西北部的渗透和占领始于1830年。一个普通而平凡的苍蝇拍直接导致了冲突的爆发，但其实真正原因是地中海西北地区长期公开的海盗丑闻。

在维也纳会议上，欧洲大国一致决定"必须采取行动"，以铲除地中海地区的海盗。但是由谁来负责此事，各个大国当然就不好决定了。因为负责者必然会为自己争得更多的领土，这样对其他国家就不公平了——这是外交会议上司空见惯的事情。

现在，两个阿尔及利亚犹太人（数百年来，北非的商业事务都控制在犹太人手中）因为在拿破仑时代以前曾向法国政府供应过粮食而向现任的法国政府要求补偿——像这样的索赔案例，在旧世界和新世界的大使馆中经常出现，这只是其中一个。在过去的200年里，许多误会的根源都来源于此。如果国家像个人一样，把欠老百姓的账单都付清，那么我们肯定会更有幸福感和安全感。

正当双方就粮食问题进行调解时，有一天，阿尔及尔的总督突然大发脾气，用他的苍蝇拍猛地向法国总领事打去，于是法国就来了一个封锁，并开火射击（此事或许是偶然事件，但在军舰包围的地方是经常出现的）。1830 年 7 月 15 日，法国远征军渡过地中海，向阿尔及尔进攻，总督当然被流放，于是战事处于严重状态。

阿尔及尔人在山区拥立了一个他们自己的领袖，就是阿布德·埃·卡达尔，他是个很有学问并且勇敢的人。他不屈不挠地抵抗着敌人，坚持了 15 年，直到 1847 年才投降。不过投降前，得到特赦，让他继续留在本国，但后来法国食言，还是把他抓到巴黎，不过后来拿破仑三世把他放了，只是提出一个条件：要他不再造反，破坏他的国家的和平。阿布德·埃·卡达尔后来被流放到大马士革，惨度余生，专门从事宗教及哲学的研究，于 1883 年死去。

早在阿布德·埃·卡达尔故去以前，阿尔及利亚人进行了最后一次起义，但被镇压下去了。但阿尔及利亚人有权选举自己的代表，并在巴黎的法国议会上维护阿尔及利亚人的利益。他们的年轻人被赋予应征加入法国军队的荣誉，但并不完全由他们自己决定是去还是不去。从经济方面来说，法国人在阿尔及利亚还是做了许多有益的工作，改善了他们的新臣民的生活条件。

位于阿特拉斯山脉和大海之间的是特尔平原，这儿盛产粮食。闪特高原因有许多的小盐湖而得名。这里是一个牧业区，这里的山坡被越来越多地用于种植葡萄和酿酒，同时大型的水利灌溉工程也在建设中，以利于种植热带水果销往欧洲市场。铁和铜的储藏地已经被找到，而且铁路线将这些储藏地与阿尔及尔（首都）、奥兰和比塞大这 3 个地中海的主要港口连接起来。

突尼斯位于阿尔及尔的东部，紧邻阿尔及尔，它有自己的国王，但从 1881 年开始，它实际上就成了法国的保护国。因为法国富余人口少，所以这里的移民大多数是意大利人。但在与犹太人的竞争中，意大利人吃了不少亏。几个世纪以前，犹太人就来到了这个地区。当时，这里仍是土耳其的领地，在这儿，犹太人的日子要比在基督徒统治下的国家要好过得多。

斯法克斯市是仅次于首都突尼斯市的最重要的城市。2000 年前，突尼斯的地位比现在重要。因为当时它是迦太基的一部分，那个可以容纳 220 艘船只的港口至今依然可见。但其他方面保存下来的东西就非常少了，因为当罗马人真正想做一件事情的时候，就会做得非常彻底。他们对迦太基人的仇恨非常强烈，以至于在公元前 146 年，他们最终攻下迦太基城以后，将其夷为平地，并付之一炬。如今，在地下 16 英尺深的地方还能看到烧焦了的废墟，这些废墟就是一个从前拥有差不多 100 万人口的城市的残留。

非洲西北角的正式名称是独立的摩洛哥伊斯兰教君主国。如今摩洛哥还是由苏丹统治，但从 1912 年开始，苏丹只不过是法国操纵的傀儡。倒不是说他很了不起，而是居住在小阿特拉斯山区的山民卡比尔人过于故步自封，不愿去打扰这个距离遥远的君主，而苏丹自己也出于安全考虑，就在他的两个都城南边的摩洛哥和北部的圣城非斯之间轮换着居住。这些便利的山脉对山谷中的居民是一种威胁，他们甚至不敢在田地里种植庄稼，如果种植了庄稼，那么在收获的季节无论如何都是要被偷的。

摩洛哥的一个小角落是西班牙人的殖民地，它位于直布罗陀的正对面。你可以列出诸多理由反对法国在非洲的这些地区殖民，但当谈到公路安全的问题时，法国人在这里创造了奇迹。他们把政府的中心搬到了拉巴特。拉巴特是一个位于大西洋边上的城市，如果遇到紧急情况，那里的法国海军可以来救援。拉巴特位于阿加迪尔以北几百英里处，而阿加迪尔是大西洋边的另一个港口，在第一次世界大战爆发之前的 4 年，这个城市出乎意料地吸引了人们关注的目光。当时，德国人派出了一艘炮舰进入阿加迪尔，以提醒法国人不要把摩洛哥变为另一个阿尔及尔。这件事在很大程度上促成了 1914 年最后的那场灾难性的战争爆发。

当法国占据摩洛哥以后，它被法国人当作友好的礼物送给了西班牙人。休达和梅利利亚这两个城市，因为最近报纸报道无可奈何的西班牙军队多次被所谓的土著人——里夫人、卡比尔人打败，而有了名气。

里夫山脉以西是丹吉尔市，这是一座国际化的城市，在 18、19 世纪时，授权出入摩洛哥苏丹宫廷的欧洲各国大使们通常都住在这里。苏丹不愿意欧洲的大使们居住得离他的宫殿太近，于是，就划出了丹吉尔这个地方作为他们的居住地。

这整个多山的三角地带，其未来是毫无疑问的。在未来的 50 年中，这整个地区将是法国的，也包括我们现在就要讨论的非洲的第二个自然分区——棕色大沙漠地区，即阿拉伯的埃兹—撒哈拉地区，也就是我们现代地图上的撒哈拉沙漠。

撒哈拉的面积几乎与欧洲的面积相等。它从大西洋边开始直到红海边上，它还越过红海，把阿拉伯半岛也包括进去了。它的北部除了与摩洛哥、阿尔及尔和突尼斯相接外，其他就靠地中海，南部与苏丹相连。撒哈拉是个不太高的高原，多数地方仅 1200 英尺。内部各处都可见到被风沙腐蚀过的山脉的遗迹，其中也不乏水草地，地下水可以供那些生活简单、勤俭节约的阿拉伯人生活。每平方英里的人口平均不到 0.04 人，这实际上意味着这里是无人居住之地。在这个大沙漠中最著名的游牧民族算是柏柏人，他们都英勇善战，其他还有阿拉伯人和埃及人以及苏丹黑人的混血种人。

来这儿的游客们的安全由法国的外籍军团负责，这些法国军团（他们被禁止住在法国）虽然有些粗暴，但他们却面临一个极为困难的问题，要他们这么少的人去防守比欧洲还大的区域，就是人人都是三头六臂也应付不过来。过去的骆驼路线已经渐渐失去其重要性，汽车开始代替腥臭味的骆驼，行动起来既安全又经济实惠。看来，由成千上万的骆驼为撒哈拉西部的廷巴克图运送食盐的历史也行将结束了。

在 1911 年以前，撒哈拉大沙漠中濒临地中海的那个地区由当地的一个帕夏统治着，这个帕夏承认土耳其苏丹为最高统治者。在 1911 年这一年，有消息说，法国人只要不挑起同德国的战争，他们就要夺取摩洛哥。当意大利人获得这个消息后，他们突然想到，利比亚（的黎波里的拉丁名字）从前曾经是罗马的一个非常繁荣的殖民地。于是，他们横渡地中海，占领了这块 40 万平方英里的非洲土地，并在上面升起意大利旗帜，之后，又很有礼貌地问全世界，要如何处理这个事情。由于没有人对的黎波里（这是一块既没有铁矿也没有石油的沙地）特别感兴趣，所以这些恺撒的后裔们就得到了这块新的殖民地。他们目前正忙着修路，并准备在此地种棉花，提供给伦巴第的纺织厂使用。

在东部，与意大利人来进行一定艺术难度的殖民活动的试验地相接的是埃及。这个国家的繁荣得益于它优越的地理位置。事实上，埃及就像个岛屿。利比亚沙漠从西部将它与外界切断，南部有努比亚沙漠的保护以免受攻击，而红海和地中海分别从北部和东部看护着它的边界。现实中的埃及，历史上的埃及，这块法老们的古老土地，是古代世界艺术、学术和科学的伟大宝库，它是由一块很狭长的土地构成的。这块土地位于一条和密西西比河差不多长的河流的边上。如果不把沙漠地带算在内的话，埃及真正的面积比荷兰还要小。但不管怎么说，荷兰只能养活 700 万人，而尼罗河却非常肥沃，可以养活的人口数是荷兰的两倍。当由英国人开始建造的大型水利灌溉工程竣工时，尼罗河流域就可以容纳更多的人口。但是，农民只能附着在他们的农场里。因为工业很难在一个既不产煤，也没有水力资源的国家发展起来。

自从公元 8 世纪被伟大的穆罕默德征服以来，埃及就一直属于土耳其，处于埃及总督或者他们自己本地的国王的统治之下。1882 年，英国人以埃及财务状况糟糕、欧洲人有权干预为借口，占领了埃及。但是，第一次世界大战之后，"埃及是埃及人的埃及"的呼声非常强烈，以至于英国人不得不宣布放弃对埃及的占领。埃及再一次成为一个独立的王国，有权和其他大国签署除了商业条约（必须首先提交英国认可）以外的各种条约，英国军队撤出除塞得港之外的所有埃及城市。最终，自从尼罗河三角洲上的达米埃塔和罗塞塔丧失了重要地位以后，亚历山大港就变成了地中海上的主要商业港口，在该港口的英国海军基地仍然必须保存下来。

这是个既慷慨又万无一失的协定。因为同时，英国永久地占据了苏丹东部地区，尼罗河刚好从这里流过。通过控制 1200 万个子矮小、棕色皮肤的埃及人赖以生存的尼罗河上的这一段河流，英国确信，对于他们所提出的要求，遥远的开罗或多或少会明白的。

然而，熟悉近东政治局势的人是不会对英国人企图牢牢控制这一地区进行指责的。苏伊士运河是通往印度的捷径，它从埃及全境流过，如果让这条含盐的商业动脉被其他国家所控制的话，那么对英国来说就等于是自杀。

当然，苏伊士运河不是英国人开凿的。事实上，英国政府曾试图竭力阻止德·雷赛布开凿这条运河。英国反对这项计划有两个原因：首先，尽管拿破仑三世再三声明，法国工程师建造这条运河只是一种商业冒险，但是英国人根本就不相信。维多利亚女王也许对这个住在杜伊勒里宫的亲爱的兄弟很喜欢，因为当她那可爱的臣民因生计问题快要起来暴动时，她的这位兄弟曾经担任过伦敦特警。但是，普通的英国人不喜欢听到这个名字，这个名字会使他们过多地想起半个世纪以前的那场噩梦。其次，英国也担心，这条通往印度、中国和日本的捷径的开通，会对他们在好望角的城市的繁荣造成严重影响。

然而，苏伊士运河还是建造了。威尔第先生所写的宏伟壮丽的歌剧《阿伊达》就是为了纪念这一伟大的时刻。埃及总督也自掏腰包，给外国游客提供免费食宿，赠送《阿伊达》的门票。当局动用了至少 69 艘船去装运从塞得港去苏伊士野餐的宾客，苏伊士是位于红海边上的运河的终点。

　　于是英国改变政策，首相本杰明·蒂斯雷利原来就是个极富有商业头脑的人，他设法取得埃及国王所拥有的大部分股票。拿破仑三世现在也不怎么计较，这儿已经成为欧亚两地最好的捷径，运河每年的收入约 4000 万美元（1931 年经过苏伊士运河的货物达 2800 万吨，差不多是我们缅因河运输总量的三分之一），英国政府对此没有了半句怨言。

　　如果要说埃及的著名古迹，那真是遍地皆是，在开罗附近就可以看到著名的金字塔。开罗城，也就是古代孟菲斯城的所在地，但古代的上埃及的京城还在尼罗河上游数百里。只可惜阿苏大灌溉工程把菲拉尔变成许多小岛，最终被尼罗河冲毁了。公元前 14 世纪死掉的塔特·阿克·阿门的陵墓就在该地，此外还有许多其他国王的陵墓，他们的木乃伊和他们的家庭用品都保存在开罗博物馆里。此博物馆真如一个墓地一般，不过它才真正是世界上最有趣的古物收藏所。

　　非洲的第三个部分，从地理上来看与其他部分不同，这就是苏丹。它几乎与撒哈拉一样平行延伸，但苏丹未能向东延伸太远，因为阿比西尼亚高原突然挡住了去路，并将它与红海隔开。

　　现在，在一场大型国际桥牌比赛中，非洲被当成了赌注。当一个国家出"3 张黑桃"时，其他国家立即出"4 张方块"。19 世纪早期，英国人从荷兰人手中抢来了好望角。由于这儿原先的移民是荷兰人，因而他们非常顽固。他们收拾好财物放到大篷车中，给牛套上轭，向北方跋涉（现在这些词汇完全是非常优美的英语词汇。自从布尔战争后期以来，你可以在任何一本好的词典里发现这些词汇）。此时，英国人学会了俄国人在 16 世纪征服西伯利亚时所玩弄的那套手法。你可能知道这个手法是怎么玩弄的。当有足够的流浪人员被安顿到西伯利亚的新地区时，沙皇的军队就会跟随过来告诉他们说，因为他们原本是俄国臣民，他们刚占有的土地也理所当然就是俄国的财产，莫斯科政府会通知他们什么时候会有人来征税。

随着布尔人不断往北深入，英国人就尾随在他们后面，去吞并布尔人的土地，这就导致了一些令人非常不愉快的冲突。因为布尔农民大部分时间都在户外，而且射击技术也高于伦敦的士兵，于是布尔农民向伦敦士兵开火。在 1881 年，巴鲁玛战役以后（格莱斯顿对这件事情的看法非常公正。当时，他非常克制地发表了一个演讲。对于这个演讲，所有的政治家不妨摘录一下："昨夜我们被人打败，我们的自尊心受到伤害，但这不应是我们坚持让流血事件再次发生的理由！"），布尔人得到了暂时的喘息机会，重新获得了独立。

但是，整个世界都知道这个发生在大英帝国和一小股农民之间的战争会如何收场。英国地产公司从土著人酋长手中获得了大量土地，从而不断向北部逼进。同时，为了便于控制整个埃及，英军慢慢地又顺尼罗河两岸稳步向南推进。英国传教士则在非洲中部进行探索，成果辉煌。很明显，英国人正在挖一条隧道，穿越这个黑色大陆的中部。他们的建设工程在开罗和好望角同时动工（这是挖掘隧道通常的方法），隧道两端早晚会在尼罗河和刚果河的发源地大湖区汇合。到那个时候，英国人可以从亚历山大出发，乘火车直达桌湾（因形状奇特的平顶山桌山而得名，这个平顶山构成了开普敦的天然背景），中途无须换车。

显然，此时法国人正在计划按照英国人在南北线上的做法，在东西线上施展拳脚，东西线从大西洋一直到红海。也就是说，从塞内加尔的达喀尔至法属索马里兰的吉布提。吉布提也是整个阿比西尼亚（今埃塞俄比亚）的入口港，即使是当时，也有铁路将它与阿比西尼亚首都亚的斯亚贝巴联通。

这么大的工程所需的时间非常长，但也不像我们想象中的那么长。有时当我们看着地图时，会想象在线路修到像尼日利亚北部的乍得湖这样难以到达的地点之前，工程中要克服多么可怕的困难——线路最艰难的部分就是从那里开始的，因为苏丹东部（今盎格鲁—埃及苏丹）是一片荒凉之地，就如同撒哈拉沙漠一样。

如果不把沙漠地带算在内的话，埃及真正的面积比荷兰王国还要小。但不管怎么说，荷兰只能养活 700 万人，而尼罗河却非常肥沃，可以养活的人口数是荷兰的两倍。

但是，资金如果掌握在一个充满活力的现代化强国手中，特别是当这个强国看到资本翻倍的机会时，那么资金就会轻而易举地炸开通向时间和空间的道路，而且往往就像军用坦克碾过一群鹅那样残忍。法兰西第三帝国一直就想重新获得第二帝国所丧失的威望。此时，它跃跃欲试。法国人的长袜和法国农民们久藏的旧雪茄盒又提供了必要的资本。东西线和南北线之间的权利之争正在激烈地进行着。从 17 世纪初开始，法国人就一直同英国人、荷兰人争夺着塞内加尔河和冈比亚河之间的土地所有权。现在，法国人把这块领土当成政治斗争的启瓶器，用它来获得整个苏丹那广袤无垠的土地上的资源。

在法国提出苏丹西部的大片土地归法国所有前，它使用了各种阴谋手段，开展多种外交活动，甚至进行商业欺骗，其详情我就不一一描述了。就是现在他们还假惺惺地用所谓的保护国或者委任统治等名义进行统治，不过全世界都知道其真正含义是什么。欧洲各国的政治家也跟美国的小土匪们学，自己戴上一顶冠冕堂皇的"委任统治"的帽子，而实际上搞的什么把戏人们自然明白。

从地理上讲，法国这一手的确高明。苏丹大部分土地肥沃，所有的黑人又是全非洲黑人最聪明最勤劳的，他们的土地就如中国北部的那样都是黄土，塞内加尔与海之间又没有山脉可隔阻，内部有充分的雨水，人民既可以放牧，也可以耕作。只是非洲黑人不喜欢吃大米，而是吃玉米。这种玉米与美国的荞麦有点相似，只不过制作不太精美而已。非洲人也是让人称赞的艺术家，他们的小雕刻件和陶器非常精美，凡陈列在欧美博物馆里的艺术品，无不引起观众的注意，因为它们特别像欧美未来派的佳作。

为了把苏丹西部的大部分土地并入他们的非洲帝国，法国人采取了军事行动、阴谋诡计、外交步骤、商业措施以及坑蒙拐骗等各种手段。关于这方面的细节，我就不详细说了。直到现在他们仍假装只是许多保护国和托管地的临时管理者，但所有人渐渐都意识到了他们的意图。那些垄断了纽约牛奶生意的歹徒，可能称自己的那帮杀手为"牛奶商保护协会"，欧洲各国很快就学会了我们的这些打家劫舍的强盗的伎俩，捏造了"托管地"一词，但其效果是一样的。

从地理上来看，法国人做出了明智的选择。苏丹的大部分地区很富庶。当然，这也说明苏丹的土著人是所有居住在非洲的各种黑人中最聪明最勤奋的人。

在法国人、英国人和德国人进入苏丹以前，这个地区的大部分地盘都是属于那些长相迷人的贵族的，这些贵族通过互相间偷抢对方的属民并把他们贩卖为奴而发了财。有些当权者不仅名声极坏，而且还是旧时代的君主中最残暴的人。达荷美共和国国王和他那办事干练的亚马孙军队，仍然让那些最后一次看到他的军队在我们国家的博览会上的所作所为的儿童记忆犹新。这也是为什么当欧洲的军舰出现在非洲时，本土人基本不反抗的原因。不管白人统治者有多贪婪，但总比那些刚被废黜的黑人暴君要好多了。

苏丹南部的大部分地区与大海之间，被一座高大的沿几内亚湾海岸分布的山脉隔开了。这就使尼日尔河这样的河流对内地的发展实际上起不到什么作用。因为像刚果河一样，尼日尔河必须绕一个非常大的弯，以避开这些丘陵的主体部分。而在到达海岸以前，尼日尔河必须在岩石中冲出一条水道。结果，就形成了许多大瀑布，这些瀑布是没有用的（就是说，它在大海附近），而河流的上游部分可以通航，但是，却没有人在那里航行。

尼日尔河的情况并非如此。实际上，它就像芒戈·帕克在1805年发现它时那样，与其说它是一条正规的河流，还不如说它是一串连在一起的长长的湖泊和小水潭。芒戈·帕克还是一个苏格兰小孩儿的时候就梦想着发现这条河流，而当他在1805年发现它时，却付出了生命的代价。也正因为如此，苏丹虽然没有通航水道，但苏丹人却能在陆地上成功地开辟出一条贸易通道。而位于尼日尔河上游左岸的廷巴克图也发展成了非常重要的贸易中心，成为非洲的下诺夫戈罗德，四面八方的商人来到这里做生意。

廷巴克图的声望在很大程度上得益于它那奇怪的、听起来就像某个神秘的非洲巫医开出的药方的名字。1353年，被誉为"阿拉伯世界的马可·波罗"的伊本·巴图塔就到过廷巴克图。20年以后，该地首次出现在西班牙地图上，被认为是黄金和食盐买卖的大市场。在中世纪时，黄金和食盐的价值差不多相等。1826年，当英国少校戈登·莱恩从的黎波里出发，越过撒哈拉沙漠，到达廷巴克图时，由于屡遭图阿雷格人和富拉塔人的袭击和破坏，此地已和它以前一样成为一堆废墟。莱恩少校在去海岸的途中，被塞内冈比亚的富拉塔人杀害。也就是从此时开始，廷巴克图成了法国在苏丹西部行动的一个明确而普通的"目标"，而不再是另一个神秘的目标了。

在 1893 年，此地被法国"军队"占领。而这支法国军队由一个海军少尉和 6 个白人，再加上 12 个塞内加尔随从组成。当时，沙漠部落的力量尚未瓦解，所以，不久以后，大多数白人入侵者就被他们杀死了，一支从海岸赶来给失败的海军小分队报仇的 200 人的援军也被他们消灭了。

当然，苏丹西部落入法国人手中那只是一个时间问题。苏丹中部的乍得湖附近的地区也是这样，这个地区更易进入，因为作为尼日尔河支流的贝努埃河是由东往西流的，它比尼日尔河更适合航行。

乍得湖海拔 700 英尺，湖内很浅，最深处也不过 20 来英尺。它不像其他内陆湖多为咸水，它是淡水。然而，它现在的面积已经越来越少，照此下去，恐怕到下个世纪，它就成一个沼泽了。有条河流入该湖，叫沙里河，它是条内陆河，其长度与莱茵河相差不多，由此可见，非洲内陆的面积有多大了。乍得湖的东边是瓦代地区，这里高山峻岭，是尼罗河、刚果河和乍得地区的分界线。政治上属于法国，也是法国在非洲的终点站。它的东边就是英属埃及苏丹。

当英国人开始勘测从好望角到开罗的公路时，他们就决定必须占领这块极具战略价值的要地，不然的话，就会有被别国夺去的危险。苏丹东部是一片沙漠，单调、简单，让人有一种奇异之感。尼罗河是绝对无法通航的，而且也没有公路。人们在附近沙漠的尘渣的折磨下，生活贫困潦倒得让人难以置信。从地理的角度而言，东部苏丹并无任何价值，但从政治上来说，却潜力巨大。因此，1876 年，在英国的劝诱下，埃及总督把这块几十万平方英里"名义上的埃及领土"交给戈登将军管理。这个戈登将军曾协助清政府镇压了太平天国运动。戈登在苏丹待了两年，在一个很聪明的意大利助手罗慕路·盖西的帮助下，完成了一件最需要完成的事情：

打破了最后一个奴隶的枷锁，枪毙了奴隶主头子，让 10000 名男女奴隶获得自由，重回故土。

但是，这个严厉的清教徒一离开苏丹，过去那可怕的政治腐败和压迫又卷土重来，结果导致了要求完全独立的运动爆发了。苏丹人喊出"苏丹人是苏丹人的苏丹，我们需要奴隶贸易"的口号。这次叛乱的领袖是一个自称马赫迪的人。这个马赫迪成功了。1883 年，他占领了科尔多凡的乌拜依德，现在此地有铁路通开罗。之后，在同一年，他击溃了一支由希克斯·帕夏率领的 10000 人的埃及军队。希克斯·帕夏是为埃及总督服务的英国上校。同时，在 1882 年，英国成了埃及的宗主国。此时的马赫迪不得不面对一个更危险的敌人。

然而，英国在处理殖民地问题上非常有经验。他们对困难了解得很清楚，因此，他们不急于匆匆忙忙地发动远征。这个时刻，英国劝说埃及政府从苏丹撤军。戈登将军再一次被派往喀土穆，负责将剩余的埃及驻军撤回来。但是，戈登一到喀土穆，马赫迪就挥师北上，把戈登和他的同伴围在了喀土穆，戈登只得发信求救。但是，戈登是位清教神秘主义者，而当时的英国政府首脑是一个英国国教神秘主义者，这两个神秘主义者，一个在泰晤士河畔的伦敦，一个在尼罗河边的喀土穆。他们互相之间都不喜欢对方，所以也不可能好好地合作。

尼罗河三角洲上的达米埃塔和罗塞塔丧失了重要地位以后，亚历山大港就变成了地中海上的主要商业港口，在该港口的英国海军基地仍然必须保存下来时，喀土穆已经被马赫迪的军队攻陷，戈登被杀。这件事发生在 1885 年的 1 月。同年的 6 月，马赫迪死了，由其继任者一直统治着苏丹，直到 1898 年基钦纳指挥的英—埃军队将他的追随者消灭在沙漠中，并重新夺回了南至乌干达的苏丹全境。乌干达位于赤道上。

英国人做了大量的工作去改善土著人的生活条件，给他们修公路、铁路，为他们提供安全，消灭各种可怕且讨厌的疾病。这些都是白人平常为黑人所做的事，白人为黑人做的一切，如果这个白人有那么愚蠢的话，他会期望得到黑人说一声谢谢，但是他做这一切所得到的回报，就是只要有机会，黑人就从背后朝白人开枪。对于有几百年殖民经验的白人而言，这一点他们非常清楚。

向南从亚历山大通到开罗的那条铁路，现在向西延伸到乌拜依德，向东延伸到了红海边上的苏丹港。假如来年苏伊士运河被敌人突然摧毁了，那么英国仍然可以通过这条穿过埃及的谷地，然后又越过努比亚沙漠的铁路线把军队从东部运到西部。

但是现在，让我们再回溯几年，看一看马赫迪领导的起义，是如何对非洲的发展产生极其深远的影响的，而非洲的发展在某种程度上与马赫迪本人，或者说与他要成为他父辈的土地上独立的统治者这样的抱负毫无关系。

马赫迪造反时，埃及的部分军队被迫退入非洲中部某地，当时，当地人对此还茫然无知，尽管在 1858 年斯派克就已经发现了维多利亚湖——如果我没有说错的话，可以说是尼罗河之母湖——但在阿尔伯特湖与维多利亚湖之间的广大地区，人们还是知之不多。这次埃及军队由一位德国医生爱德华·斯切尼兹尔和一位土耳其军官埃米恩·帕桑率领，在喀土穆失陷后，就失踪了，谁也不知其去向。

后来，他们托一位美国新闻记者斯坦尼去打听消息，斯坦尼本名罗兰兹，本是英国儿童，他是从工厂逃走后到的美国。有位新奥尔良商人对他不错，收为义子。斯坦尼曾于 1871 年航海去寻找已成名的非洲探险家利文斯通。由于英国人已经知道向非洲这个大馅饼中伸出几个手指的重要性，于是由英国《每日电讯报》和《先驱》通讯社共同出资赞助斯坦尼进行三年的探险活动，斯坦尼的探险证明卢阿拉巴实际上就是刚果河的源头。刚果河一路弯弯曲曲，流经区域很广大。他还带回许多当地土人的最新消息，人们以前从未听说过有这些部落的存在。

正是斯坦尼的第二次航行，把人们的注意力集中到刚果的商业潜力上面来了，这也为比利时人利奥波德建立他的刚果自由邦提供了可能。

最后，埃米恩的命运成了世界范围内关注的问题，斯坦尼自然就成了完成此项工作的最佳人选。1887年，他开始了搜寻工作。次年，在阿尔伯特湖北面的瓦达伊，他找到了埃米恩。斯坦尼试图说服这个德国人（他似乎在土著人中拥有很大的权威）为比利时国王效劳，这就可能意味着非洲大湖区也会成为刚果殖民地的一部分。但是埃米恩似乎有自己的计划。埃米恩刚抵达桑给巴尔（它的确根本不急着"被解救"），就联系上了德国当局。最后，德国政府决定派他回去，给他提供充足的人力和钱财，目的是要建立一个德国的保护国，以控制维多利亚湖、阿尔伯特湖和坦噶尼喀湖三大湖之间的高原。早在1885年，在桑给巴尔沿岸，德属东非公司就已经牟取了暴利，如果再加上这片高原的话，那么德国能够挫败英国人的计划。英国人的计划是用一片从埃及到好望角的宽阔领地把整个非洲划分成两半。但是，1892年时，在刚果河上的斯坦利瀑布附近，埃米恩被一些阿拉伯奴隶贩子杀死了，这些阿拉伯奴隶贩子想为他们的一些同行报仇，这个严厉的德国人在年轻时曾绞死过他们的同行。因此，埃米恩在坦噶尼喀高原建立一个新德国的梦想化为泡影。然而，由于他的死亡，非洲中部的大部分地区现在已经完全被标在地图上，这就把我们带到非洲的第五个自然区，即东部的高山地区。

这些高山地区从北部的阿比西尼亚一直延伸到南部的赞比西河，南非的领土范围就是从赞比西河开始的。这个高山地区的北部住着哈米特人。对于阿比西尼亚人和索马里人来说，尽管哈米特人有着卷曲的头发，但是，他们不是黑人。南部的居民由黑人和大量的欧洲人构成。

阿比西尼亚人是很古老的基督教徒，他们早在公元 4 世纪时就皈依了基督教。但是，他们的基督教情结却不能阻止他们永无休止地向邻邦开战。公元 525 年，他们甚至穿过红海，征服了阿拉伯半岛的南部地区。

当地的信徒们所做的第一件事，就是把埃塞俄比亚人从红海沿岸的城镇赶走，破坏埃塞俄比亚人与锡兰（今斯里兰卡）、印度和遥远的君士坦丁堡之间的商业联系。在被打败以后，埃塞俄比亚就成了一个日本式的国家。他们对外界没有兴趣，这种局面一直持续到 19 世纪中期。当时，欧洲列强开始把注意力转到索马里兰半岛方向上了。他们之所以这样做，倒不是因为索马里兰有什么潜在的价值，而是因为它位于红海边上，红海很快就会成为苏伊士运河的延伸区域。法国人首先来到这里，占领了吉布提港。英国人则占领了位于亚丁对面的英属索马里兰，控制了以亚丁这个地名命名的海湾。在此之前，英国人发动了一次讨伐阿比西尼亚皇帝西奥多的远征。在这次战争中，这位阿比西尼亚杰出的君主为了不落入英国人手中，选择了自杀。意大利也在英法属地以北占据了一块土地，目的是想把沿海地区变成日后发动对阿比西尼亚远征时的补给基地。

1896 年，意大利光荣的远征开始了。当时，意大利人损失了4500 名白人士兵和 2000 名土著士兵，被俘士兵的人数比这两个数字稍少一点。尽管意大利人现在又当上了索马里兰的另一片土地的主人（这片土地位于英国殖民地以南），但是从那以后，他们再也没和阿比西尼亚人交过战。

当然，阿比西尼亚最终的命运将会和乌干达以及桑给巴尔一样。但它的交通运输不便的问题，仅仅靠一条从吉布提到亚的斯亚贝巴的铁路线是解绝不了的，而且，整个阿比西尼亚高原断裂的地形也构成了一个天然堡垒，再加上白人也知道，在这种情况下，黑人是会激烈反抗的，上面这些因素，就使这个古老的王国到目前为止免于像惯常的那样被欧洲强邻吞并。

在阿比西尼亚南部和刚果的东部有非洲的三大湖泊。其中尼亚萨湖发出数条支流，这些支流注入赞比西河，而维多利亚湖的水注入尼罗河，坦噶尼喀湖则与刚果河相连，这就表明这个地区一定是非洲地势最高的地区。最近 50 年的考察也证实了这一点。维多利亚湖东南部的乞力马扎罗山有 19000 英尺高；鲁文佐里峰（托勒密的月亮山，大约经过了 20 个世纪以后才被斯坦利重新发现）海拔 16700 英尺；肯尼亚山（17000 英尺）和埃尔贡山（14000英尺）紧随其后。

整个地区最初都是火山区。不过，非洲的火山已经有好几百年没有喷发过了。在政治上，整个地区被划成了许多分区，这些分区都由英国人统治着。

乌干达是个产棉的国家，在 1899 年沦为英国的保护国。

今天的肯尼亚殖民地，是英属东非公司原领地，在 1920 年纳入大英帝国版图，而以前的德属东非殖民地，在 1918 年成为英国的托管地，现在是坦噶尼喀地区的一部分。

沿海最重要的城市是桑给巴尔，它是一个古老的奴隶贸易国的首都，以前是苏丹领地，1890 年沦为英国的保护国，这个城市也是来自印度洋沿岸各国的阿拉伯商人的活动中心。桑给巴尔的方言——斯瓦希里语——的广泛传播要归功于阿拉伯商人。现在，整个非洲东海岸都说斯瓦希里语，就如同马来语成为荷属东印度群岛的"通用语"一样。现在，对于那些想在印度洋 3000 英里海岸沿线以及数百万平方英里的内地做生意的人来说，懂一点斯瓦希里语就成了最大的本钱。如果他不怕麻烦，还能学一点班图语（所有南非黑人的语言），再加几个葡萄牙单词，再略知一点洋泾浜式的阿拉伯语和一两句开普荷语，那么他从非洲大陆一端走到另一端，就如探囊取物一般容易。

第三十三章

美洲：最幸运的大陆

在所有的大陆当中，美洲是最热情的。当然，我只是从纯粹的地理角度上来说——既没有把它看作工业发展中的一个经济因素，也没有把它作为一个具有各种新型政府形式的政治实验场。但是从地理的角度而言，差不多美洲的一切事物都能够令人满意。

它是西半球唯一的大陆，因此，它没有直接的竞争对手，这跟非洲、亚洲和欧洲不同。它位于世界上两个最大的海洋之间，在大西洋成为世界文明中心的时候，这里就有白人定居了。

它的范围从北极延伸到南极，因此，它拥有各种类型的气候，既是离赤道最近的地区，也是地势最高的地方。因此，这里的气温很适合人类居住。

实际上，它没有沙漠。它被赐予了广阔的平原，而且这些平原都处于温带气候区，所以，这儿就注定是世界的粮仓。

它的海岸线，既不太简单，也不太复杂，所以，非常适合建深水港。

由于它的主要山脉都是南北走向的，它的动植物群落可以轻而易举地避开冰河时代的冰川的袭击。与欧洲动植物群落相比较，这里的动植物群落具有更好的生存条件。

它所拥有的煤、铁、石油、铜以及其他在机器时代需求量不断增长的原料，几乎比其他大陆都要多。

实际上，在白人到来的时候，这里还几乎无人居住（整个大陆上只有1000万个印第安人），所以没有多少土著人去制止入侵者的所作所为，也没有人去认真地干涉白人按自己的意图去发展美洲。结果是，美洲除了在它自身形成过程中所带来的一些不幸的问题外，没有什么严重的种族问题。

这个新且空旷的大陆所带来的巨大经济机会，吸引了其他各个国家中的那些精力最充沛的人。这些人汇聚在一起，就能够形成他们自己的混血种族，这个混血种族在非常短的时间内，适应了这里新奇的、非同寻常的，但又非常简单的地理环境。

最后，而且也许是最重要的，今天，居住在这块大陆上的人们没有自己的历史，这样就不会被永远也无法回来的过去所拖累。由于没有了这个不幸的包袱的拖累（其他地方的事实证明，这个包袱与其说是一种福祉，还不如说是一种损害），他们前进的步伐可以比其他种族快得多；而其他种族无论迈向哪里，都必须推着祖先的独轮小车前进。

南北美洲实际的地理特征不仅很简单，而且比任何其他的大陆匀称得多。但是，在主要的特征上，南北美洲之间非常相近，所以我们可以同时讨论它们，而不会冒险引起读者思想上的混乱。

南北美洲都像三角形，唯一的差别在于，南美洲这个三角形比北美洲三角形更靠东一点，而正是由于这个差别，也就确定无疑地解释了南美洲比北美洲更早地被人发现的原因；也说明了当南美洲已经广为人知的时候，北美洲的大部分地区仍然是传说中的"未被发现的地域"。

南北美洲两个三角形的西侧，都是由一系列清晰的南北走向的山脉组成，这些山脉占据了地表大约三分之一的面积；而另外在东部的三分之二是由一片宽阔的平原构成的，这个平原与大海之间（南北美洲都是这样的）由两座低矮一些的山脉隔开。在南美洲的是圭亚那山脉和巴西高地。

而关于河流的状况，这两块大陆也极为相似。一些不太重要的河流往北流去，而圣劳伦斯河和亚马孙河几乎是平行流动的；巴拉那河和巴拉圭河更像是密西西比河和密苏里河的翻版，它们先在中途相遇，然后再分别沿着与圣劳伦斯河和亚马孙河垂直的方向流完剩下的路程。

至于中美洲这块东西走向的狭长陆地，从地理上讲，它实际上是北美大陆的一部分，后来在尼加拉瓜，地形和动植物群落突然发生了变化，于是，它就成了南部大陆的一部分。中美洲其他地区由高山构成，这就是墨西哥这个国家虽然同撒哈拉沙漠一样，也处于赤道附近，但却气候宜人、人口稠密的原因。

南美洲当然要比北美洲更靠近赤道，亚马孙河从安第斯山脉流向大西洋时实际上沿着赤道线走的。就总的方面来说，这是一个非常理想的例子，可用于研究地理环境对人的影响以及人对地理环境的影响。

自然之母为自己建造了两种大环境，而且是采用同一种方法完成的。右面是一条主通道，左面是高墙，中间是一块开阔地，有一座储物丰富的仓库。她把北部的舞台交给了日耳曼的流浪艺人。这些艺人长期在小城镇的小剧场里演出，是地位低下的剧团，习惯于长时间的演出，适于扮演屠夫、面包师傅和烛台制作工的角色。她把南部的舞台租给了毕业于最好的地中海学校、有声望的老悲剧演员。这些演员习惯于只为皇亲国戚表演，每个人都能潇洒地舞刀挥剑，而这一切对他们的北方同行来说是闻所未闻的。北方的同行们的手臂因拿铲使斧而僵直，脊背因长期在不毛之地上劳作而过早地佝偻了。

然后，它将两个舞台的帷幕几乎同时升起，邀请全世界的人都来观看表演。请看，第一场节目还没有演到一半，这时两个舞台的表演就已经和说开场白时完全不同了。当第二场表演开始时，这样的差异在女演员、男演员和儿童演员身上就表现得更明显了，以至于观众们气喘吁吁地低声说道："这有可能吗？"

　　过去北欧海盗的船只看起来十分漂亮，可是，一旦在波涛汹涌的大海中航行时，就显得笨拙不堪了。结果，这些强壮的古代斯堪的纳维亚人经常被海风吹得脱离了正常航线，因为他们当时既没有指南针也没有测速仪，而且他们航行的装备和那些埃及的三桅小帆船一样笨拙。而当你在一卷 3000 年前的尼罗河流域的古代文献上看到所画的这种三桅小帆船时，你仍可能会赞叹不已。

　　现在，如果你翻开一张有墨西哥湾暖流的地图时，你会发现，墨西哥湾暖流在穿过海洋从非洲到达美洲之后，又再次慢悠悠地从西南往东北方向穿过大西洋北部，把福祉带给挪威沿岸，流经北冰洋，然后由冰岛和格陵兰岛返回。在流经冰岛和格陵兰岛时，它的名字和温度都发生了变化，接着再次向南流动，先是叫格陵兰洋流，紧接着又叫拉布拉多洋流。可恨的拉布拉多洋流把从格陵兰岛地区携带过来的大量天蓝色的冰川在大西洋北部地区撒得到处都是。

　　挪威人的航海，靠的是大致估算（我自己的祖先过去常常是这么说的）。早在 9 世纪的时候，他们就到达了冰岛。然而，一旦冰岛和欧洲之间建立经常性的联系之后，那么格陵兰岛和美洲的发现就是必然的了。就像是一个中国或者是日本的舢板，在被吹离了正常的航道之后，必然会到达英属哥伦比亚沿岸或者加利福尼亚沿岸，那是因为太平洋的湾流会把它带到那里去。因此，如果一个挪威人从特隆赫姆出发去冰岛，由于遇到大雾，他找不到目的地了（即使到了今天，在有各种仪器的情况下，遇到雾天也还是很可怕的事情），他迟早会发现自己到了格陵兰岛的东岸；或者，如果浓雾一直在持续，他继续走运的话，那么他可能会正好漂到东面的这个巨大的陆地屏障的沿岸。那些最早来到这里的人把这里称为葡萄地，因为此地产一种葡萄，他们可以用这种葡萄酿出最上乘的葡萄酒。

现在，我们最好记住，很多重大发现是整个世界根本没有听说过的。普通的船长天生就惧怕在同行们面前这样自讨没趣：他向同行们讲述一个故事，而他的同行们无论如何也不相信，而这个故事后来被证明是幻觉所造成的，又或者是将矮云错当作是山脉，或者将一缕太阳光看成是平直的海岸。早在阿贝尔·塔斯曼踏入澳大利亚领土，并为自己削一支新的鹅毛笔向巴达维亚当局汇报土著人魁梧的身材以前，很多法国和西班牙的水手就在远处清晰地看过这片大陆。亚速尔群岛和加那利群岛经历了被发现、被遗忘、再被发现这样多次反复的过程，以至于我们的学校教科书很难确定它们究竟在什么时候第一次在世界大发现中被提及。毫无疑问，法国渔民在哥伦布时代前的数百年里就发现了去纽芬兰大浅滩的航道，但他们只对邻居说那儿的鱼很不错，就什么也不说了。他们感兴趣的是鱼，另外一块地就只是另外一块地，既然布列塔尼有足够的土地供大家使用，那么为什么还要为离家乡很远的地方的事情操心呢？

在我所有的著作中，我一直坚持的一个原则就是：人性总是优先于民族性。我不会沉湎于那些通常的激烈的争论，例如关于要求庆祝哥伦布纪念日，或者要求庆祝利夫·埃里克森日，或是要求纪念某个最终从诺曼底档案馆被挖出来的法国水手。只要这样说就够了：我们有文献证据证明，在 11 世纪的头 10 年中，古斯堪的纳维亚人就到过那些海岸。在 15 世纪的最近 10 年里，一小群水手，以西班牙人为主，还掺杂着一定数量的外国人，他们或多或少地在一个意大利船长的指挥下，曾经到过这些海岸。当到达这里的时候，他们发现，他们不可能是最早到达此地的人。因为很明显，已经有亚洲血统的人在此地定居了。因此，如果要把"最早到达那里"的荣耀给予某个特定的人群的话，那些蒙古人是写入我们未来所有纪念册上的当然人选。

我们有一座无名英雄纪念碑。再建一座更大一些的大理石无名发现者纪念碑，不是不合适的。这些可怜人的亲属现在因法律的限制不能到我们的大陆来，恐怕这个计划永远也实现不了。

对于最早从远东来的勇敢的开发者的后裔，我们已有相当的了解，但有一件我们感兴趣的事有可能永远成为一个谜，那就是：亚洲人是怎样来到美洲的？他们是乘船渡过太平洋狭窄的北部，还是徒步穿越白令海峡的冰面？他们是在美洲和亚洲，还是一座狭窄的陆桥相联的时候过来的？对此我们全然无知。我认为这无关紧要。当白人抵达远隔重洋的海岸时，他就同这样的一个民族发生了联系。这个民族除了一些居住在偏僻地方的人外，刚刚走出石器时代的后期，还没有进入到这样的发展阶段，即可以用车轮来减轻自身各种负担，或以家畜把自身从繁重的、靠打猎捕鱼来维持生计的劳作中解脱出来。这些有着红铜色肤色的人即使有弓箭，也敌不过拥有枪能在远距离射杀对手的白人。

红皮肤的人从主人的地位沦为客人，他们还将存活几百年，然后，将会被他们之前的敌人彻底同化掉，只留下模糊的历史记忆。

但事情就是这样发生的，我认为我们对此也无能为力。

从白令海峡一直到巴拿马地峡，在美洲的西海岸有高大的山脉，成为一道天然的屏障，保护美洲不受太平洋的侵袭。这个屏障各处的宽幅不同，部分地区是几座平行的高岭，然而，所有的山脉都是同一个走向，即从北到南的走向。

很显然，阿拉斯加的这个山脉链是东亚山脉的延续，它被宽广的育空河盆地分成了两部分。育空河是阿拉斯加这个北部地区的主要河流。阿拉斯加以前属于俄罗斯帝国。到 1867 年，美国用 700 万美元将这个 59 万平方英里的荒芜之地买下了。

俄国人为什么对如此低廉的价格感到满意，其中的原因可能是由于疏忽，他们没有认识到这个地区的潜在财富。几个渔村和一些被冰雪覆盖的乱七八糟的山脉就卖了 700 万美元，这笔交易在当时似乎很划算。但是，1896 年，克朗代克发现了黄金。正如俗话所说的那样，阿拉斯加也被标上了地图。从温哥华到朱诺，然后经过斯卡圭、奇尔库特、奇尔卡山口，最后到达克朗代克地区的中心道森（背上背着背包，因为动物价格非常昂贵，很难穿越北极圈以南的 3500 英尺高度上的厚厚的积雪），这个 1000 英里长的路程和人类寻找财富的任何旅程一样，十分艰难。但是，行程结束之后，就有一罐黄金在等着早期的到达者。当时，每个人往往都确信自己会是第一个到达那里的人。

然而，自那以后，人们发现，阿拉斯加是一个理想的获取毛皮和捕鱼的地区。除此之外，这里不仅贮藏着金矿（也是一个被厚厚的冰川所覆盖的地区），而且还蕴藏着大量的铜矿、银矿和煤矿。结果，在最初并入美国版图的 40 年间，其创造的收入是它当初价格的 20 倍。

阿拉斯加的南部，其山系开叉分成了两支。东部的一支是落基山脉，它向内地延伸；西部的那一支继续与大海平行延伸。落基山脉直到逐渐消失变成墨西哥高地之前，也没有改变过名称。墨西哥高地是太平洋斜面上的山脉，它们在和阿拉斯加地区最高的山以及整个北美大陆的最高峰——麦金利山（20300 英尺）——分开后，就有了很多不同的名字。在加拿大，它们被称作圣伊莱斯山脉和海岸山脉。但是，经过了温哥华岛（是一个多山的岛屿，约翰斯顿海峡和佐治亚海峡将它与大陆隔开）后，它们又分成两部分，其中西半部分仍然叫海岸山脉，而东半部的丘陵在华盛顿和俄勒冈地区就叫喀斯喀特山脉，在加利福尼亚就叫内华达山脉。两个山脉之间宽阔的空旷地带是萨克拉门托河和圣华金河的河谷，这两条河流在流入圣弗朗西斯科湾之前，就中途合流了。圣弗朗西斯科湾是世界上最宽、最深，同时也是最好的停泊港口。该湾通过著名的金门海峡，与太平洋相连。

西班牙探险队的前锋到达这个谷地的时候，这里完全是一片荒地。现在，通过灌溉，这儿成了世界的果园。在付出非常合理的辛苦劳动之后，这里的苹果、桃子、李子、橘子和杏子就会生长并繁茂起来。

对加利福尼亚人来说，这个谷地真是天赐之物。因为当19世纪40年代的淘金大热潮一过，那些矿主和工人就发现，只要换个职业，变成果农而不再当采矿者，那么他们的日子一样可以过得很舒适。而在阿拉斯加和澳大利亚，一旦金矿被挖空了，就无法养活那么多人了。人们会立刻消失，就和他们来的时候一样快，留下的只有空空的城市和乡村，以及锡杯。但是，加利福尼亚则不同，它没有像大多数产金地区那样因为矿产枯竭而衰败，实际上反而因此更加富裕了。这个情况在人类历史上非常独特，应该被记载下来。

当发现地下深层有丰富的石油资源时，这个地区的未来就有了保证。确实，这地区不太稳定，加利福尼亚湾深深的缺口，有时会引起不同岩石板块的移动，这是很危险的（尤其是引发大火），但地震只造成短暂的不便，而阳光、适中均衡的气候却是永久的幸福。作为北美洲人口最密集的地区之一，加利福尼亚刚开始起飞。

在内华达山脉和落基山主山脉之间，是一块巨大的谷地，它包括三部分。北部是哥伦比亚高原，斯内克河与哥伦比亚河从这里流向太平洋。南部有沃萨奇山脉和科罗拉多高原，科罗拉多河就是在穿越高原的过程中开挖出著名的大峡谷。两大高原之中是凹地，即大盆地。摩门教信徒被赶出美国东部之后，把盆地作为他们永久的居住地，这一地区比较干燥（大盐湖水很丰富，但它比海水还咸），他们花了不到一个世纪的时间把这里变成收益最好的地方。

整个这一地区都是一个火山相当多的地区，这儿曾经发生过非常剧烈的震动。下面的事实就可以证明这一点：从比海平面低276英尺的死谷谷底，你可以看到全美国最高峰惠特尼山峰（海拔为14496英尺）的山顶。

落基山脉以东是一块巨大的平原，该平原北抵北冰洋，南接墨西哥湾，东连拉布拉多地区的劳伦琴山脉，以及美国的阿巴拉契亚山脉。如果耕种得当，那么光这个平原就可以养活我们全球的人口。所谓的"大平原"（在这里，落基山脉逐渐变缓，最后成为平地）和中央平原就是一个巨大的粮食区。密西西比河、密苏里河、俄亥俄河、阿肯色河和雷得河，都流经这两片平原，最终流入墨西哥湾。在北部地区，地理条件并不好，因为这里的河流——马更些河、阿萨巴斯卡河、萨斯喀彻温河和奥尔巴尼河，要么流入了北冰洋，要么就流进了哈得孙湾，而且它们在一年中的大部分时间都处于冰冻期，因此仅有局部的重要性。密苏里河发源于蒙大拿的黄石公园附近，密西西比河（加上密苏里河，就是世界上最长的河）发源于一片位于加拿大的温尼伯湖和苏必利尔湖之间的分水岭。密苏里河和密西西比河这两条河流，从源头到三角洲全程几乎都是可以通航的，它们流经一个地区，这个地区在未来的几个世纪里，将会像中国的东部那样人口稠密。

这个地势稍高的地区位于哈得孙湾（或者北冰洋）、大西洋和墨西哥湾之间，密歇根湖、休伦湖、伊利湖和安大略湖，都处于这一片湖区中。后面的两个湖之间由一条较短的河流连接，因为有一个名叫尼亚加拉的大瀑布（尼亚加拉大瀑布比赞比西河上的维多利亚瀑布略宽，但只有维多利亚瀑布的一半高。而另一个约塞米蒂大瀑布高 1000 多英尺，在高度上比前两个瀑布都要高），所以这条短河不能通航。于是，伊利湖和安大略湖由韦兰运河连接。休伦湖和苏必利尔湖由苏圣玛丽运河连接。苏圣玛丽运河通过水闸的船舶吨位超过了通过巴拿马运河、苏伊士运河和基尔运河的船舶总吨位之和。

这些湖泊的水最后都流入大西洋，而在流入大西洋的过程中，要通过圣劳伦斯河，流入圣劳伦斯湾。圣劳伦斯湾是内陆海，它的西边有加拿大群山，东边有纽芬兰岛（当约翰·卡伯特在 1497 年发现了这个岛，以及在 1500 年该岛迎来第一位葡萄牙总督时，这个岛是"新的"），南面有布雷顿角岛、新斯科舍岛和新不伦瑞克岛。卡伯特海峡把纽芬兰岛和布雷顿角岛分开，它见证了意大利人最早来到这里。

加拿大北部即所谓的西北地区，那里因为气候太冷，以至于完全不适宜白人居住，因此，除了一些与当地独特的警察部队相关的传闻外，我们很少听到与该地区有关的消息。这个地区湖泊众多，大部分土地过去属于哈得孙湾公司。这个公司创建于 1670 年，这一年刚好是亨利·哈得孙（哈得孙湾的发现者，该湾也以他的名字命名）死后的第 59 年，亨利·哈得孙就是在这个海湾被反叛的水手谋杀的。"英格兰冒险者"组建了哈得孙湾公司，他们用这样的名字实在是名副其实，没有多大的差别。只是，如果他们在哈得孙湾再待上 50 年，那么湖泊和森林（即使是在繁殖时节，对毛皮动物的猎杀也没有停止）中的所有的生物都会被他们杀光，而印第安人可以随时得到烈酒，他们也会因为大量地喝杜松子酒而把自己灭绝。因此，高尚的女王陛下最后干涉进来，兼并了该公司所管辖的大部分土地，将其纳入女王陛下在加拿大的领地名下，这使得哈得孙湾公司成了一个历史的古董。这个公司仍然（虽然规模已经大大减小了）继续在同一地区经营（在同样的管理人员的手中连续经营了262年——没有不良记录，如果你愿意，你可以检查任何一个商号），但其经营已不再按从前那种旧式的、不负责任的方式进行了。

位于哈得孙湾和圣劳伦斯河之间的拉布拉多半岛，离从格陵兰冰冻的海岸过来的寒流太近了，所以这个半岛对任何人都没有价值。但是，加拿大自治领开始了无限美好的未来。而今天，非常严重的人口匮乏则成了他们面临的主要问题。

从政治上讲，加拿大是一个大帝国梦想破灭之后的奇特产物。当乔治·华盛顿出生时，北美洲的大部分地区属于法国。大西洋沿岸的一些地方才是西班牙和英国的殖民地，他们四面被对手包围。早在1608年法国人就到达了圣劳伦斯河河口。后来他们把目光转向内陆，先是向西，到达了休伦湖。他们又在大湖区勘察，发现了密西西比河的上游。1682年，拉瑟尔顺河而下，直抵河口，占领了整个密西西比河流域。他们以法国国王路易十一世的名字命名这一地区，把它叫作路易斯安那。17世纪末，法国的领地伸展到落基山。山外属于西班牙的领地，阿利根尼当时是要冲，正好处于法国、英国、荷兰的殖民地以及西班牙在佛罗里达的殖民地的中间，将他们的殖民地分割开来。

如果路易十四世和路易十五世两位法国国王具有多一点的地理知识，如果这两位风流人物多关注地图而不是新地毯上那精致的图案，那么新英格兰等地人可能都要讲法语了。然而，这两个国王却不知道新世界的含义。由于他们无动于衷，加拿大讲起了英语，魁北克和蒙特利尔不再是法国的城市。再过几代之后，新奥尔良和整个远西被出卖给了由沿大西洋沿岸几个反叛的英国小行省刚刚建立起来的共和国。甚至连伟大的拿破仑也认为，他用一些土地换得一堆美国金圆，这是一笔聪明的交易。现在这些土地成为美国最富裕的地区。

1819年，佛罗里达并入新近获得的领地里。1848年，得克萨斯、新墨西哥、亚利桑那、加利福尼亚、内华达、犹他被从墨西哥手里抢了过来。看起来必然将成为两个拉丁强国的腹地的美洲北半部，在不到100年的时间里被彻底易手了，成为欧洲北部大平原的延伸。

这个由不同民族组成的地区，因经历了几次三番的战争，尤其是原来主人的淡漠和目光短浅，现在突然地意外地被合并在一起，随后其经济发展速度之快，世人闻所未闻。很快，第一条铁路铺设起来了，第一艘蒸汽船下水了，数以万计的移民随着河道涌入大湖区，或跨越阿勒格尼山脉进入大平原，把这些地区开发出来供人们居住，并种上小麦，使芝加哥成为世界最重要的粮食中心。

当位于大湖区、阿勒格尼山脉和落基山麓之间的三角地发现有极其丰富的煤、石油和铜资源的时候，这一地区成为新共同体的巨大工厂区，像匹兹堡、辛辛那提、圣路易斯、克利夫兰、底特律和布法罗这些城市，吸引了世界各地的工人，帮助先来的人一起开发这些宝藏。由于这些城市需要港口，以便向外输送铁、钢、石油和汽车，大西洋沿岸的老殖民地纽约、波士顿、费城、巴尔的摩，获得了前所未有的显赫地位。

同时，南部各州终于从重建时期的黑暗时光（比内战本身还要令人痛苦得多）中走出来了，它们很快凑集了足够的资金，开始了在没有奴隶劳动力帮助的情况下种植棉花作物。加尔维斯顿、萨凡纳和新奥尔良又恢复了生机。铁路、电报线路和电话线，使整个国家成为了一个巨大的农场和工厂。在不到半个世纪的时间里，有6000多万的欧洲人漂洋过海，加入早期移民者的行列，一起规划、建设、生产、销售，他们所建起的工厂是世界上的人们以前从未见过的。但是，大自然从来就没有给予一个国家像我们一样的如此无限的机会——巨大的平原上有非常宜人的气候，肥沃的土壤，两旁有近便的山脉的保护。实际上这里无人居住——几乎取之不尽的资源——便利的航道。此外，历史还为它增添了差不多是更重要的礼物，那就是一个国家、一种语言、没有过去。

当我们继续往南走一点，来到墨西哥和中美洲时，我们就认识到了这些优越条件对一个国家的真正意义。除了古代玛雅人居住的尤卡坦半岛之外，墨西哥全部都是山，从里奥格兰德一路往南，山势渐渐升高。当到了马德雷山脉的高原和阿纳海克高原时，其最高点分别达到了 16000 英尺和 17000 英尺。大多数地势高一些的山脉，像波波卡特佩特山（17543 英尺）、奥里萨巴山（18564英尺）和伊克斯塔华特山（16960 英尺）最初都是火山，但是，只有科利马山（13092 英尺）是目前唯一的活火山。

在太平洋那一边，马德雷山脉从海岸处急剧升高，但在大西洋那一边，山势下降平缓。由于欧洲人是从东面来的，因此他们进入内地非常容易。在 16 世纪的头几年里，他们的先遣队就来到了这里。那时的西班牙非常失望，因为那个该死的热那亚人的新发现被证明是一个彻底的失败，一场凄凉的失败，没有黄金，也没有白银，这儿有的，只是裸体的野蛮人，你让他们干活的话，他们就躺下，然后死掉，还有无数的蚊子。

接下来谣言四起，说在山的那一边，有一个阿兹特克人的皇帝，这个皇帝住的城堡、睡的床、吃饭的盘子全部都是金子打造的。1519 年，赫尔南多·科尔特斯和他的 300 名冒险者在墨西哥登陆，靠着 12 门大炮和 13 支大口径霰弹短枪，夺得了可怜的孟泰苏玛的全部领土，在孟泰苏玛看到自己的国家消亡之前，就被以哈布斯堡君主的名义绞死了，孟泰苏玛的国家不久以前还和哈布斯堡君主统治下的地区一样被治理得井然有序。

在这之后差不多 300 年的时间里，准确地讲，到 1810 年，墨西哥仍是西班牙人的殖民地，并接受殖民地的待遇。一些墨西哥当地的产品被禁止生产，以免与宗主国不太畅销的产品竞争。而土地上所出产的大部分财富，也装进了少数富裕地主的口袋，或者被那些宗教机构瓜分。一直到现在，那些宗教机构还在为保住他们对公有土地的控制权而纷争不已。

后来，在 19 世纪中期，可怜的奥地利人马克西米利安想借助法国的力量成为孟泰苏玛的继任人。在他的那次荒唐的冒险后不久，人们发现，墨西哥不仅是一个富裕的农业国，而且它的土地上的铁矿和石油的储量和美国差不多，甚至还超过美国。但当时，墨西哥有 1500 万人，其中有 40% 的人是纯印第安血统，国家穷困潦倒，几乎与科尔特斯当初来到这儿时的情况差不多。因为现在一些大的财阀开始插手墨西哥内部事务，策划革命，墨西哥土著为此做出的回应是反对革命。直到第一次世界大战以前，墨西哥刷新了百年战争纪录（每年平均有 20 次革命），似乎整个国家都卷入谋杀和流血事件中。幸运的是，在第一次世界大战中，大财团的兴趣转移了（那场战争花费了大量的钱），墨西哥有了一个喘息的空间。今天，一些强势人物正在努力纠正墨西哥 300 年来因忽略疾病和文盲而造成的错误，已经取得了显著的效果，因为在韦拉克鲁斯和坦皮科（墨西哥湾的两个港口），货物的出口量在不断增长。在几年的时间里，墨西哥城和华盛顿不止是泛泛之交了，而且实际上双方的关系已经非常友好了。

中美地峡连接着两块大陆。这里土地极其肥沃，种植着咖啡、香蕉、甘蔗以及外国投资者想要种植的任何其他农产品。但此地气候对白人来说非常严酷，而黑人又不想给白人干活，而且这个地区火山众多，所以这儿的黑人和白人生活都不轻松。

对大多数人而言,危地马拉、洪都拉斯、尼加拉瓜、哥斯达黎加,仅仅是些浪漫的名字,除非他们是集邮爱好者,因为有一条在全世界都普遍适用的规律:"一国的国库越空虚,它的邮票就越精美。"但是,我下面要谈到的国家巴拿马共和国,对我们的意义重大。它是我们自己的孩子,但是,我认为我们要占领它,因为我们是守卫太平洋和大西洋沿岸地区的唯一的独立国家,如果我们等着哥伦比亚将巴拿马出让给我们的话,那么,为了让哥伦比亚参议员在土地交换契据上签字,我们将仍然在和他们讨价还价。

这个地峡是一块很狭窄的陆地,当巴尔博亚站在巴尔博亚峰顶,同时看到两大洋之后,这个地峡就已经被西班牙人所了解了。早在 1551 年,西班牙就有了自己开挖运河的念头。从那以后,每一代人都制订新的计划。为了解决这个问题,每一个在这一科学领域有点名气的人都向世界提供至少一种蓝图,提出解决难题的最好方法。但是,挖运河需要凿开厚度差不多有 30 英里的坚硬岩石,这是一个非常大的难题。后来,幸好有阿尔弗雷德·诺贝尔的发明,才使难题得到解决。诺贝尔发明的炸药,原本是希望能够帮助农民清除田里的树桩和巨石的,但是,他从未想过,这一发明日后更多地被用来杀死邻居。

后来,就出现了加利福尼亚的淘金热。当时,成千上万的人为了不必经过合恩角而绕一条长长的路线,他们匆匆赶往巴拿马,而且跨越地峡的铁路已于 1855 年建成。15 年以后,世界上的人们就听到了苏伊士运河成功开凿的惊人消息。苏伊士运河的设计师费迪南·德·雷赛布现在想尝试一下将太平洋和大西洋也连起来。

但是他所创立的公司管理非常糟糕,而且他的工程师们在计算过程中又犯了很多错误,他的工人们受到疟疾和黄热病的侵害,死得非常悲惨,在与大自然的力量艰苦地抗争了 8 年,以及与巴黎交易所进行非直接的,但是却更为损失惨重的交锋之后,这家法国公司落得个名誉扫地、破产倒闭的下场。

在之后的 10 多年时间里，工作毫无进展。德·雷赛布留下的机车的烟囱上甚至长出了棕榈树。最后，到了 1902 年，美国政府买下了那家破产的法国公司的产权。于是，华盛顿方面开始与哥伦比亚共和国谈判：美国最终要付多少钱才能买下一块足以能够开凿运河的土地的问题。后来，西奥多·罗斯福由于厌烦了这种时间的拖延，于是，他在那个世界上的偏僻地区策划了一场秘密的小叛乱，在不到 24 小时的时间内承认新的、独立的巴拿马共和国，并开始开凿运河。这发生在 1903 年，而运河也在 1914 年竣工了。

运河的开通，把加勒比海从一个内陆海变成了一个欧洲和亚洲之间的商业要道，并极大地提升了那些位于加勒比海与大西洋之间的岛屿的地位。英属巴哈马群岛和古巴离正常航道太远。当然，处于纽约和佛罗里达之间的中间位置的另一块英属领地百慕大的情况也是这样的。但是，牙买加（英属）、海地和圣地亚哥（名义上是独立的，但实际上听命于华盛顿）的位置则较优越，可以从运河中获得一些利益。波多黎各以及所有的小安的列斯群岛也都是这样的，小安的列斯群岛是一些小岛，在它们的东面以及南面，分别是大安的列斯群岛、古巴、海地、牙买加以及波多黎各。

对 17 世纪的欧洲国家而言，小安的列斯群岛的价值比美洲大陆还要大。因为，这儿气候炎热，水分充足，非常适合种植甘蔗，奴隶只要一上岸，在丛林中就没有地方逃了。现在，这些岛上仍然种植甘蔗、可可和咖啡。但是，作为从欧洲去巴拿马运河的中间站，大多数岛上的居民非常乐意去多赚些外快。按照出现的先后顺序，这些岛屿中首先出现的是所谓的背风群岛，接着依次是圣托马斯岛、圣克鲁斯岛、圣马丁岛、萨巴岛、圣约翰岛、圣尤斯塔塔蒂尤岛（小岩石岛，是法国大革命时期走私物品的主要港口）、瓜达卢佩岛、多米尼加岛、马提尼克岛（像大多数其他岛屿一样，火山活动频繁，差点被 1902 年的培雷火山喷发摧毁）、圣卢西亚岛、圣文森特岛和巴巴多斯岛。

向风群岛包括布兰基亚岛（属于委内瑞拉）、博奈尔岛、库拉索岛和奥鲁巴岛（属于荷兰）。所有这些岛屿曾经在某个时候是把委内瑞拉的圭亚那山脉和墨西哥的马德雷山脉相联的山系的外延部分。那部分大山消失了，留下的单个高峰形成了岛屿。

从工业上看，这些岛屿都无所作为。奴隶制消灭了，从前的富裕也消失了。现在，它们是闻名于世的冬季旅游胜地，也是装煤港和石油集散地。只有奥里诺科河三角洲之外的特立尼达岛仍保持几分繁荣，因为火山带给它大量的沥青矿，印度人取代了以前的奴隶在这里干活，现在他们占全部人口的三分之一。

第一次世界大战期间我们学到了更多的地理知识，而且学习的时间也要比以前短（我们不需要知道库特埃勒阿马拉或伊索佐在什么地方，因此学得快忘得也快），年轻的一代自然放弃德语（很快就会变成死的语言）学习西班牙语，因为"在南美洲，西班牙语前途远大"。这种前途在战时还没有明确地表现出来。与大陆的贸易往来却出现了严重的衰退。

后来我们发现了其中的原因。人们总认为德国人会更熟悉对外贸易的技术细节，所以，在秘鲁、巴西、厄瓜多尔以及其他一些国家，人们把这些工作都交给耐心的德国小职员去做，而最不幸的是，这种工作凭他们雇主的智力是干不了的。当南美洲加入协约国以后（因为大多数协约国都有少数德国船只停泊在他们的港口，并且需要贷款），那些可怜的条顿文员都被抓进了集中营，这使得南美的商业机构与外国之间的信函往来突然中断了。和平一旦宣布后，这种联系又恢复了，这些德国人又返回他们的工作岗位。

渐渐地，人家明白了一个真相：虽然南美洲有大量的自然资源，但是南美的人口严重不足，在很多方面远远落后于世界其他地区。所以也许至少得再过 50 年，南美的这些资源才会对人们稍稍有点用处。但少数几个富裕的家族则不包括在内，他们有的是在西班牙统治时期就已经发了财，有的是后来以快速更换的某个南美总统的叔叔或者侄子的名义攫取的财富。

现在，如果在当前这本书中我只用了几页的篇幅来描述南美洲的话，那么请不要认为我有反南美的情绪。相反，作为一个具有北美血统的人，我比南美种族的人本身更能欣赏他们的诸多优点。但是，在这本书的开头我就告诉过你，我在试图写一本"人"的地理，我坚信，任何一块土地，不管它是大还是小，其重要性完全取决于该土地上的居民以科学，或者以商业，或者以宗教，或者以一种艺术的形式来对人类的总体幸福所做的贡献大小。唉，从这个角度来看，南美洲对人类所做贡献和澳大利亚、蒙古一样少。我重复一下，其中的原因，可能是由于这个地方人口稀少的缘故，其次还可能是由于南美洲大部分地区刚好在赤道的下方。而在其他地区，白人从来就不能取代土著人，要不就是白人中充斥着不同肤色的混血儿（有白人和黑人的混血儿，有印第安人和白人的混血儿，有黑人和印第安人的混合儿），以至于他们从来就不能够要求获得政治上或者知识上的权利。

南美一直是个奇怪的政治实验场所。巴西帝国尽管只存在了不到一个世纪，但是它是太阳底下的新生事物。还有巴拉圭的耶稣会自由邦（该邦所存续的时间比其东边的帝国长得多），在乌托邦实践的学术著作中，它经常得到赞美。南美洲至少造就了一个能力非凡的人，这就是伟大的玻利瓦尔。他不仅像我们自己的乔治·华盛顿那样，解放了他自己的祖国，而且他也直接或者间接地推动了整个南美大陆的大多数革命运动取得成功。

整个南美西海岸是由我们自己的落基山脉和墨西哥的马德雷

山脉这样的山系构成，它被称为科迪勒拉斯·德·罗斯·安第斯山脉，或者简称为安第斯山脉。安第斯是一个西班牙语的叫法，是征服者给印第安人在他们当地的山坡上到处修建的灌溉水渠所取的名字。

在靠近南极圈的地方，安第斯山脉分裂成许多岛屿，其中最著名的是火地岛。在智利和火地岛之间有一条海峡，麦哲伦在白人的首次环世界航行中费了很大的周折才通过该海峡，并且该海峡仍旧是以他的名字命名的。火地岛的最南端是合恩角，该海角是以发现这个海角的人的家乡名来命名的（荷兰小镇合恩），而不像很多人认为的那样是以牛的名字命名的。当然，麦哲伦海峡的战略地位非常重要，因此，守护着该海峡的福克兰群岛是英国人的领土。

安第斯山脉像这一整个巨大的山系一样，也是一些从北极圈、南极圈延伸的火山。在厄瓜多尔，钦博拉索山（现在已经熄灭了）高达 20702 英尺；阿根廷的阿空加瓜峰是它们中间最高的，有22834 英尺高；高达 19550 英尺的科托帕希峰（也在厄瓜多尔境内）创下了纪录，它是全世界最高的活火山。

南美洲的安第斯山脉和它们的北美洲姊妹的相似之处还表现在另外两个方面：首先，高大的山岭环绕着宽阔的高原，构成了玻利维亚或者厄瓜多尔这样一些天然的区间。此外，这里几乎没有什么方便的山口，所以，阿根廷和智利之间的铁路，即唯一的穿越安第斯山脉的铁路，不得不爬越到一定的高度，这个高度远远超过瑞士山口的高度，就像隧道挖通前的圣伯纳山口或者哥达山口一样。

南美洲的东海岸有阿巴拉契亚山脉，它包括北部的圭亚那山和东部的巴西高原。它们各自都由一些独立的山构成，形成了一个巨大的山系余脉。整个山系被亚马孙河流域分割成两部分。亚马孙河不仅是世界上最长的河流，而且水量也要多于其他河流。

它有数百条支流，其中像莱茵河那样长的支流超过了 15 条，像马代拉河和塔帕若斯河则更长。

圭亚那山的北麓是另一个河谷，即奥里诺科河谷。奥里诺科河实际上通过神奇的内格罗河（想一想俄亥俄河是密西西比河的一部分，又是波多马克河的一部分）与亚马孙河相连。奥里诺科河比亚马孙河更便于航运，因为它在进入大海之前不必像亚马孙河那样在山里蜿蜒前进。它的河口有 20 多英里宽，河本身水量丰沛，数百英里长的水道水深保持在 300 英尺，非常适合于海轮的航行。

巴拉那河是南美洲从北向南流动的河流，它在流入大海的过程中，与巴拉圭河和乌拉圭河汇合，然后形成拉普拉塔河。乌拉圭国家的首都蒙得维的亚就坐落在这条河的河畔。与奥里诺科河一样，巴拉那河也是一条良好的内陆航道。

就某个具体的方面而言，除了欧洲之外，南美大陆比其他多数大陆都好得多，这儿实际上没有沙漠。除了智利的北部地区，其余大部分地区降水很充足。

现在在我们已知的南美国家中，几乎没有哪个国家是由于我们所说的历史的必然性所产生的。它们是意料之外的、偶然取得成功的革命的结果，而不是缓慢增长和发展的产物。委内瑞拉合众国有 321.6 万人口，它由于离赤道太近了一点，以至于不能产生出精力非常充沛的人种。不过，在北部，马拉开波湾上的环礁湖附近发现了石油，这就使马拉开波成了委内瑞拉最重要的港口。而此前，这一地位一直是由首都加拉加斯的港口拉瓜伊拉港所保持的。委内瑞拉的西面是哥伦比亚，其首都城市是波哥大。该城市位于遥远的内地，交通很不方便，直到马格达莱纳河河口上的巴兰基亚与波哥大的定期航班开通之后，情况才有所改观。哥伦比亚土地肥沃，自然资源丰富。此外，与美国一样，它位于两大洋之间。但是它需要大量的北欧移民来开发它的自然资源。

厄瓜多尔也是一个穷国，尽管首都基多的港口瓜亚基尔自巴拿马运河通航以来，比以前有了很大的发展，但是，这个国家除了在过去出口过大量奎宁，现在主要出口可可之外，就没什么好说的了。

沿着太平洋沿岸继续往南行，就到了秘鲁。当西班牙人最初来到新大陆时，秘鲁还是一个非常强大的印第安人国家的所在地。这个国家的统治者是贵族阶层，即印加人，或者说是太阳之子。印加人推选出自己的最高统治者或者全国的印加，并把专制权力授予他。不管怎么说，由于他们的封建性质，秘鲁人创造了比阿兹特克人高得多同时也更富人性的文明形式。

利马是一个现代化的都市，秘鲁以银、铜和石油形式存在的财富的未来命运都由利马来决定，除非共和国的总统和他的外国银行家朋友早就把这些矿藏转移了，并把它们存入法国的银行保险柜中。这样的事情是可能的。

玻利维亚是一个贫穷的内陆国，但它并非一开始就是一个内陆国，其首都拉巴斯从前有一个直接的出海口。但是在1879—1882年著名的硝石战中，秘鲁和智利正在争夺阿里卡地区，玻利维亚站在了智利的对立面。当智利获得胜利之后，玻利维亚随之就失掉了自己的沿海地区。玻利维亚其实是一个非常富裕的国家，它是世界上第三大产锡国，但是它的人口密度是每平方英里不到5人，人口总数不到300万，其中大部分人是印加帝国覆灭后遗留下来的印第安人。

智利和阿根廷是位于南美大陆最南端的国家，也是整个大陆最重要的两个国家。但是，它们的繁荣直接得益于其地理位置。它们地处温带，因此，这里的印第安人（他们在热带地区繁衍更快）比较少，而且所吸引的都是高层次的移民。

与阿根廷相比，智利是个自然资源更丰富的国家。阿里卡（从这可以坐火车到玻利维亚）、安托法加斯塔、伊基克和瓦尔帕莱索这4个城市都是南美西海岸最重要的港口，就像圣地亚哥既是智利，也是整个地区最大的城市一样。智利的南部正在开始发展养牛业，这些牛从屠宰到冷冻，再经过麦哲伦海峡上的蓬塔阿雷纳斯运到欧洲。

　　阿根廷是南美最大的养牛国。巴拉那河沿岸是一片平坦的土地，其面积相当于欧洲面积的三分之一，它是整个大陆最富裕的地区。阿根廷出口的肉、羊毛、皮革和黄油，数量非常大，以至于其价格能够以一种让人讨厌的方式影响我们的同类商品的价格。过去的10年中，意大利劳工和农民不断地移居阿根廷，这将会使阿根廷成为西半球最重要的粮食和亚麻产地，而马塔哥尼亚因养羊业成为澳大利亚最危险的竞争对手。

　　阿根廷的首都是布宜诺斯艾利斯，它也位于拉普拉塔河畔，就在小国乌拉圭的对面。乌拉圭的土壤和气候与阿根廷的很相似。现在，印第安人在乌拉圭已消亡，这个国家的发展虽然缓慢，但却非常成功。但阿根廷扩展的规模过大，往往存在着投机过度和财政管理不善的风险。

　　最后是巴拉圭，它是拉普拉塔河流域的第三个国家，而且在很多方面是3个国家中最好的。如果不是发生了1864—1870年那场灾难性的战争的话，现在巴拉圭一定非常繁荣。当年，可怜的印第安人接受了他们以前的耶稣会主人（然而，他们在1769年将这个国家转让给了西班牙国王）的军事训练，为了那个碰巧当上了他们总统的疯子的利益，走上战争的轨道。而这个可怜的人，在向他的3个强大的邻国宣战之后（这场战争是完全没有必要的），就开始了战争，直到全国六分之五的男子都被杀死之后，战争才结束。

还有一个国家——巴西——需要介绍一下。作为一个殖民地，它先是被荷兰人严重忽视，后来又被葡萄牙人严重忽视。葡萄牙人禁止土著人和移民同其他任何人发生商业往来，除非是和少数几个获得授权的里斯本商人做贸易。他们还使这一地区的经济几乎处于完全束缚状态，这种局面一直持续到1807年。当时，葡萄牙王室为了躲避拿破仑而逃到里约热内卢。于是，局势发生变化，这个受到歧视的殖民地统治了他的宗主国十几年。1821年，葡萄牙国王返回里斯本，他把他的儿子彼得罗留下来作为他的代表。一年之后，这个儿子自封为巴西皇帝，宣布独立。从那之后，葡萄牙语成了联系殖民地和从前的宗主国的唯一纽带，因为那个曾为巴西建立了也许是所有南美国家中最好的政府的布拉干萨家族，因为军事政变而被迫于1889年退位。这位美洲的末代皇帝去了巴黎并死在那里。